U0577840

审 计

注册会计师考试辅导用书·冲刺飞越
（全 2 册·上册）

斯尔教育 组编

北京理工大学出版社
BEIJING INSTITUTE OF TECHNOLOGY PRESS

·北 京·

版权专有　侵权必究

图书在版编目（CIP）数据

冲刺飞越. 审计：全2册 / 斯尔教育组编. -- 北京：
北京理工大学出版社, 2024.5
注册会计师考试辅导用书
ISBN 978-7-5763-4025-9

Ⅰ.①冲… Ⅱ.①斯… Ⅲ.①审计—资格考试—自学
参考资料 Ⅳ.①F23

中国国家版本馆CIP数据核字(2024)第101066号

责任编辑： 多海鹏　　　**文案编辑：** 多海鹏
责任校对： 刘亚男　　　**责任印制：** 边心超

出版发行 / 北京理工大学出版社有限责任公司

社　　址 / 北京市丰台区四合庄路6号

邮　　编 / 100070

电　　话 / （010）68944451（大众售后服务热线）
　　　　　（010）68912824（大众售后服务热线）

网　　址 / http://www.bitpress.com.cn

版 印 次 / 2024年5月第1版第1次印刷

印　　刷 / 三河市中晟雅豪印务有限公司

开　　本 / 787mm×1092mm　1/16

印　　张 / 21

字　　数 / 520千字

定　　价 / 45.30元（全2册）

图书出现印装质量问题，请拨打售后服务热线，负责调换

有同学说起，考试的那天，发现考场外许多同学都拿着一本斯尔99记&飞越必刷题，不放过等待入场前的片刻时间去背一背重要的知识点，而总能映入视线的"斯尔绿"让考前的心情感到一份熟悉和安心。今年，斯尔99记篇和飞越必刷题篇已经上市五年，除书名之外，体例和内容每年都坚持做优化和迭代。这是由于我们坚信两点，一是只有创新，才是事物发展的源泉，二是新事物也许并不完美，但总要替代旧事物。当然也只有这样做，才能不辜负每一份信赖和选择，真正在冲刺阶段为同学们助力。

审计科目在冲刺阶段的第一要务是"巩固考点"。这里的"考点"指的不仅仅是教材上的知识段落，更强调的理应是这些内容在真题中的命题角度、解题方法、得分要点等。否则，即使是对教材内容如数家珍，也很难保证解题时能够找到切入点、识破各类陷阱。因此，我们对【通关绿卡】这一经典栏目进行了全面梳理、新编、修订，再配合【通关绿卡速览表】进行对照自查，对于实现应试目的而言，将更加有效。

审计科目在冲刺阶段的第二要务是"加强记忆"。近年来，审计真题中涉及大篇幅背诵默写的题目比例已在逐步降低，但精确地记忆一些关键词句，扩充专业词汇的储备量，仍然是确保在答题时言之有物的必然前提。因此，我们一是将那些需要背诵的内容标注了高亮颜色，以方便精准记忆；二是新增【记忆口诀】的创新栏目，并整合为【记忆口诀速览表】，让背记在冲刺阶段不那么痛苦；三是总结了在历年真题中高频考查的"必备主观题50金句"，置于本书结尾处，掌握这些内容后将对解答主观题起到直接的作用。

审计科目在冲刺阶段的第三要务是"保持题感"。历史上，我曾遇到不少考生的真实案例，他们在前期学习中兢兢业业，甚至付出大量的时间和精力用来"刷题"，但在冲刺阶段却误以为只需要温习教材的知识要点而忽略了练习。如果失去"题感"，临场发挥将面临很高的不确定性。因此，一方面，我们将飞越必刷题篇特别地划分为"必刷客观题"和"必刷主观题"两个专题，辅之以适当的题量，提醒考生注重训练，持续地做到"下笔如有神"；另一方面，我们补充、迭代了约四分之一的新编题目，并根据2024年的新大纲、新准则对相关题目进行了严谨的修订，以确保呈现在每位考生书案之上的每一道题目都具有价值。

写这篇序言的时候，家里的小朋友在一旁告诉我，上海迪士尼乐园新开了疯狂动物城的园区，并指着图片给我看，然后说最喜欢的角色是里面的兔子警官朱迪。在动画中，朱迪勇敢正直、开朗自信、意志坚定，从小有一个成为正义英雄的梦想，对未来充满着希望。而我留意到海报中的一句话——每个动物都有无限可能，这大概是这部动画片最想传递的美好理念。我相信翻开这本书、看到这段话的每一位同学，大家也无一不是在追求着属于自己的无限可能，因而拼搏投入，也牺牲了许多可以用来放松、娱乐、休闲的时光。诚然，在当下充满压力的职业环境中，每个人都似乎必须格外努力，才能看起来毫不费力，而作为一名普通的老师，我希望大家学有所获、付出终有回报，我也希望大家不要忘记在忙碌的同时保重身体、欣赏生活中的其他风景。一如往常，我在本书的每一篇章开始前都写下了一句话，或有鼓励，或有哲理，或有鞭策，或有深思，哪怕这些句子只是点点星火，也希望能够给你多一份陪伴和力量。

加油，伙伴们！

金鑫松

十年来的教学工作中，我发现一个奇怪的现象：考生往往将注册会计师证书的备考划分为基础阶段和冲刺阶段，在基础阶段，考生会投入充分的时间甚至不惜以题海战术去做大量的练习，而在冲刺阶段，却仅仅在临近考试时才做模拟试卷，这使得两个阶段中间有相当长的空白期，考生没有任何有效的练习以保持必要的题感。这一现象也可能源自这样的学习误区：在冲刺阶段，仅仅重视背诵和复习精华知识点，但忽略了练习和检验的过程。为此，我们坚持编写和出版飞越必刷题篇已有五年，力求与斯尔99记篇打好配合战，帮助同学们更加务实地实现提分效果。

今年，飞越必刷题篇又作出了实质性迭代。使用时，你可以重点关注以下方面：

紧扣考情。 近年来，审计考试的灵活性、思辨性越来越强，许多平时做得顺手的题目，在考场上变形、延展后就难以下笔，摇身一变成为冷门、黑马。为此，我在本书中增加了约四分之一的新编习题，且绝大部分均为不同于传统和经典思路的新颖考法。希望你在练习中掌握应试的心态，把这些"第一次见面"的题目也能做得快、做得准，完成这一堂的考前必修课。

两手准备。 本书按照知识模块、考情和题型划分为"必刷客观题"和"必刷主观题"两个专题部分，更具针对性。在主观题的部分，将近年来真题涉及的重点模块一一涵盖，希望你可以扎实训练、落在实处、及时复盘，以确保在考前作出了尽量万全的准备。

360°解析。 对于每一道题目，我们不仅对正确答案给出解释，也对干扰选项给出辨析，还在重难点题目（包括所有的主观题）下给出解题思路的指引（即【应试攻略】）。希望你借助解析，把每一个薄弱、困惑之处都解决在考前，不带进考场。

最后，我想建议同学们关注以下的科学做题方法，包括：（1）不翻阅任何资料或答案的情况下，闭卷完成练习；（2）确保每一选项、每一小问都掌握透彻，尤其是那些依据排除法或好运气而做对的题目；（3）当发现薄弱之处，一方面用高亮的笔迹作出标记，时常回顾，另一方面回归到基础知识或借助《只做好题》适当扩大同类考点的练习范围，做到精准冲刺；（4）反复提示自己保持沉稳的应试心态，对于冷门、黑马考题也能处变不惊。

期待在查询成绩的那一刻，你可以看着一旁的这本书、书上密密麻麻的批改和笔记，会心一笑地感叹一句：功夫不负有心人。

金鑫松

目 录

99 记篇

第一模块
审计基本概念

第 1 记 审计的分类 / 4

第 2 记 注册会计师的业务类型和保证程度 / 5

第 3 记 审计的概念和要素 / 6

第 4 记 保持职业怀疑 / 8

第 5 记 运用职业判断 / 9

第 6 记 审计风险 / 11

第 7 记 错 报 / 13

第 8 记 审计证据的含义和性质 / 14

第 9 记 审计程序 / 17

第二模块
审计基本流程

第 10 记 初步业务活动 / 20

第 11 记 审计业务约定书 / 21

第 12 记 总体审计策略和具体审计计划 / 22

第 13 记 重要性 / 23

第 14 记 风险评估程序和了解被审计单位及其环境等方面 / 27

第 15 记 了解被审计单位内部控制体系各要素 / 29

第 16 记 识别和评估重大错报风险 / 32

第 17 记 总体应对措施 / 35

第 18 记 进一步审计程序 / 37

第 19 记 控制测试的性质 / 37

第 20 记 控制测试的时间 / 39

第 21 记 控制测试的范围 / 40

第 22 记 实质性程序 / 41

第 23 记 信息技术对审计的影响 / 43

第 24 记 审计抽样的概念 / 45

第 25 记 在控制测试中运用审计抽样 / 48

第 26 记 在细节测试中运用审计抽样 / 50

第 27 记 注册会计师与治理层的沟通 / 53

第 28 记 利用内部审计的工作 / 56

第 29 记 利用内部审计人员提供直接协助 / 58

第 30 记 利用专家的工作 / 60

第 31 记 审计工作底稿的编制 / 62

第 32 记 审计工作底稿的归档和保存 / 64

第 33 记 复核审计工作底稿 / 66

第 34 记 期后事项 / 66

第 35 记 书面声明 / 70

第三模块

审计程序的实务运用

第 36 记 分析程序概述 / 73

第 37 记 函证的对象和时间 / 76

第 38 记 函证的设计和实施 / 78

第 39 记 函证的评价 / 80

第 40 记 应收账款函证和替代程序 / 81

第 41 记 存货监盘概述 / 83

第 42 记 存货监盘计划 / 84

第 43 记 存货监盘程序 / 84

第 44 记 存货监盘特殊情况的处理 / 86

第 45 记 监盘库存现金 / 89

第 46 记 银行存款的实质性程序 / 89

第四模块

集团审计

第 47 记 组成部分和重要组成部分 / 93

第 48 记 集团审计的责任 / 95

第 49 记 集团审计的重要性 / 95

第 50 记 集团审计的风险评估 / 97

第 51 记 集团审计的风险应对 / 99

第 52 记 集团审计的审计沟通 / 102

第五模块

对特殊事项的考虑

第 53 记 评估舞弊风险 / 105

第 54 记 应对舞弊风险 / 107

第 55 记 对违反法律法规的考虑 / 108

第 56 记 会计估计的风险评估 / 110

第 57 记 会计估计的风险应对 / 112

第 58 记 关联方的风险评估 / 116

第 59 记 关联方的风险应对 / 117

第 60 记 持续经营能力的风险评估 / 119

第 61 记 持续经营能力的风险应对 / 121

第 62 记 首次接受委托时与前任注册会计师的沟通 / 122

第 63 记 首次接受委托时对期初余额的审计 / 125

第六模块

审计报告

第 **64** 记 审计报告和补充信息 / 127

第 **65** 记 关键审计事项 / 128

第 **66** 记 非无保留意见的确定 / 131

第 **67** 记 强调事项段 / 132

第 **68** 记 其他事项段 / 133

第 **69** 记 对应数据 / 133

第 **70** 记 其他信息 / 134

第 **71** 记 特殊事项的审计意见 / 136

第七模块

企业内部控制审计

第 **72** 记 企业内部控制审计与财务报表审计的辨析 / 140

第 **73** 记 控制测试的基本理论 / 141

第 **74** 记 识别、了解和测试企业层面控制 / 142

第 **75** 记 识别重要账户、列报及其相关认定 / 143

第 **76** 记 选择拟测试的控制 / 144

第 **77** 记 业务流程、应用系统或交易层面的控制的测试 / 144

第 **78** 记 信息系统控制的测试 / 145

第 **79** 记 评价控制缺陷的严重程度 / 145

第 **80** 记 内部控制审计报告类型 / 146

第八模块

质量管理

第 **81** 记 质量管理体系的组成要素 / 151

第 **82** 记 会计师事务所一体化管理 / 152

第 **83** 记 治理和领导层 / 153

第 **84** 记 相关职业道德要求 / 154

第 **85** 记 客户关系和具体业务的接受与保持 / 154

第 **86** 记 监控和整改程序 / 155

第 **87** 记 项目组内部复核和项目质量复核 / 155

第 **88** 记 对质量管理体系的评价和记录 / 157

第 **89** 记 项目质量复核 / 157

第九模块

职业道德和独立性

第 **90** 记 职业道德基本原则 / 162

第 **91** 记 经济利益 / 162

第 **92** 记 贷款和担保 / 163

第 **93** 记 商业关系、家庭和私人关系 / 164

第 **94** 记 与审计客户发生人员交流 / 164

第 **95** 记 与审计客户长期存在业务关系 / 165

第 **96** 记 为审计客户提供非鉴证服务 / 167

第 **97** 记 收 费 / 169

第 **98** 记 薪酬和业绩评价政策 / 169

第 **99** 记 礼品和款待 / 169

必备清单

主观题 50 金句 / 175

飞越必刷题篇

必刷客观题

第一模块　审计基本概念 / 183

第二模块　审计基本流程 / 188

第三模块　审计程序的实务运用 / 204

第四模块　集团审计 / 208

第五模块　对特殊事项的考虑 / 211

第六模块　审计报告 / 217

第七模块　企业内部控制审计 / 220

第八模块　质量管理 / 223

必刷主观题

专题一　函证和监盘 / 225

专题二　集团审计和整合审计 / 228

专题三　对特殊事项的考虑 / 230

专题四　审计报告 / 233

专题五　审计工作底稿和质量管理 / 235

专题六　独立性 / 237

专题七　综合题 / 239

模块	记次	命题角度	页码
第一模块 审计基本概念	第2记	考查审阅业务的概念要点	6
	第3记	考查与审计有关的基本概念	8
	第4记	考查保持职业怀疑的影响因素和要求	9
	第5记	考查职业判断的重要观点	10
	第6记	考查与审计相关风险的概念	12
	第7记	考查错报的概念、累积、评价和更正	14
	第8记	辨析审计证据的充分性和适当性	16
第二模块 审计基本流程	第10记	判断某一事项是否属于初步业务活动或业务承接阶段的工作	20
	第12记	辨析总体审计策略和具体审计计划	22
	第13记	辨析不同重要性概念的具体运用环节	25
		辨析不同重要性概念的确定要求	26
		综合性考查重要性的实务运用	26
	第14记	考查风险评估中的重要观点	29
	第15记	考查内部控制体系各要素的重要观点	31
	第16记	识别和评估两个层次的重大错报风险	34
		考查与识别特别风险有关的重要结论	35
	第17记	考查总体应对措施和审计程序的不可预见性	36
	第19记	考查控制测试的重要观点	39
	第20记	判断是否可以依赖以前审计中获取的有关控制运行有效性的证据	40
	第22记	考查实质性程序的重要观点	43
	第24记	辨析统计抽样和非统计抽样	48
		辨析抽样风险和非抽样风险	48
	第27记	考查与治理层沟通的事项和形式	56
	第30记	判断某一组织或个人是否构成注册会计师的专家	61
		辨析内部专家和外部专家的性质和工作要求	62

续表

模块	记次	命题角度	页码
第二模块 审计基本流程	第32记	考查审计工作底稿的相关概念、归档和保存	65
	第34记	考查不同时段期后事项的定义	69
第三模块 审计程序的 实务运用	第36记	考查分析程序在各个运用环节的综合性问题	75
	第37记	考查应当实施和可以豁免实施函证的情形（涉及简答题）	77
	第38记	考查电子函证的实务操作	80
	第40记	综合性考查函证程序全流程的实务运用（涉及简答题）	82
	第44记	综合性考查存货监盘程序全流程的实务运用	87
	第46记	综合性考查货币资金审计的实务运用	90
第四模块 集团审计	第47记	考查组成部分的定义、类别及其确定方法	94
	第49记	考查集团审计重要性的制定要求（涉及简答题）	96
	第50记	考查了解组成部分注册会计师的内容和疑虑处理（涉及简答题）	98
	第51记	考查集团审计的风险应对程序（涉及简答题）	101
		考查集团审计相关工作的执行方	101
第五模块 对特殊事项的 考虑	第53记	辨析某一情形属于舞弊三角模型的"哪一角"	106
	第57记	考查审计会计估计的实务操作（涉及简答题）	114
		考查商誉减值审计的实务操作（涉及简答题）	115
	第59记	考查审计关联方的实务操作（涉及简答题）	119
	第61记	考查考虑持续经营假设的实务操作	122
	第62记	考查与前任注册会计师沟通的要点	124
	第63记	考查期初余额审计的实务操作（涉及简答题）	126
第六模块 审计报告	第65记	考查关键审计事项的实务运用（涉及简答题）	130
	第66记	考查非无保留意见类型的判断（涉及简答题）	132
	第71记	考查与持续经营假设有关的审计意见	137

续表

模块	记次	命题角度	页码
第七模块 企业内部 控制审计	第80记	考查企业内部控制审计的实务运用（涉及简答题）	148
第八模块 质量管理	第89记	考查针对不同类型实体开展业务的质量管理要求	159
		考查会计师事务所主要负责人（主任会计师或首席合伙人）的职责	159
		考查质量管理体系中的若干年限要求	160
第九模块 职业道德 和独立性	第99记	分析对独立性产生影响的情形	170

命题角度	记忆口诀	页码
审计要素的内容	审计要素五大佬，三人两报两依靠	8
职业判断质量的衡量标准	大家够准、自己够稳、工作留痕（分别对应上述"5个标准"）	10
固有限制的来源	不确定（即财务报告的性质）；不配合、假文件、真违法（即审计程序的性质）；讲时效（即财务报告的及时性和成本效益的权衡）	13
两个层次重大错报风险的评估要求	认定层次分别评，报表层次没规定	13
固有风险因素	复杂变化主观性，偏向舞弊不确定	13
审计证据和审计程序的内容	内、外、前、后、正、反、无 检观询分函，重执加重算	17
总体审计策略的内容	总体策略四方针，范围计划方向人	22
进一步审计程序相关的考虑因素	（1）性质：程序性质最重要，原因结果看成效 （2）时间：程序时间风险定，编报证据看环境 （3）范围：程序范围抓重要，保证风险跑不掉	37
控制测试的相关考虑因素	（1）剩余期间的补充证据：风险变动小，期中环境好，证据补得少；剩余期间长，信赖控制强，证据补得忙 （2）测试间隔期间：三项控制两变动，信赖间隔做把控 （3）范围：控制低频时间少，信赖预期偏差小，其他证据做担保，质高自然范围少	41
实质性程序的相关考虑因素	（1）在期中实施实质性程序：环境控制不分隔，目的信息可获得，资源效率做权衡，认定风险相结合 （2）范围：风险定范围，控制当后备	42
货币单元抽样的特点	嫉恶如仇	52
与利用内部审计的工作相关的考虑因素和要求	（1）利用内部审计的工作（包括两种方式）和实施审计程序的考虑因素：判断多少、风险大小、客观强弱、能力高低 （2）不得利用内部审计人员提供直接协助的情形：重大判断、较高风险、剧本已定、自导自演	60

命题角度	记忆口诀	页码
利用专家工作的审计程序	评价专胜客、了解其专长、双方达一致、测试才恰当	62
区分调整事项和非调整事项	老事新线索，新事新线索	69
消极式函证的适用条件	风险低、多且小、错误少、人品好	78
集团审计的风险应对程序（涉及简答题）	（1）针对具有"特别风险"的重要组成部分，注册会计师可以执行的三项工作："全面审""局部审"和"特定审" （2）参与组成部分注册会计师工作的方式："两会两核走流程"。其中，"两会"指"会谈"和"会议"，"两核"指"复核计划"和"复核底稿"，"走流程"指"风险评估"和"进一步程序"	100
集团审计相关工作的执行方	（1）相关工作执行方的判断：集团的事情集团做、指挥的事情集团做、落地的事情都能做 （2）集团项目组参与组成部分注册会计师工作的方式：两会两核走流程	101
针对管理层凌驾于控制之上的风险实施的程序	凌驾控制有三怕，测试、复核加评价	108
针对"超重关"的审计程序	检查合同或协议，获取授权和审批	118
与前任注册会计师的沟通要求	后任发起、征得同意、书面口头、底稿要记、尚未签约、仍要保密	125

99 记篇

第一模块

审计基本概念

● 本模块考查客观题，知识点浅显易懂，但分值极高，预计在2024年涉及7~10分。本模块涵盖了一系列审计基本概念，对应《打好基础》一书第一至三章的相关知识点，每一记的内容都属于必考点。本模块中，"注册会计师审计和政府审计"这一内容（第1记）涉及新修订的表述，易考客观题，需重点关注。

有所追求但不刻意，渴望成功也接受平凡。

本模块的知识结构如下图所示。

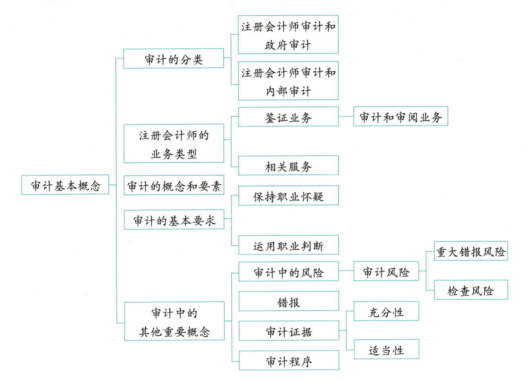

审计的分类

第 **1** 记 〔1分〕

飞越必刷题：1、9

（一）政府审计和注册会计师审计

要点	政府审计	注册会计师审计
执行主体	政府审计机关（审计署和地方审计厅局）	注册会计师
行为性质	行政行为	市场行为、有偿服务
审计对象	国务院各部门和地方各级人民政府及其各部门的财政收支、国有金融机构和企业事业组织的财务收支，以及其他按照该法规定应当接受审计的财政收支	除政府审计对象以外的事项（部分国有金融机构和企事业单位可能同时进行两种审计）
审计目的	监督上述财政收支或财务收支的真实、合法、效益	对被审计单位的财务报表或内部控制发表审计意见
执业依据	《中华人民共和国审计法》和国家审计准则等	《中华人民共和国注册会计师法》和注册会计师审计准则等
经费或收入来源	财政预算且由政府保证	和审计客户协商
取证权限	具备更大的强制力，有关单位和个人应当支持、协助、反馈和提供材料	不具备行政强制力，很大程度上有赖于企业及相关单位配合和协助
对发现问题的处理方式	作出审计决定，或向有关主管机关提出处理和处罚意见	提请调整或披露，如被拒绝，视情况出具非无保留意见的审计报告，必要时解除业务约定或向监管机构报告

（二）内部审计和注册会计师审计

要点	内部审计	注册会计师审计
执行主体	企业的内部审计职能部门	会计师事务所的注册会计师
业务性质	企业内部管理活动	外部独立鉴证活动
审计独立性	受到一定限制，独立性只是相对于本单位其他职能部门而言的	较强的独立性
审计方式	根据自身经营管理的需要安排进行	接受委托进行

续表

要点	内部审计	注册会计师审计
审计程序	根据所执行业务的目的和需要选择并实施	严格按照执业准则的规定进行
审计职责	只对本单位负责	不仅对被审计单位负责，而且对社会负责
审计质量的影响	审计质量基本与外界无直接关系	审计质量对广大财务信息使用者做出相关决策有直接影响
审计作用	只作为本单位改善工作的参考，对外不起鉴证作用，对外保密	对外公开并起鉴证作用

第 2 记 2分

注册会计师的业务类型和保证程度

飞越必刷题：10、11

（一）总述

业务类型	项目	相应的保证程度
鉴证业务	审计，例如： （1）财务报表审计； （2）企业内部控制审计	合理保证（高水平）
	审阅	有限保证（低于高水平）
	其他鉴证业务（如预测性财务信息审核）	合理保证和有限保证均可能涉及
相关服务	（1）代编财务信息； （2）对财务信息执行商定程序； （3）税务咨询； （4）管理咨询	不提供任何程度的保证

（二）审计和审阅

要点	财务报表审计	财务报表审阅
业务性质	合理保证的鉴证业务	有限保证的鉴证业务
对注册会计师独立性的要求	必须具备形式上和实质上的独立性	必须具备形式上和实质上的独立性
检查风险	较低	较高

续表

要点	财务报表审计	财务报表审阅
证据数量	较多	较少
取证程序	检查、观察、询问、函证、重新计算、重新执行、分析程序等	以询问和分析程序为主
结论方式（节选）	积极方式："我们认为按照规定编制了报表，公允反映了情况……"	消极方式："我们没有注意到财务报表没有按照规定编制，未能公允反映情况……"

通关绿卡

命题角度：考查审阅业务的概念要点。

（1）有关审阅业务的性质。审阅业务中，注册会计师需要将审阅风险降至该业务环境下可接受的水平（高于财务报表审计中可接受的低水平），对审阅后的财务报表提供低于高水平的保证（即有限保证），在审阅报告中对财务报表采用消极方式提出结论。

（2）有关审阅业务的程序。注册会计师执行审阅业务时，主要通过询问和分析程序来收集证据，以便为审阅结论提供充分、适当的证据。只有当存在合理依据相信被审阅的财务报表可能包含重大错报时，才需要执行额外程序。

（3）有关在集团审计中实施审阅（涉及简答题）。第一，在集团审计中，对于那些因"财务重大性"或"特别风险"而显得重要的组成部分，注册会计师通常无法仅仅通过审阅程序来达到集团审计的目标。第二，对于不重要的组成部分，注册会计师可能决定实施审阅程序；实施审阅程序时，需要确定重要性。

第 3 记 **2分**

审计的概念和要素

飞越必刷题：2、12、13、14

（一）财务报表审计的相关概念

要点	重要观点
用户	财务报表预期使用者
目的	（1）改善财务报表的质量，增强除管理层之外的预期使用者对财务报表的信赖程度，即以合理保证的方式提高财务报表的可信度； （2）不涉及为如何利用信息提供建议

续表

要点	重要观点
保证程度	（1）由于固有限制，审计提供的是合理保证，而非绝对保证； （2）大多数审计证据是说服性而非结论性的
基础	（1）独立性：独立于被审计单位和预期使用者； （2）专业性
产品	审计报告
要素	（1）审计业务的三方关系人（即注册会计师、管理层和预期使用者）； （2）财务报表（即审计对象信息、审计对象的载体）； （3）财务报告编制基础（即标准）； （4）审计证据； （5）审计报告
基本要求	（1）遵守审计准则； （2）遵守职业道德守则； （3）保持职业怀疑； （4）运用职业判断
总体目标	（1）对财务报表整体是否不存在舞弊或错误导致的重大错报获取合理保证，使注册会计师能够对财务报表是否在所有重大方面按照适用的财务报告编制基础编制发表审计意见； （2）按照审计准则的规定，根据审计结果对财务报表出具审计报告，并与管理层和治理层沟通

（二）预期使用者

要点	内容
范围	主要利益相关者，通常包括股东、公司债权人、供应商、顾客、证券监管机构等
与注册会计师的关系	（1）注册会计师可能无法识别使用审计报告的所有组织和人员； （2）审计报告的收件人应当尽可能明确为所有的预期使用者
与管理层的关系	（1）注册会计师的审计意见主要是向除管理层之外的预期使用者提供的； （2）管理层可能是预期使用者，但不能是唯一的预期使用者； （3）管理层和预期使用者可能来自同一企业，但不意味着两者是同一方

通关绿卡

命题角度：考查与审计有关的基本概念。

（1）有关审计概念的剖析。包括：①审计不涉及为如何利用信息提供建议；②审计证据大多数是说服性而非结论性的；③审计的产品是审计报告，而不包括后附的财务报表或审计工作底稿等。

（2）有关预期使用者的概念和范围。包括：①股东、债权人、证券监管机构、社会公众、公司员工等组织或个人均属于预期使用者；②管理层是预期使用者之一（但不能是唯一的预期使用者）；③注册会计师执行财务报表审计，不属于预期使用者。④对于上市公司而言，审计报告的收件人通常明确为上市公司的全体股东，但不等同于预期使用者是指上市公司的全体股东。

（3）有关关键的基础定义。例如，审计的基本要求有哪些；什么是审计要素；什么是审计业务的三方关系人等。这些基础概念往往是教材内容的标题，易考多项选择题，但常常被忽略。

记忆口诀

命题角度：考查审计要素的内容。

口诀：审计要素五大佬，三人两报两依靠。

保持职业怀疑

第 **4** 记　**1分**

飞越必刷题：15

维度	内容
保持职业怀疑的影响因素	（1）职业怀疑与职业道德基本原则相互关联，例如，保持独立性可以增强注册会计师保持客观公正、职业怀疑的能力； （2）会计师事务所的业绩评价、薪酬和晋升机制会促进或削弱审计实务中对职业怀疑的保持程度，这取决于这些机制如何设计和执行； （3）会计师事务所人员是否能够保持职业怀疑，很大程度上取决于其胜任能力

维度	内容
保持职业怀疑的要求	（1）注册会计师可以在审计成本与信息的可靠性之间进行权衡，但审计中的困难、时间或成本等事项本身，不能作为省略不可替代的审计程序或满足于说服力不足的审计证据的理由； （2）不应依赖以往对管理层和治理层诚信形成的判断。即使认为管理层和治理层是正直、诚实的，也不能降低保持职业怀疑的要求
保持职业怀疑的作用	（1）保持职业怀疑是保证审计质量的关键要素； （2）有助于注册会计师恰当运用职业判断，提高审计程序设计及执行的有效性，降低检查风险，对发现舞弊、防止审计失败至关重要

通关绿卡

命题角度：考查保持职业怀疑的影响因素和要求。

（1）有关保持职业怀疑的影响因素。基于上表可以总结出：职业道德（包括独立性）的遵守情况、事务所的质量管理机制、注册会计师的胜任能力水平等，均会影响注册会计师保持职业怀疑的程度。

（2）有关保持职业怀疑的要求。例如，保持职业怀疑，不意味着注册会计师基于假定管理层不诚信的前提而开展工作；注册会计师基于"收入确认存在舞弊风险的假定"开展工作，也是保持职业怀疑的体现。

第5记 1分 **运用职业判断**

飞越必刷题：16

（一）概念

（1）职业判断是注册会计师行业的精髓，职业判断能力是注册会计师胜任能力的核心。

（2）如果有关决策不被该业务的具体事实和情况所支持，或者缺乏充分、适当的审计证据，职业判断并不能作为注册会计师作出不恰当决策的理由。

（二）运用环节

从决定是否接受业务委托，到出具业务报告的各类决策：

（1）与具体会计处理相关的决策；

（2）与审计程序相关的决策；

（3）与遵守职业道德要求相关的决策。

（三）质量的直接衡量标准

标准	含义
准确性	指职业判断结论与特定标准或客观事实的相符程度
意见一致性	指不同职业判断主体针对同一职业判断问题所作判断彼此认同的程度
决策一贯性	指同一注册会计师针对同一项目的不同判断问题，所作出的判断之间是否符合应有的内在逻辑
稳定性	指同一注册会计师针对相同的职业判断问题，在不同时点所作出的判断是否结论相同或相似
可辩护性	指是否能够证明自己的工作。通常，理由的充分性、思维的逻辑性和程序的合规性是可辩护性的基础。注册会计师对下列事项作出适当的书面记录，有利于提高职业判断的可辩护性： （1）对职业判断问题和目标的描述； （2）解决职业判断相关问题的思路； （3）收集到的相关信息； （4）得出的结论以及得出结论的理由； （5）就决策结论与被审计单位进行沟通的方式和时间

通关绿卡

命题角度：考查职业判断的重要观点。

（1）注册会计师无法运用职业判断影响或改变审计准则的强制性规定。例如，审计工作底稿的最迟归档期限和最低保存年限、审计准则对于认定层次的固有风险和控制风险应当予以分别评估的要求等。

（2）注册会计师作出和记录的职业判断通常是"重大的""相关的"而非"所有的"（涉及简答题）。例如，注册会计师应当针对所有重大交易类别、账户余额或披露实施实质性程序；注册会计师应当评价专家使用的重要假设、方法和原始数据；注册会计师应当了解与审计相关的内部控制，而非所有的内部控制等。

记忆口诀

命题角度：考查职业判断质量的衡量标准。

口诀：大家够准、自己够稳、工作留痕（分别对应上述"5个标准"）。

释义：职业判断的质量可以由上述"5个标准"予以直接衡量，而注册会计师的独立性、经验和专业技能等，无法直接作为衡量标准。

审计风险

2分

第6记

飞越必刷题：3、4、17、18、19

（一）重大错报风险、检查风险和审计风险

项目			内容
重大错报风险	概念和特征		重大错报风险指财务报表在审计前存在重大错报的可能性。重大错报风险与被审计单位的风险相关，独立于财务报表审计而存在，属于客观存在的风险
	财务报表层次的重大错报风险		指与财务报表整体存在广泛联系的重大错报风险，难以界定于某类具体认定，通常影响多项不同的认定
	认定层次的重大错报风险	固有风险 含义	指在不考虑控制的情况下，某一认定易于发生错报的可能性
		固有风险因素	固有风险因素可以是定性的，也可以是定量的，包括： （1）事项或情况的复杂性、主观性、变化、不确定性； （2）管理层偏向； （3）其他舞弊风险因素； （4）产生经营风险的外部因素
		控制风险 含义	指某一认定发生错报，该错报单独或连同其他错报是重大的，但没有被内部控制及时防止或发现并纠正的可能性
		理解要点	（1）控制风险取决于内部控制设计的合理性和运行的有效性； （2）由于控制的固有局限性，控制风险始终存在
检查风险			（1）检查风险指如果存在某一错报，该错报单独或连同其他错报可能是重大的，注册会计师为将审计风险降至可接受的低水平而实施程序后没有发现这种错报的风险； （2）检查风险取决于审计程序设计的合理性和执行的有效性
审计风险			（1）审计风险指财务报表存在重大错报时，注册会计师发表不恰当审计意见的可能性。审计风险取决于重大错报风险和检查风险； （2）审计风险既定的情况下，可接受的检查风险水平与评估的认定层次重大错报风险呈反向关系；评估的认定层次重大错报风险越高，可接受的检查风险越低

（二）固有风险和控制风险的评估要求

（1）财务报表层次：对于识别出的财务报表层次重大错报风险，审计准则未明确规定，是应当分别评估固有风险和控制风险，还是合并评估。注册会计师识别和评估财务报表层次重大错报风险采用的具体方法，取决于其偏好的审计技术方法以及实务上的考虑。

（2）认定层次：对于识别出的认定层次重大错报风险，注册会计师应当分别评估固有风险和控制风险。

（三）审计固有限制

来源	内容
财务报告的性质	（1）管理层编制财务报表需要作出判断； （2）许多财务报表项目（例如涉及会计估计的项目）涉及主观决策、评估或不确定性，其金额本身存在一定的变动幅度，这种变动幅度不能通过实施审计程序予以消除
审计程序的性质	注册会计师获取审计证据的能力受到实务和法律上的限制。 例如： （1）管理层或其他人员可能有意或无意地不提供与财务报表编制相关的或注册会计师要求的全部信息； （2）舞弊可能涉及精心策划和蓄意实施以进行隐瞒，注册会计师不应被期望成为鉴定文件真伪的专家； （3）审计不是对涉嫌违法行为的官方调查
财务报告的及时性和成本效益的权衡	为了在合理的时间内以合理的成本对财务报表形成审计意见，注册会计师有必要： （1）计划审计工作，以使审计工作以有效的方式得到执行； （2）将审计资源投向最可能存在重大错报风险的领域，并相应地在其他领域减少审计资源； （3）运用测试和其他方法检查总体中存在的错报

通关绿卡

命题角度：考查与审计相关风险的概念。

（1）有关重大错报风险的类别和概念。包括：①重大错报风险包括财务报表层次和认定层次，两个层次的重大错报风险可能来源于错误或舞弊；②评估固有风险时不考虑相关控制的影响；③检查风险取决于注册会计师设计和实施审计程序的情况，抽样风险和非抽样风险均可能导致检查风险；④"审计风险"是一个专有名词，并不指注册会计师被起诉而发生赔款或名誉受损等风险。

（2）有关注册会计师对重大错报风险的工作思路。注册会计师只能"识别""评估"和"应对"重大错报风险，而不能"控制""调节""降低"和"消除"重大错报风险。

记忆口诀

命题角度1：考查固有限制的来源。

口诀：不确定（即财务报告的性质）；不配合、假文件、真违法（即审计程序的性质）；讲时效（即财务报告的及时性和成本效益的权衡）。

释义：①审计收费水平过低、注册会计师胜任能力不足、注册会计师职业判断有误等情况，均不属于审计固有限制的来源。②审计风险、检查风险无法降低为零，审计无法提供绝对保证等也不属于审计固有限制的来源，而是固有限制导致的结果。

命题角度2：考查两个层次重大错报风险的评估要求。

口诀：认定层次分别评，报表层次没规定。

释义：认定层次重大错报风险可以细分为固有风险和控制风险，对于二者应当分别评估；财务报表层次则无审计准则的明确规定。

命题角度3：考查固有风险因素。

口诀：复杂变化主观性，偏向舞弊不确定。

错 报

第**7**记 · 1分

飞越必刷题：20

（一）概念

错报指某一财务报表项目的金额、分类或列报，与按适用的财务报告编制基础应列示的金额、分类或列报之间存在差异；以及根据注册会计师的判断，为使财务报表在所有重大方面实现合法、公允反映，需要对金额、分类或列报作出的必要调整。

（二）类型

类型		内容
事实错报	来源	收集或处理数据错误，对事实的误解或忽略，故意舞弊行为等；本质是违反客观事实
	举例	存货、固定资产的入账价值录入错误，与发票、合同等不符
判断错报	来源	（1）管理层和注册会计师对会计估计值的判断差异； （2）管理层和注册会计师对选择和运用会计政策的判断差异
	举例	投资性房地产公允价值不合理；存货发出采用后进先出法核算

续表

类型		内容
推断错报	来源	运用审计抽样,通过测试样本估计出的总体的错报减去在测试中发现的已经识别的具体错报

通关绿卡

命题角度:考查错报的概念、累积、评价和更正。

(1)有关错报的概念。错报的概念具有双重含义,分别是将被审计单位作出的金额、分类或列报与财务报告编制基础和注册会计师的判断作比较。

(2)有关错报的类型与会计估计审计的结合(涉及简答题)。注册会计师可以作出点估计或区间估计,以评价管理层的点估计;当审计证据支持注册会计师的结果时,管理层的点估计与注册会计师的点估计之间的差异构成错报,或管理层的点估计与注册会计师的区间估计之间的最小差异构成错报。与会计估计有关的错报可能是事实错报(例如暂估存货入账价值时错录了订单金额)、判断错报(例如管理层与注册会计师对于投资性房地产公允价值的评估金额存在不合理差异)或推断错报(例如使用审计抽样测试固定资产折旧金额的准确性并由样本错报推断总体错报)。

(3)有关错报的评价(涉及综合题)。评价一笔错报是否需要累积并更正,应以明显微小错报临界值作为衡量标准;评价一笔未更正错报对审计报告意见类型或财务报表预期使用者经济决策的影响,应以财务报表整体重要性以及特定类别的重要性为衡量标准。此外,还需恰当地评价错报抵销、分类错报、舞弊或系统性控制偏差而导致的错报,以及样本错报对总体错报的影响(如在函证、监盘或其他审计抽样测试中)。

第 **8** 记 **2分** 审计证据的含义和性质

飞越必刷题:5~7、21~22

(一)概念

(1)审计证据指为得出审计结论、形成审计意见而使用的所有信息,包括会计信息和其他的信息,缺一不可。

(2)审计证据包括内部来源的信息、外部来源的信息、以前审计中获取的信息以及接受与保持客户或业务时实施质量管理程序获取的信息。

(3)审计证据既包括支持和佐证管理层认定的信息,也包括与这些认定相矛盾的信息;某些情况下,信息的缺乏(如管理层拒绝提供要求的书面声明)本身也构成审计证据。

（二）性质

1.充分性

（1）含义。

充分性是对审计证据数量的衡量，与注册会计师确定的样本量有关。

（2）影响因素。

因素	关系
重大错报风险评估结果	评估的被审计单位的重大错报风险越高，所需审计证据的数量越多
审计证据质量	质量越高，可能需要的数量越少；质量存在缺陷，可能无法通过获取更多的审计证据予以弥补

2.适当性

（1）含义。

适当性是对审计证据质量的衡量，只有相关且可靠的审计证据才是高质量的。其中，相关性指用作审计证据的信息与审计程序的目的、相关认定之间的逻辑联系；可靠性指证据的可信程度。

（2）相关性。

影响因素	阐述
测试方向	(1) 逆查：由"账"到"证"→高估→存在或发生认定； (2) 顺查：由"证"到"账"→低估→完整性认定
审计程序	(1) 特定程序可能只与某些认定相关，而与其他认定无关； (2) 某一认定的审计证据，不能替代与其他认定相关的审计证据； (3) 不同来源或不同性质的审计证据可能与同一认定相关

（3）可靠性。

①亲自获取＞被审计单位提供。

②来自外部独立渠道＞其他渠道（例如，被审计单位内部）。

③内控有效＞内控薄弱。

④直接获取＞间接获取或推论。

⑤文件记录（纸质或电子介质）＞口头形式。

⑥原件＞传真件或复印件。

⑦多部门流转＞财务部门内部流转。

3.充分性和适当性的评价

（1）文件记录可靠性的考虑。

审计通常不涉及鉴定文件记录的真伪，注册会计师不是鉴定文件记录真伪的专家。但如在审计过程中识别出的情况可能表明文件记录是伪造的，注册会计师应做出进一步调查。

（2）使用被审计单位生成信息时的考虑。

评价此类信息的完整性和准确性。

（3）证据相互矛盾时的考虑。

相互印证的审计证据具有更强的说服力；如不同来源或不同性质的证据不一致，表明某项审计证据可能不可靠，应当追加必要的审计程序。

（4）对获取证据的成本的考虑。

可以考虑取证成本与信息有用性之间的关系，但不应以取证的困难和成本为由减少不可替代的审计程序。

通关绿卡

命题角度：辨析审计证据的充分性和适当性。

（1）有关审计证据性质的影响因素。审计证据充分性（即审计证据的数量）的影响因素包括重大错报风险的评估结果和审计证据的质量。进一步地，审计证据的质量的影响因素包括审计证据与审计目的的相关程度、审计证据的来源、获取审计证据的具体环境等，这些因素也会间接地影响审计证据的数量。

（2）有关充分性和适当性的关系。适当性影响充分性，即质量影响数量，展开来说，相关性和可靠性均影响充分性，反之并不成立。需注意，无论是充分性还是适当性，都无法弥补对方的缺陷或不足。

（3）有关高质量的内涵。相关且可靠的审计证据才是高质量的，缺一不可，即相关性和可靠性是高质量审计证据的核心内容。

（4）有关相互矛盾审计证据的采用问题。不同来源和性质的审计证据相互矛盾时，注册会计师应加以调查核实，追加必要的审计程序，而不应仅仅对这些证据加以比较后即采用其中更为可靠的一份。

（5）有关利用被审计单位内部生成的信息（涉及简答题）。总体原则是注册会计师需要评价此类信息的完整性和准确性。例如：①选择适当的存货监盘地点时，注册会计师需要基于完整的存货存放地点清单；②发送银行询证函时，注册会计师需要基于完整的已开立银行结算账户清单；③验证应收账款坏账准备、存货跌价准备等金额时，注册会计师需要测试坏账准备计提表、账龄分析表、跌价准备计算表和库龄分析表等相关表单的准确性和完整性。更进一步，还需要关注不同审计程序的测试目标不同。例如，注册会计师将存货监盘时观察到的残冷背次情况，与存货跌价准备计提表中的有关项目进行核对，测试目标是存货跌价准备计提表中相关信息的完整性（即是否残冷背次的项目均被纳入了考虑）而非准确性；如果该表单由信息处理控制自动生成，注册会计师拟测试该表单的准确性，还需要考虑信息技术一般控制和信息处理控制的有效性。

1分

第 **9** 记

审计程序

飞越必刷题：8

484 1-9

取证程序	风险评估程序		进一步审计程序		
	"了解内部控制"以外的方面	"了解内部控制"	控制测试	实质性程序	
				实质性分析程序	细节测试
检查	√	√	√	×	√
观察	√	√	√	×	√
询问	√	√	√	×	√
函证	×	×	×	×	√
重新计算	×	×	×	×	√
重新执行	×	×	√	×	×
分析程序	√（应当运用）	×	×	√（可以运用）	×

记忆口诀

命题角度： 考查审计证据和审计程序的内容。

口诀1： 内、外、前、后、正、反、无。

口诀2： 检观询分函，重执加重算。

第二模块

审计基本流程

● 本模块主要考查客观题，预计在２０２４年涉及９～１８分。本模块涵盖了从"初步业务活动"到"完成审计工作"的审计基本流程，并将注册会计师对信息技术的考虑、对审计抽样方法、利用他人的工作和与治理层沟通的相关内容融入其中，对应《打好基础》一书第二、四、五、六、七、八、十四、十五和十八章的相关知识点。
本模块中，以下内容涉及2024年修订、增加的知识点：
（1）总体应对措施（第17记）；（2）数据分析（第23记）；（3）与治理层沟通补充事项（第27记）；（4）审计工作底稿的编制目的和重大事项（第31记）。
经分析，上述内容易考客观题，第（4）项内容还可能考查简答题，需重点关注。
正是那些最小的事情，形成了生活的全貌；就像微小的星系集合成了无垠的星空。

本模块的知识结构如下图所示。

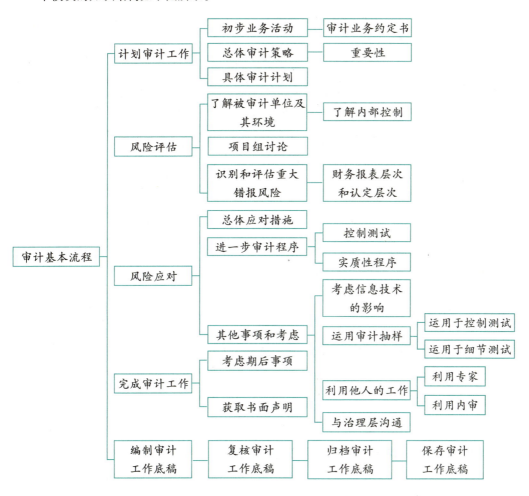

第10记 初步业务活动 [2分]

飞越必刷题：23、62

（一）审计前提条件

（1）管理层在编制财务报表时采用可接受的财务报告编制基础。

（2）管理层对注册会计师执行审计工作的前提的认可，即管理层认可并理解其承担的三项责任（如下表所示）。

责任	阐述
编制之责	按适用的财务报告编制基础编制财务报表，并使其实现公允反映
内控之责	设计、执行和维护必要的内部控制，以使财务报表不存在舞弊或错误导致的重大错报
条件之责	向注册会计师提供必要的工作条件，包括： （1）允许注册会计师接触与编制财务报表相关的所有信息； （2）向注册会计师提供审计所需的其他信息； （3）允许注册会计师在获取审计证据时不受限制地接触其认为必要的内部人员和其他相关人员

（二）初步业务活动的目的和内容

关键词	内容	目的
考量对方	针对保持客户关系和具体审计业务实施相应的质量管理程序	确定不存在因管理层诚信问题而可能影响注册会计师保持该项业务意愿的事项
打量自身	评价遵守职业道德规范的情况	确保具备执行业务所需要的独立性和专业胜任能力
达成一致	就审计业务约定条款达成一致意见	确保与被审计单位之间不存在对业务约定条款的误解

通关绿卡

命题角度：判断某一事项是否属于初步业务活动或业务承接阶段的工作。

（1）记忆初步业务活动的三项内容和目的。对于内容和目的通常无需机械性区分，凡与之相关的即为这一阶段的活动。

（2）识别题目中的常见陷阱，善于运用排除法。包括：①总体审计策略和具体审计计划的项目，不当选；②风险评估和风险应对的程序，不当选。概括而言，签约之前开展的工作，才属于初步业务活动的范畴。

（3）注意不同章节的内容联系。以下活动也通常在业务承接阶段开展：①初步了解和评价被审计单位的内部环境（例如管理层的诚信情况）；②首次接受委托时，与前任注册会计师沟通。

第11记 [1分] **审计业务约定书**

飞越必刷题：24～25、63

（一）审计业务约定书的内容
审计业务约定书应当包括：

（1）财务报表审计的目标与范围；

（2）注册会计师的责任；

（3）管理层的责任；

（4）适用的财务报告编制基础；

（5）审计报告的预期形式和内容，以及对在特定情况下出具的审计报告可能不同于预期形式和内容的说明。

（二）审计业务约定条款的变更

1.审计业务变更为保证程度较低的业务的合理性

合理性	情形
通常合理	（1）环境变化对审计服务的需求产生影响； （2）对原来要求的审计业务的性质存在误解
不一定合理	管理层施加的或其他情况引起的审计范围受到限制

2.变更为审阅业务或相关服务的相关要求

情形		对提及相关情况的规定
审计变更为审阅		不应提及（原审计业务的任何情况）
审计变更为 相关服务	商定程序	可以提及（在原审计业务中已执行的程序）
	其他	不应提及（原审计业务和在原审计业务中已执行的程序）

总体审计策略和具体审计计划

第**12**记 1分

飞越必刷题：26、64

（一）总体审计策略和具体审计计划的内容

类型	内容
总体审计策略	（1）确定审计范围； （2）计划报告目标、时间安排及所需沟通的性质； （3）确定审计方向（包括确定重要性）； （4）规划和调配审计资源（包括是否需要实施项目质量复核）
具体审计计划	（1）风险评估程序； （2）进一步审计程序； （3）其他审计程序

 **记忆口诀**

命题角度：考查总体审计策略的内容

口诀：总体策略四方针，范围计划方向人。

（二）指导、监督与复核

注册会计师应当制定计划，确定对项目组成员的指导、监督以及对其工作进行复核的性质、时间安排和范围，主要取决于下列因素：

（1）被审计单位的规模和复杂程度；

（2）审计领域；

（3）评估的重大错报风险；

（4）执行审计工作的项目组成员的专业素质和胜任能力。

通关绿卡

命题角度：辨析总体审计策略和具体审计计划。

（1）记忆具体审计计划的内容，运用排除法。相比于总体审计策略，具体审计计划仅包含三个项目，因此可利用排除法从具体审计计划的项目中找到解题的突破口。

（2）把握二者的不同规律，运用推理分析。总体审计策略偏于宏观，解决的是关系到整个审计项目进展和质量管理的问题，例如审计范围、方向、报告目标和资源等。具体审计计划偏于微观，解决的是具体审计程序如何设计和实施的问题，例如风险评估和风险应对等。解题时，应从二者的不同规律入手推理分析。

重要性

飞越必刷题：27~30、65~70、190

（一）重要性的概念

（1）如果合理预期错报（包括漏报）**单独或汇总**起来可能影响财务报表使用者的经济决策，则通常认为错报是重大的；

（2）对重要性的判断是根据具体环境作出的，并受**错报金额、性质或受两者共同作用**的影响；

（3）考虑财务报表使用者**整体共同**的财务信息需求，不考虑错报对个别财务报表使用者可能产生的影响。

（二）确定重要性的考虑因素

重要性概念	含义和确定方法	考虑因素
财务报表整体重要性	（1）注册会计师应当运用职业判断确定重要性，经常根据事务所惯例和自身经验予以考虑，但不考虑与具体项目相关的固有不确定性； （2）通常，注册会计师选定一个"基准"，再乘以某一"百分比"作为财务报表整体的重要性	（1）选择基准的考虑因素。 ①财务报表要素； ②是否存在财务报表使用者特别关注的项目； ③被审计单位的性质、所处的生命周期阶段以及所处行业和经济环境； ④被审计单位的所有权结构和融资方式； ⑤基准的相对波动性。 （2）确定百分比的考虑因素。 ①是否为上市公司或公众利益实体； ②财务报表使用者的范围； ③被审计单位是否由集团内部关联方提供融资或是否有大额对外融资； ④财务报表使用者是否对基准数据特别敏感
特定交易类别、账户余额或披露的重要性水平	根据被审计单位的特定情况予以确定	（1）法律法规或适用的财务报告编制基础是否影响财务报表使用者对特定项目计量或披露的预期； （2）与被审计单位所处行业相关的关键性披露； （3）财务报表使用者是否特别关注财务报表中单独披露的业务的特定方面

重要性概念	含义和确定方法	考虑因素
实际执行的重要性	（1）财务报表层次实际执行的重要性，旨在将未更正和未发现错报的汇总数超过财务报表整体重要性的可能性降至适当的低水平； （2）低于财务报表整体的重要性； （3）还指为特定交易类别、账户余额或披露确定的实际执行重要性	（1）对被审计单位的了解； （2）前期审计工作中识别出的错报的性质和范围； （3）根据前期识别出的错报对本期错报作出的预期
明显微小错报临界值	（1）明显微小的错报，意味着这些错报无论从规模、性质或其发生的环境，无论单独或者汇总起来，都是明显微不足道的； （2）低于明显微小错报临界值的错报可以不累积； （3）"明显微小"不等同于"不重大"； （4）如果不确定一个或多个错报是否明显微小，就不能认为这些错报是明显微小	（1）以前年度审计中识别出的错报（包括已更正和未更正错报）的数量和金额； （2）重大错报风险的评估结果； （3）被审计单位治理层和管理层对注册会计师与其沟通错报的期望； （4）被审计单位的财务指标是否勉强达到监管机构的要求或投资者的期望

（三）常用的财务报表整体重要性的基准

被审计单位的情况	可能选择的基准
企业的盈利水平保持稳定	经常性业务的税前利润
企业近年来经营状况大幅度波动，盈利和亏损交替发生，或由正常盈利变为微利或微亏，或本年度税前利润因情况变化而出现意外增加或减少	过去3～5年经常性业务的平均税前利润或亏损（取绝对值），或其他基准，例如营业收入
国际企业集团设立的研发中心，主要为集团下属企业提供研发服务，并以成本加成方式向相关企业收取费用	成本与营业费用总额
企业为新设企业，处于开办期，尚未开始经营，目前正在建造厂房及购买机器设备	总资产

续表

被审计单位的情况	可能选择的基准
企业处于新兴行业，目前侧重于抢占市场份额、扩大知名度和影响力	营业收入
开放式基金，致力于优化投资组合、提高基金净值、为基金持有人创造投资价值	净资产
公益性质的基金会	捐赠收入或捐赠支出总额

（四）实际执行的重要性的实务运用

1.百分比的确定

财务报表层次实际执行的重要性通常为财务报表整体重要性的50%~75%。

比例	情形
较高	(1) 连续审计项目，以前年度审计调整较少； (2) 项目总体风险为低到中等； (3) 以前期间的审计经验表明内部控制运行有效
较低	(1) 首次接受委托的审计项目； (2) 连续审计项目，以前年度审计调整较多； (3) 项目总体风险较高； (4) 存在或预期存在值得关注的内部控制缺陷

2.实务运用

注册会计师在计划审计工作时可以根据实际执行的重要性确定需要对哪些类型的交易、账户余额和披露实施进一步审计程序，即通常选取金额超过实际执行的重要性的财务报表项目。但是不代表注册会计师可以对所有金额低于实际执行的重要性的财务报表项目不实施进一步审计程序，包括：

（1）单个金额低于实际执行的重要性的财务报表项目汇总起来可能金额重大，注册会计师需要考虑汇总后的潜在错报风险。

（2）对于存在低估风险的财务报表项目，不能仅仅因为其金额低于实际执行的重要性而不实施进一步审计程序。

（3）对于识别出存在舞弊风险的财务报表项目，不能因为其金额低于实际执行的重要性而不实施进一步审计程序。

通关绿卡

命题角度1：辨析不同重要性概念的具体运用环节。

（1）确定审计中识别出的错报是否需要累积——明显微小错报临界值。

（2）评价已识别的错报对审计意见/财务报表使用者经济决策的影响——财务报表整体重要性（在适用时，还包括特定交易类别、账户余额或披露的重要性）。

（3）确定细节测试中的可容忍错报——实际执行的重要性（金额上不超过）。

（4）确定实质性分析程序中的可接受差异额——实际执行的重要性（金额上不超过）。

（5）确定纳入进一步审计程序的财务报表项目——实际执行的重要性。

（6）将财务报表中未发现、未更正错报的汇总数超过财务报表整体重要性的可能性降低至适当的低水平——实际执行的重要性。

命题角度2：辨析不同重要性概念的确定要求。

类别	是否需要在所有审计业务中确定	能否确定一个或多个金额
财务报表整体重要性	√	×
特定交易类别、账户余额或披露的重要性水平	×	√
实际执行的重要性	√	√
明显微小错报临界值	√	√

命题角度3：综合性考查重要性的实务运用。

（1）有关财务报表整体重要性的基准选择。第一，记忆实务中常见的基准举例，考试时按照原文作答。第二，充分考虑题目中被审计单位的行业特点、所处环境、生命周期等情况，关注被审计单位处于"开办期"、利润指标接近"盈亏临界点"、所处行业"竞争激烈"等关键信息。

（2）有关确定实际执行的重要性时"50%"和"75%"的适用条件。需要注意综合考虑所有相关因素后作出准确判断。例如，项目风险较高时（如被审计单位处于高风险行业、管理层能力欠缺、面临较大的市场竞争压力或业绩压力），即使该项目为连续审计业务，仍应考虑运用接近50%的比例。

（3）有关实际执行的重要性的实务运用。准确记忆针对金额低于实际执行重要性的财务报表项目，但仍需实施进一步审计程序的三种情形。

（4）有关明显微小错报临界值的确定。例如，被审计单位治理层期望与注册会计师沟通审计中发现的所有错报，注册会计师可以将明显微小错报临界值确定为零，这一做法在理论上可以接受。

（5）有关错报的评价。关注涉及舞弊的小额错报（如员工侵占资产）、系统性控制偏差导致的错报（如集团系统缺陷导致数据不准确）、使得被审计单位由盈转亏的错报等，需要考虑这些错报是否存在潜在的广泛影响。

 风险评估程序和了解被审计单位及其环境等方面

第14记 [2分]

飞越必刷题：31～33、71～72

（一）风险评估程序

包括询问、分析、观察、检查和穿行测试（了解相关控制并确定控制是否得到执行）。

（二）项目组内部讨论

维度	内容
目的	（1）使经验较丰富的项目组成员（包括项目合伙人）有机会分享其根据对被审计单位的了解形成的见解，共享信息有助于增进所有项目组成员对项目的了解； （2）使项目组成员能够讨论被审计单位面临的经营风险，固有风险因素如何影响各类交易、账户余额和披露易于发生错报的可能性，以及财务报表易于发生由舞弊或错误导致的重大错报的方式和领域； （3）帮助项目组成员更好地了解在各自负责的领域中潜在的财务报表重大错报，并了解各自实施的审计程序的结果可能如何影响审计的其他方面，包括对确定进一步审计程序的性质、时间安排和范围的影响。特别是讨论可以帮助项目组成员基于各自对被审计单位性质和情况的了解，进一步考虑相矛盾的信息； （4）为项目组成员交流和分享在审计过程中获取的、可能影响重大错报风险评估结果或应对这些风险的审计程序的新信息提供基础
内容	（1）被审计单位面临的经营风险； （2）财务报表容易发生错报的领域以及发生错报的方式； （3）特别是舞弊导致重大错报的可能性； （4）可能存在的与披露相关的重大错报风险领域
人员	（1）项目组关键成员（通常包括项目合伙人，但并非项目组所有成员）； （2）专家（如适用）； （3）项目合伙人应当确定向未参与讨论的项目组成员通报哪些事项

（三）了解被审计单位及其环境等方面

层次		类型	要点
被审计单位及其环境	组织结构、所有权和治理结构、业务模式（包括该业务模式利用信息技术的程度）	内部因素	（1）了解业务模式主要是为了了解和评价被审计单位经营风险可能对财务报表重大错报产生的影响； （2）经营风险比财务报表重大错报风险范围更广，注册会计师没有责任了解或识别所有的经营风险 （3）多数经营风险最终都会产生财务后果，从而影响财务报表，但并非所有的经营风险都导致重大错报风险；注册会计师没有责任识别或评估对财务报表没有重大影响的经营风险
	行业形势、法律环境、监管环境和其他外部因素	外部因素	注册会计师考虑将了解的重点放在对被审计单位的经营活动可能产生重要影响的关键外部因素以及与前期相比发生的重大变化上
	财务业绩的衡量标准，包括内部和外部使用的衡量标准	外部因素和内部因素	注册会计师应当关注下列标准： （1）关键业绩指标、关键比率、趋势和经营统计数据； （2）同期财务业绩比较分析； （3）预算、预测、差异分析和各层次业绩报告； （4）员工业绩考核与激励性报酬政策； （5）被审计单位与竞争对手的业绩比较
适用的财务报告编制基础、会计政策以及变更会计政策的原因		内部因素	了解固有风险因素如何影响认定易于发生错报的可能性，有助于注册会计师初步了解错报发生的可能性和严重程度，并帮助注册会计师按照审计准则的规定识别认定层次的重大错报风险
被审计单位内部控制体系各要素		内部因素	该体系包含以下五个相互关联的要素： （1）内部环境（控制环境）； （2）风险评估； （3）信息与沟通（信息系统与沟通）； （4）控制活动； （5）内部监督

通关绿卡

命题角度：考查风险评估中的重要观点。

（1）有关固有风险的评估。包括：①固有风险因素既可能是定性的，也可能是定量的。②固有风险因素可能影响错报发生的可能性以及错报发生时其可能的严重程度。③固有风险因素包括复杂性、主观性、变化、不确定性、管理层偏向和其他因素。④固有风险因素之间的相互关系会影响注册会计师的风险评估。⑤注册会计师应当依据固有风险识别某项认定存在重大错报风险，进而将其确定为相关认定。

（2）有关穿行测试的作用。穿行测试用于风险评估程序，即了解被审计单位的内部控制，获取的是相关控制设计合理性和是否得到执行的审计证据，而无法获取相关控制运行有效性的审计证据，注册会计师也不能依据穿行测试的结果直接决定缩小实质性程序的范围。

（3）有关项目组内部讨论的人员（涉及综合题）。作为项目组的关键成员，项目合伙人应当参与项目组内部讨论。对于未参与讨论的项目组成员，项目合伙人应当确定向其通报哪些事项。

（4）有关了解被审计单位业务模式相关的三种活动。第一，了解被审计单位的经营活动，有助于识别在财务报表中反映的主要交易类别、重要账户余额和列报。第二，了解被审计单位的投资活动，有助于关注被审计单位在经营策略和方向上的重大变化。第三，了解被审计单位的筹资活动，有助于评估在融资方面的压力和持续经营能力。

了解被审计单位内部控制体系各要素

2分
第15记

飞越必刷题：34

（一）内部控制的基本概念

1.概念和目标

（1）内部控制（以下简称控制），是指被审计单位为实现控制目标所制定的政策和程序。

（2）被审计单位的目标和控制，与财务报告、经营及合规有关，但这些目标和控制并非都与注册会计师的风险评估相关。针对财务报表审计的目的和需要，注册会计师只应当了解与审计相关的控制。

2.内部控制的分类

分类依据	类型	要点
发挥作用的方式	直接控制	（1）信息系统与沟通以及控制活动要素中的控制主要为直接控制； （2）注册会计师对这些要素的了解和评价更有可能影响其对认定层次重大错报风险的识别和评估
	间接控制	（1）内部环境、风险评估和内部监督中的控制主要是间接控制，也是被审计单位内部控制体系的基础； 提示：这些要素中的某些控制也可能是直接控制。 （2）注册会计师对这些要素的了解和评价，更有可能影响其对财务报表层次重大错报风险的识别和评估，也可能影响对认定层次重大错报风险的识别和评估
发挥作用的层面	整体层面	（1）内部环境等要素更多地对被审计单位整体层面产生影响； （2）整体层面的控制和信息技术一般控制通常在所有业务活动中普遍存在
	业务流程层面	（1）信息系统与沟通、控制活动等要素更多地与特定业务流程相关； （2）业务流程层面控制主要是对工薪、销售和采购等交易的控制
控制运行的方式	自动化控制	（1）存在大量或重复发生的交易； （2）事先可预计或预测的错误能够通过自动化控制参数得以防止或发现并纠正； （3）用特定方法实施控制的控制活动可得到适当设计和自动化处理
	人工控制	（1）存在大额、异常或偶发的交易； （2）存在难以界定、预计或预测的错误情况； （3）为应对情况的变化，需要对现有的自动化控制进行调整； （4）监督自动化控制的有效性
发挥作用的阶段	预防性控制	防止错报发生的控制，即"事先预防"
	检查性控制	及时发现流程中可能发生的错报，即"事后复核"

（二）了解被审计单位内部控制的要求

1.目的

注册会计师了解内部控制的目的，就是评价控制设计的有效性以及控制是否得到执行。

2.程序

（1）询问被审计单位的人员，但询问程序本身并不足以评价控制的设计和执行，应当与其他程序相结合。

（2）观察特定控制的运用。

（3）检查文件和报告。

（4）追踪交易在财务报告信息系统中的处理过程，即穿行测试。

3.穿行测试

执行穿行测试可获得下列方面的证据：

（1）确认对业务流程的了解；

（2）确认对重要交易的了解是完整的，即所有与认定相关的可能错报环节都已识别；

（3）确认所获取的有关流程中的预防性控制和检查性控制信息的准确性；

（4）评估控制设计的有效性；

（5）确认控制是否得到执行；

（6）确认之前所做的书面记录的准确性。

（三）内部环境

1.对注册会计师的要求

注册会计师应当了解内部环境，在审计业务承接阶段，就需要对内部环境作出初步了解和评价。

2.内部环境的要素

（1）诚信和道德价值观念的沟通与落实；

（2）对胜任能力的重视；

（3）治理层的参与程度；

（4）管理层的理念和经营风格；

（5）职权与责任的分配；

（6）人力资源政策与实务。

3.影响

（1）虽然令人满意的内部环境并不能绝对防止舞弊，但却有助于降低发生舞弊的风险。

（2）内部环境本身并不能防止或发现并纠正各类交易、账户余额和披露认定层次的重大错报，注册会计师在评估重大错报风险时，应当将内部环境连同其他内部控制要素产生的影响一并考虑。

通关绿卡

命题角度：考查内部控制体系各要素的重要观点。

（1）有关内部控制要素和内部环境要素的区别。内部控制要素包括内部环境（控制环境）、风险评估、信息与沟通（信息系统与沟通）、控制活动和内部监督，注意避免将内部环境的要素当作内部控制的要素，反之亦然。同类地，还需要注意避免将其他要素与内部环境要素相混淆，例如，内部审计部门定期评估控制的有效性，是否属于内部环境的要素？答案是——不属于，该项目属于内部监督。

（2）有关与审计相关的内部控制。内部控制通常具有三个目标，即财务报告目标、经营目标和合规目标。需要注意，注册会计师需要了解和评价的只是与审计相关的内部控制，并非被审计单位所有的内部控制。与审计相关的内部控制，既可能与财务报告目标有关，也可能与经营和合规目标有关。如果相关表述以偏概全，例如与经营目标和合规目标相关的控制均与审计无关、与财务报告相关的内部控制均与审计相关等，均为错误表述。

（3）有关在所有审计业务中了解内部控制的要求（涉及简答题和综合题）。第一，在审计业务中，了解与审计相关的内部控制是一项应当执行的程序，在各类审计项目中（例如连续审计项目、小型被审计单位的审计项目、处于开办期的审计项目等），注册会计师都不应省略这一程序。第二，注册会计师需要了解的只是与审计相关的内部控制，并非被审计单位所有的内部控制。例如，某公司处于新设期，尚未开展生产和销售活动，基于风险导向审计的理念，注册会计师未在本期审计中了解这些领域的内部控制是可以接受的做法，但注册会计师仍然需要了解其他领域与审计相关的内部控制。

第16记 2分 识别和评估重大错报风险

飞越必刷题：73～79

（一）识别和评估两个层次的重大错报风险

（1）某风险因素对财务报表整体存在广泛联系，并可能影响多项认定，注册会计师应当将其识别为财务报表层次重大错报风险。

（2）某固有风险因素可能导致某项认定发生重大错报，但与财务报表整体不存在广泛联系，注册会计师应当将其识别为认定层次的重大错报风险。

（3）对于识别出的认定层次重大错报风险，注册会计师应当分别评估固有风险和控制风险。

（4）注册会计师应当确定评估的重大错报风险是否为特别风险。

（二）固有风险等级

（1）注册会计师应使用错报发生的可能性和严重程度综合起来的影响程度，确定固有风险等级。综合起来的影响程度越高，评估的固有风险等级越高，反之亦然。

（2）评估的固有风险等级较高也可能是错报发生的可能性和严重程度的不同组合导致的，即评估的固有风险等级较高，并不意味着评估的错报发生的可能性和严重程度都较高。

（3）注册会计师可以以不同的方式描述固有风险的等级类别（例如区分最高、较高、中、低等进行定性描述）。

（三）特别风险

1.特别风险的概念

特别风险，是指注册会计师识别出的符合下列特征之一的重大错报风险：

（1）根据固有风险因素对错报发生的可能性和错报的严重程度的影响，注册会计师将固有风险评估为达到或接近固有风险等级的最高级（上限）；

（2）根据其他审计准则的规定，注册会计师应当将其作为特别风险。

2.判断特别风险时的考虑因素

因素类型	内容
应当考虑的因素	应当考虑固有风险因素的影响，包括以下事项： （1）交易具有多种可接受的会计处理，因此涉及主观性； （2）会计估计具有高度不确定性或模型复杂； （3）支持账户余额的数据收集和处理较为复杂； （4）账户余额或定量披露涉及复杂的计算； （5）对会计政策存在不同的理解； （6）被审计单位业务的变化涉及会计处理发生变化，如合并和收购
不应考虑的因素	在判断哪些风险是特别风险时，注册会计师不应考虑识别出的控制对相关风险的抵销效果

3.来源

来源	特征
非常规交易	（1）管理层更多地干预会计处理； （2）数据收集和处理进行更多的人工干预； （3）复杂的计算或会计处理方法； （4）非常规交易的性质可能导致难以实施有效控制
判断事项	（1）对涉及会计估计、收入确认等方面的会计原则存在不同的理解； （2）所要求的判断可能是主观和复杂的，或需要对未来事项作出假设

4.了解与特别风险相关的控制

（1）对特别风险，注册会计师应当评价相关控制的设计情况，并确定其是否已经得到执行（即应当了解相关的内部控制）。

（2）如果管理层未能实施控制以恰当应对特别风险，注册会计师应当认为内部控制存在重大缺陷，并考虑其对风险评估的影响。

（四）仅通过实质性程序无法应对的重大错报风险

（1）针对某些认定层次重大错报风险，仅实施实质性程序无法为其提供充分、适当的审计证据，注册会计师应当确定评估出的重大错报风险是否属于该类风险。例如，在被审计单位对日常交易采用高度自动化处理的情况下，审计证据可能仅以电子形式存在，其充分性和适当性通常取决于自动化信息系统相关控制的有效性。

（2）对这类风险，注册会计师应当根据相关审计准则的规定，对相关控制的设计和执行进行了解和测试。

通关绿卡

命题角度1：识别和评估两个层次的重大错报风险。

（1）在客观题中，留意关键词句，避免蝴蝶效应。

①掌握以下导致财务报表层次重大错报风险的常见情形，包括：管理层不诚信；管理层凌驾于内部控制之上；对财务报表整体产生影响的舞弊风险；信息技术一般控制存在缺陷；对被审计单位的持续经营能力存在重大疑虑，例如，资产的流动性出现问题；面临重大经营风险等。

②如果题目中提及"某项交易""某项资产或负债"等字眼或具体的财务报表项目名称，通常是对认定层次重大错报风险的描述。

③分析时，仅识别和评估最为相关的风险，避免蝴蝶效应。例如，顺着"营业收入"，想起"应收账款"，顺着"应收账款"，想起"信用减值损失"，无休无止。这种思路容易盲目地放大认定层次的重大错报风险，将其误判为财务报表层次重大错报风险。

（2）在综合题中，运用风险识别和评估的三步法。

①第一步：建立预期。阅读和充分理解综合题的"资料一"，运用推理分析，掌握增长率、毛利率、坏账计提比例、占收比等常用指标，结合实务中常见的风险情形（详见《打好基础》第二十四章），建立对重大错报风险的预期。

②第二步：交叉验证。在"资料二"中对预期进行验证，对相关财务报表项目的数据进行运算。这一步需要注意审题，关注题目的要求是仅识别认定层次的重大错报风险，还是同时需要识别财务报表层次的重大错报风险。例如，达到利润目标的情况下，管理层按照超额完成部分的一定比例享有业绩奖金，如果利润恰好踩线达标，注册会计师怀疑存在管理层粉饰利润的舞弊动机，该风险不仅限于应付职工薪酬等认定层次，更可能与财务报表层次有关。

③第三步：关联认定。如果评估的风险是认定层次，则需要将相关风险与财务报表项目及其认定相联系。第一，对于"资料二"列示的财务报表项目应纳入考虑。第二，根据"有借必有贷"的原则，对于唯一、明确的"对方项目"也应纳入考虑。例如，被审计单位对于产品质量保证金计提不足，"资料二"所示的预计负债金额显著偏低，除预计负债的完整性认定之外，在本项业务中的唯一对方项目即销售费用的完整性认定也应纳入考虑。第三，多个认定都与题目相关时，选择最佳的那一个。

命题角度2：考查与识别特别风险有关的重要结论。

（1）有关特别风险的判断。在判断哪些风险是特别风险时，注册会计师不应考虑识别出的控制对相关风险的抵销效果。此外，需要辨析以下不同情形。

①这是"应当"：注册会计师应当将识别出的、超出被审计单位正常经营过程的重大关联方交易导致的风险确定为特别风险。

②这是"应当"：舞弊导致的重大错报风险属于特别风险。

③这是"应当"：管理层凌驾于控制之上的风险属于特别风险。

④这是"应当假定"：注册会计师应当基于收入确认存在舞弊风险的假定，评价哪些类型的收入、收入交易或认定导致舞弊风险。

（2）有关旨在减轻特别风险的相关控制的控制测试。如果拟信赖此类控制，相关控制运行有效性的审计证据应来自本期。

（3）有关特别风险的实质性程序。第一，注册会计师应当实施实质性程序，即仅实施控制测试是不足的。第二，注册会计师仅实施实质性程序时，应当包括细节测试，即不能仅实施实质性分析。

（4）有关集团审计中对特别风险的考虑。由于组成部分的特定事项或情况而存在导致集团财务报表发生重大错报的特别风险，该组成部分属于重要组成部分，应当实施一项或多项审计程序，包括使用组成部分重要性对组成部分财务信息实施审计；针对与可能导致集团财务报表发生重大错报的特别风险相关的一个或多个账户余额、一类或多类交易或披露事项实施审计；针对可能导致集团财务报表发生重大错报的特别风险实施特定的审计程序。

第17记 [2分] 总体应对措施

飞越必刷题：35～36、80

（一）总体应对措施

注册会计师应当针对评估的财务报表层次重大错报风险确定下列总体应对措施：

（1）向审计项目组强调保持职业怀疑的必要性；

（2）分派更有经验或具有特殊技能的审计人员，或利用专家的工作；

（3）对指导和监督项目组成员并复核其工作的性质、时间安排和范围作出调整；

（4）在选择进一步审计程序时融入更多的不可预见的因素；

（5）对总体审计策略或拟实施的审计程序作出调整，例如：

①通过实施实质性程序获取更广泛的审计证据；

②在期末而非期中实施更多的审计程序；

③增加拟纳入审计范围的经营地点的数量等。

（二）进一步审计程序的总体审计方案

（1）注册会计师无论选用实质性方案还是综合性方案，都应当对所有重大的各类交易、账户余额和披露设计和实施实质性程序。

（2）当评估的财务报表层次重大错报风险属于高风险水平时，拟实施进一步审计程序的总体方案往往更倾向于实质性方案。

（三）增加审计程序不可预见性的方法

1.思路

（1）对某些未测试过的低于重要性水平或风险较小的账户余额和认定实施实质性程序；

（2）调整实施审计程序的时间，使其超出被审计单位的预期；

（3）采取不同的审计抽样方法，使当期抽取的测试样本与以前有所不同；

（4）选取不同的地点实施审计程序，或预先不告知被审计单位所选定的测试地点。

2.对注册会计师的要求

（1）事先与被审计单位高层管理人员沟通，要求实施具有不可预见性的审计程序，但不告知其具体内容。

（2）注册会计师可以在签订审计业务约定书时明确提出这一要求。

◀ ◀ ◀ 通关绿卡

命题角度：考查总体应对措施和审计程序的不可预见性。

（1）有关总体应对措施。需注意辨析，针对财务报表层次重大错报风险（如来源于薄弱的控制环境或管理层舞弊等），注册会计师主要依赖实质性程序获取审计证据（即采用实质性方案），因而，扩大控制测试的范围不能应对该风险。

（2）有关增加审计程序的不可预见性。基本原理是"改性质、改时间、改范围"。例如，向以前审计过程中接触不多的被审计单位员工询问，属于在审计程序性质和选择上作出调整；从测试12月的项目调整到测试9月、10月或11月的项目，属于在审计程序的时间上作出调整；改变对营业收入实施实质性分析程序的对象，按细类进行分析，属于在审计程序执行范围上作出调整等。从反向辨析，常规的、必要的、不可替代的审计程序，以及指派更有经验的项目质量复核人员，均无法增加审计程序的不可预见性。例如，对被审计单位银行存款年末余额实施函证、在存货监盘时实施双向抽盘、在集团层面对不重要组成部分实施分析程序等，均是注册会计师应实施的审计程序，属于本分工作，无法增加审计程序的不可预见性。

进一步审计程序

飞越必刷题：37

维度	考虑因素
进一步审计程序的性质	(1) 认定层次重大错报风险的评估结果； (2) 不同的审计程序应对特定认定错报风险的效力； (3) 认定层次重大错报风险产生的原因，包括各类交易、账户余额、列报的特征以及内部控制
进一步审计程序的时间	(1) 控制环境； (2) 何时能得到相关信息； (3) 错报风险的性质； (4) 审计证据适用的期间或时点； (5) 编制财务报表的时间； (6) 注册会计师评估的重大错报风险
进一步审计程序的范围	(1) 确定的重要性水平（反向变动）； (2) 评估的重大错报风险（同向变动）； (3) 计划获取的保证程度（同向变动）； (4) 可容忍错报或可容忍偏差率（运用审计抽样方法时，反向变动）

记忆口诀

命题角度：考查进一步审计程序相关的考虑因素。

口诀：

(1) 性质：程序性质最重要，原因结果看成效。

(2) 时间：程序时间风险定，编报证据看环境。

(3) 范围：程序范围抓重要，保证风险跑不掉。

控制测试的性质

（一）控制测试的情形

当存在下列情形之一时，应当实施控制测试：

关键词	情形	分析
预期有效	在评估认定层次重大错报风险时，预期控制运行有效	预期有效是指控制设计合理且得到执行
仅实质性程序不足	仅实施实质性程序不足以提供认定层次充分、适当的审计证据	高度自动化处理时，审计证据依赖信息系统的相关控制

（二）控制测试的程序

1.程序的类型

类型	阐述
询问	询问本身并不足以测试控制运行的有效性，需要将询问与其他审计程序结合使用
观察	（1）测试不留下书面记录的控制（如职责分离、自动化控制）的运行情况的有效方法； （2）观察提供的证据仅限于观察发生的时点，注册会计师需要考虑不在场时可能未执行的情况
检查	（1）适用于留有书面证据的控制； （2）检查对象包括复核时留下的记号、签字、标志，以及是否按规定完整实施了该控制
重新执行	如果需要进行大量的重新执行，注册会计师就要考虑通过实施控制测试以缩小实质性程序的范围是否有效率

2.考虑自动化的信息处理控制

对于一项自动化的信息处理控制，注册会计师通常可以利用该项控制得以执行的审计证据和信息技术一般控制运行有效性的审计证据，作为支持该项控制在相关期间运行有效性的重要审计证据。

3.实质性程序结果对控制测试结果的影响

（1）如实施实质性程序未发现某项认定存在错报，不能说明相关的控制运行有效。

（2）如实质性程序发现某项认定存在错报，应当考虑对相关控制运行有效性的影响，如降低对相关控制的信赖程度、调整实质性程序的性质、扩大实质性程序的范围等。

（3）如果实施实质性程序发现被审计单位没有识别出的重大错报，通常表明内部控制存在值得关注的缺陷，注册会计师应当就这些缺陷与管理层和治理层进行沟通。

通关绿卡

命题角度：考查控制测试的重要观点。

（1）有关了解内部控制和控制测试的辨析。注意：①了解内部控制旨在评价控制的设计（即设计是否合理），以及确定控制是否得到执行，经了解，注册会计师得到的结论可能是"设计合理/有效"和"得到执行"等。控制测试旨在评价控制运行是否有效，经测试，注册会计师得到的结论可能是"运行有效"和"一贯运行"等。②穿行测试是运用于了解内部控制的程序，而重新执行是运用于控制测试的程序。③无论是了解内部控制还是控制测试，注册会计师通常不运用分析程序，但可以运用数据分析的手段。

（2）有关控制测试和实质性程序的关系。第一，如果注册会计师实施的审计程序为询问规章制度的执行情况、检查相关文件单据上的签字和审批记录等，需要识别出这些程序属于控制测试，其结果不能够支持相关财务报表项目是否不存在重大错报的结论。如果相关财务报表项目是重大的，注册会计师应当实施实质性程序。第二，如果注册会计师通过实施检查、函证、分析和重新计算等程序后未发现重大错报，不能得出相关控制运行有效的结论。

第**20**记 2分

控制测试的时间

飞越必刷题：38、81

（一）考虑期中实施的控制测试

1.基本要求

即使已获取有关控制在期中运行有效性的审计证据，仍然需要考虑如何能够将这些审计证据合理延伸至期末，即针对期中至期末这段剩余期间获取充分、适当的审计证据，包括获取这些控制在剩余期间发生重大变化的审计证据；确定针对剩余期间还需获取的补充审计证据。

2.剩余期间的补充证据

考虑因素	补充证据数量
评估的认定层次重大错报风险	同向变动
在期中测试的特定控制，以及自期中测试后发生的重大变动	—
期中获取的控制运行有效性证据的充分程度	反向变动
剩余期间的长度	同向变动
在信赖控制的基础上拟缩小实质性程序的范围（信赖程度）	同向变动
控制环境强弱	反向变动

（二）考虑以前期间控制测试的审计证据

1.基本思路

考虑拟信赖的以前审计中测试的控制在本期是否发生变化，如果拟信赖以前审计获取的有关控制运行有效性的审计证据，注册会计师应当实施询问并结合观察或检查程序，获取这些控制是否已经发生变化的审计证据。

2.具体要求

（1）与特别风险相关的控制。

对于旨在减轻特别风险的控制，如果注册会计师拟信赖减轻特别风险的控制，无论本期是否发生变化，都不应依赖以前审计获取的证据，应在本期测试这些控制的运行有效性。

（2）不属于与特别风险相关的控制。

①如拟信赖的控制自上次测试后未发生变化，且不属于旨在减轻特别风险的控制，应运用职业判断确定是否在本期审计中测试，以及本次测试与上次测试的间隔期间，但每三年至少对控制测试一次。

②应在每次审计时选取足够数量的控制，测试其运行有效性；不应将所有拟信赖控制的测试集中于某一次审计，而在之后的两次审计中不进行任何测试。

通关绿卡

命题角度：判断是否可以依赖以前审计中获取的有关控制运行有效性的证据。

（1）关注该项控制是否属于旨在减轻特别风险的控制（例如，是否是反舞弊控制）。如是，在拟信赖该项控制的前提下，无论本期是否发生变化，都不应依赖以前审计获取的证据，即"特别风险年年测"。

（2）如果不属于情形（1），进一步关注该项控制自上次测试后是否发生实质性变化。如是，则不应依赖以前审计获取的证据；如否，在满足"每三年至少对控制测试一次"的条件下，可以依赖以前审计获取的证据。

（3）需要特别留意，某些因素的存在（例如，被审计单位的控制环境较为薄弱、某些控制的稳定性较弱等），可能导致注册会计师缩短两次测试的间隔期，但不必然导致无法依赖以前审计获取的证据。

第21记 1分

控制测试的范围

飞越必刷题：82

考虑因素	变动关系
对控制的信赖程度	同向

续表

考虑因素	变动关系
控制执行的频率	同向
拟信赖控制运行有效性的时间长度	同向
控制的预期偏差	同向/无效*
测试与认定相关的其他控制获取的证据的充分性和适当性	反向
拟获取的有关认定层次控制运行有效性的证据的相关性和可靠性	反向

★注：如果控制的预期偏差率过高，注册会计师应当考虑实施的控制测试可能是无效的。

记忆口诀

命题角度：考查控制测试的相关考虑因素。

口诀：

（1）剩余期间的补充证据：风险变动小，期中环境好，证据补得少；剩余期间长，信赖控制强，证据补得忙。

（2）测试间隔期间：三项控制两变动，信赖间隔做把控。

（3）范围：控制低频时间少，信赖预期偏差小，其他证据做担保，质高自然范围少。

实质性程序

第22记 2分

飞越必刷题：39

（一）实质性程序的要求

1.要求

由于内部控制存在固有的局限性，所以，无论对重大错报风险的评估结果如何，注册会计师都应当针对所有重大的各类交易、账户余额、列报实施实质性程序。

2.针对特别风险的要求

（1）如果认为评估的认定层次重大错报风险是特别风险，注册会计师应当专门针对该风险实施实质性程序。

（2）如果针对特别风险仅实施实质性程序，注册会计师应当使用细节测试，或将细节测试和实质性分析程序结合使用，以获取充分、适当的审计证据。换言之，不能仅实施实质性分析程序。

（二）考虑在期中实施实质性程序

维度	阐述
考虑因素	（1）审计资源的耗费和审计效率的权衡； （2）控制环境和其他相关的控制； （3）实施审计程序所需信息在期中之后的可获得性； （4）实质性程序的目的； （5）评估的重大错报风险； （6）特定交易类别或账户余额以及相关认定的性质； （7）在剩余期间，能否通过实施实质性程序或将其与控制测试结合，降低期末存在错报而未被发现的风险
方法	（1）针对剩余期间实施进一步实质性程序； （2）将实质性程序和控制测试结合使用，将期中得出的结论合理延伸至期末
特别风险的考虑	将期中结论延伸至期末而实施的审计程序通常是无效的，应考虑在期末或者接近期末实施实质性程序

（三）考虑以前审计获取的审计证据

（1）通常对本期只有很弱的证据效力或没有证据效力，不足以应对本期的重大错报风险。

（2）只有以前获取的审计证据及相关事项未发生重大变动时，以前的证据才可用作本期的有效证据；即便如此，如拟利用以前获取的审计证据，应当在本期实施审计程序，以确定证据是否具有持续相关性。

（四）实质性程序的范围

确定实质性程序的范围时，应当考虑的因素包括：

（1）评估的认定层次重大错报风险；

（2）实施控制测试的结果。

记忆口诀

命题角度：考查实质性程序的相关考虑因素。

口诀：

（1）在期中实施实质性程序：环境控制不分隔，目的信息可获得，资源效率做权衡，认定风险相结合。

（2）范围：风险定范围，控制当后备。

命题角度：考查实质性程序的重要观点。

（1）有关实质性程序的实施要求。无论评估的重大错报风险结果如何，注册会计师都应当针对所有重大交易类别、账户余额和披露实施实质性程序。需注意此处是"**所有重大**"，而非"**所有**"。

（2）有关以前审计中实施实质性程序获取的审计证据（涉及简答题）。此时，通常对本期只有很弱的证据效力或没有证据效力，不足以应对本期的重大错报风险。尤其需要关注一些财务报表项目的期末余额在多个年度内较为稳定的情况，例如，预计负债、长期股权投资、其他权益工具投资等。

信息技术对审计的影响

第**23**记　1分

飞越必刷题：40～41、83

（一）信息技术一般控制、信息处理控制和公司层面信息技术控制及其关系

1.信息技术一般控制

（1）为保证信息系统安全，对整个信息系统及外部各种环境要素实施的、对所有应用或控制模块具有普遍影响的控制；通常会影响部分或全部财务报表认定。

（2）一般控制包括程序开发、程序变更、程序和数据访问以及计算机运行四个方面。

2.信息处理控制

（1）信息处理控制是指与被审计单位信息系统中下列两方面相关的控制：①信息技术应用程序进行的信息处理；②人工进行的信息处理。

（2）信息处理控制既包括人工进行的控制，也包括自动化控制。与人工控制类似，系统自动化控制关注的要素包括：①完整性；②准确性；③存在和发生等。

（3）信息处理控制一般要经过输入、处理及输出等环节。

（4）信息处理控制的审计关注点包括：①系统自动生成报告；②系统配置和科目映射；③接口控制；④访问和权限。

（5）如果计划依赖自动化信息处理控制、系统生成的信息等，则需要对信息技术一般控制进行测试。

3.公司层面信息技术控制

常见的公司层面信息技术控制包括但不限于：

（1）信息技术规划的制定；

（2）信息技术年度计划的制定；

（3）信息技术内部审计机制的建立；

（4）信息技术外包管理；

（5）信息技术预算管理；

（6）信息安全和风险管理；

（7）信息技术应急预案的制定；

（8）信息系统架构建设和信息技术复杂性的考虑。

4.信息技术一般控制、信息处理控制和公司层面控制的关系

（1）公司层面信息技术控制会影响信息技术一般控制和信息处理控制的部署和落实；

（2）公司层面信息技术控制是信息技术的整体控制环境，决定了信息技术一般控制和信息处理控制的风险基调；

（3）信息技术一般控制是信息处理控制的基础，信息技术一般控制的有效性直接关系到信息处理控制的有效性。

（二）数据分析

1.数据分析的概念和运用场景

（1）数据分析是注册会计师获取审计证据的一种手段，是指注册会计师在计划和执行审计工作时，通过对内部或外部数据进行分析、建模或可视化处理，以发现其中隐含的模式、偏差或不一致，从而揭示出对审计有用的信息的方法。

（2）数据分析可应用于审计的不同阶段，如风险评估、了解和测试内部控制、实质性程序等。

（3）数据分析不仅可以应用于审计，也可以广泛应用于其他鉴证业务。

2.数据分析的作用

（1）以快速、低成本的方式实现对被审计单位整套完整数据（而非运用抽样技术抽出的样本数据）进行检查；提高审计的效率和效果；有助于注册会计师从全局的角度更好地把握被审计单位交易和事项的经济实质。

（2）提高注册会计师识别舞弊的能力，降低审计风险，提升审计质量。

（3）有助于注册会计师进行持续的审计和监控，与被审计单位保持持续沟通，及早地对偏差进行调查。

（4）帮助注册会计师向治理层提供更加深入和更有针对性的观点和建议。

3.数据分析的基本步骤

基本步骤	要点
计划数据分析	（1）这一步骤包括确定数据分析所针对的财务报表账户、披露和相关认定，数据分析的总体目标和具体目标，应用数据分析的总体，以及选择数据、程序及具体步骤等。 （2）数据分析的总体目标取决于审计的具体阶段
获取和整理数据	（1）整理数据主要是为了识别数据中的错误，以及校验所采集数据的准确性和完整性，包括数据一致性校验、处理无效值和缺失值等方面的工作。 （2）校验数据的准确性和完整性，通常是注册会计师进行实际数据分析工作的起点

续表

基本步骤	要点
评价所用数据的相关性和可靠性	（1）评价相关性，应考虑用作审计证据的信息与审计证据的目的和所考虑的相关认定之间的逻辑关系。 （2）评价可靠性，应考虑数据的准确性和完整性，并考虑数据的来源和性质、获取数据的环境、与数据生成和维护相关的控制等
具体执行数据分析	在具体执行数据分析时，注册会计师最初可能识别出大量异常项目，其中，某些项目可能表明存在之前未识别出的风险、高于初始评估水平的风险、控制缺陷或错报，从而需要作出审计应对
评价和应对数据分析结果	该步骤旨在得出执行数据分析的目的是否已实现的结论

4.数据分析面临的主要挑战

（1）审计对象信息或审计证据的数字化程度。

（2）电子数据的可获得性。

（3）数据标准的统一。

（4）被审计单位的信息技术一般控制和信息处理控制存在缺陷。

审计抽样的概念

2分

第24记

飞越必刷题：42~44、84

（一）审计抽样的相关概念

1.基本特征

审计抽样应当同时具备以下三个特征：

（1）对总体中低于百分之百的项目实施审计程序。（全查不属于审计抽样。）

（2）所有抽样单元都有被选取的机会。（选取特定项目测试不属于审计抽样。）

（3）以根据具有代表性的样本项目的测试结果推断出有关总体的结论。

2.样本代表性

维度	阐述
定义	代表性，是指在既定的风险水平下，注册会计师根据样本得出的结论，与对整个总体实施与样本相同的审计程序得出的结论类似；只有当从抽样总体中选取的样本具有代表性时，注册会计师才能根据样本项目的测试结果推断出有关总体的结论

续表

维度	阐述
有关因素	（1）与整个样本有关； （2）与错报的发生率有关； （3）与如何选取样本有关，即如果样本的选取是无偏向的，该样本通常就具有了代表性，而选取特定项目就不具备代表性
无关因素	（1）与样本中的单个项目无关； （2）与错报的特定性质无关，例如，异常误差不具有代表性； （3）与样本规模无关，即增加样本规模并不能提高代表性

3.适用性

情形		是否适用审计抽样
风险评估（包括穿行测试）		×
控制测试	有运行轨迹（除信息技术控制）	√
	有运行轨迹（信息技术一般控制和信息处理控制）	×
	无运行轨迹	×
实质性程序	细节测试	√
	实质性分析	×

4.统计抽样和非统计抽样

维度	统计抽样	非统计抽样
定义	同时具备： （1）随机选取样本项目； （2）运用概率论评价样本结果、计量抽样风险	不同时具备两个特征
特点	（1）客观计量抽样风险； （2）成本较高	（1）无法计量抽样风险； （2）如果设计适当，也能提供与统计抽样同样有效的结果
决策	注册会计师在统计抽样与非统计抽样方法之间进行选择时主要考虑成本效益，并运用职业判断	

5.确定抽样方法

方法	适用性	
	统计抽样	非统计抽样
简单随机选样	√	√
系统选样	√（随机分布）	√
随意选样	×	√
整群选样	×	×

（二）抽样风险和非抽样风险

1.抽样风险

（1）影响因素。

①抽样风险由抽样引起，与样本规模和抽样方法相关；

②样本规模与抽样风险反向变动。

（2）控制测试和细节测试中的抽样风险。

影响	控制测试（属性抽样）	细节测试（变量抽样）
审计效果	信赖过度风险	误受风险
审计效率	信赖不足风险	误拒风险

（3）抽样风险的控制。

①无论是控制测试还是细节测试，都可通过增加样本规模来降低抽样风险至可接受水平；

②如果对总体中所有项目都实施检查，则不存在抽样风险，此时风险完全由非抽样风险产生。

2.非抽样风险

（1）产生原因。

①选择的总体不适合于测试目标；

②未能适当地定义误差；

③选择了不适于实现特定目标的审计程序；

④注册会计师未能适当地评价审计发现的情况。

（2）非抽样风险的控制。

①可以降低或防范；

②不能量化，但可以通过仔细设计审计程序，采取适当的质量管理政策和程序，进行适当的指导、监督和复核，适当改进实务工作，将非抽样风险降至合理保证的可接受的水平。

命题角度1：辨析统计抽样和非统计抽样。

维度	统计抽样	非统计抽样
选取样本的方式	随机选取	不一定随机选取
对概率论的运用	运用	不一定运用
对抽样风险的考虑	需要考虑抽样风险	需要考虑抽样风险
对抽样风险的计量	能够客观计量	无法计量
成本	较高	较低
有效性	有效	设计得当，与统计抽样同样有效

命题角度2：辨析抽样风险和非抽样风险。

维度	抽样风险	非抽样风险
表现形式是什么？	误受和误拒风险信赖过度和信赖不足风险	人为失误
会导致检查风险吗？	会	会
能否被降低？	可以（增加样本规模）	可以（加强质量管理）
能否被消除？	可以（检查总体中所有项目）	不可以
能否被量化？	可以（统计抽样）	不可以
是否在所有审计业务中都存在？	不是（运用审计抽样才产生）	是

第25记 2分 **在控制测试中运用审计抽样**

飞越必刷题：45、85~88、175、189

（一）定义总体

特性	分析
适当性	总体适合于特定的审计目标
完整性	应当从总体项目内容和涉及时间等方面确定总体的完整性

续表

特性	分析
同质性	总体中的所有项目应该具有同样的特征，例如： （1）分别评价不同的控制情况，定义为不同的总体； （2）新控制与旧控制差异很大时，分别定义为不同的总体

（二）确定样本规模

因素	要点
可接受的抽样风险	（1）实施控制测试时，注册会计师主要关注信赖过度风险； （2）可接受的信赖过度风险与样本规模反向变动
可容忍偏差率	（1）与细节测试中设定的可容忍错报相比，注册会计师通常为控制测试设定相对较高的可容忍偏差率； （2）可容忍偏差率与样本规模反向变动
预计总体偏差率	（1）在既定的可容忍偏差率下，预计总体偏差率与样本规模同向变动； （2）预计总体偏差率不应超过可容忍偏差率
总体规模	（1）对大规模总体而言，总体的实际容量对样本规模几乎没有影响； （2）对小规模总体而言，审计抽样比其他选择测试项目的方法的效率低

（三）计算偏差率和偏差率上限

（1）将样本中发现的偏差数量除以样本规模，就可以计算出样本偏差率。样本偏差率就是注册会计师对总体偏差率的最佳估计，因而在控制测试中无须另外推断总体偏差率。但注册会计师还必须考虑抽样风险。

（2）在统计抽样中，计算总体偏差率上限=风险系数（R）/样本量（n）。

（3）在非统计抽样中，抽样风险无法直接计量，注册会计师通常将估计的总体偏差率（即样本偏差率）与可容忍偏差率相比较，以判断总体是否可以接受。

（四）考虑偏差的性质和原因

（1）无论是统计抽样还是非统计抽样，均需要对样本结果进行定性评估和定量评估；

（2）如果确定控制偏差是系统性控制偏差或舞弊导致，则扩大样本规模通常无效。

（五）得出总体结论

（1）统计抽样。

情形		关键要点
计算总体偏差率上限	统计公式法	总体偏差率上限=风险系数（R）/样本量（n）
	查表法	注册会计师也可以使用样本结果评价表读取总体偏差率上限
判断总体是否可接受	可以接受	低于但不接近：总体偏差率上限<可容忍偏差率
	不能接受	大于或等于：总体偏差率上限≥可容忍偏差率
	考虑是否接受	低于但接近：总体偏差率上限</≈可容忍偏差率

（2）非统计抽样。

在非统计抽样中，抽样风险无法直接计量，注册会计师通常将估计的总体偏差率（即样本偏差率）与可容忍偏差率相比较，以判断总体是否可以接受。

情形		关键要点
判断总体 是否 可接受	可以接受	大大低于：总体偏差率＜＜可容忍偏差率
	不能接受	①大于或等于：总体偏差率≥可容忍偏差率
		②低于但接近：总体偏差率＜/≈可容忍偏差率
	进一步测试	差异不大不小：总体偏差率→可容忍偏差率

在细节测试中运用审计抽样

第26记 2分

飞越必刷题：46、190

（一）定义总体

特性	分析
适当性	（1）总体适合于特定的审计目标（通常与细节测试的方向相关）； （2）注册会计师可以对不同性质的交易导致的借方余额、贷方余额进行不同的考虑； （3）审计抽样时，销售收入和销售成本通常被视为两个独立的总体
完整性	（1）代表总体的实物包括整个总体； （2）逐一进行检查的单个重大项目不构成抽样总体

（二）传统变量抽样

1.常用方法及其计算

（1）均值法。

样本审定金额的平均值=样本审定金额÷样本规模

估计的总体金额=样本审定金额的平均值×总体规模

推断的总体错报=总体账面金额−估计的总体金额

（2）差额法。

样本平均错报=（样本账面金额−样本审定金额）÷样本规模

推断的总体错报=样本平均错报×总体规模

估计的总体金额=总体账面金额−推断的总体错报

（3）比率法。

比率=样本审定金额÷样本账面金额

估计的总体金额=总体账面金额×比率

推断的总体错报=总体账面金额－估计的总体金额

2.均值法、差额法和比率法的适用条件

方法	适用条件
均值法	（1）如果未对总体进行分层，通常不适用均值法； （2）注册会计师预计样本项目的审定金额和账面金额之间没有差异或只有少量差异
差额法	（1）样本项目存在错报； （2）错报金额与项目数量密切相关
比率法	（1）样本项目存在错报； （2）错报金额与项目金额密切相关

（三）货币单元抽样

1.基本概念

运用属性抽样原理，对货币金额而不是对发生率得出结论的统计抽样方法，是概率比例规模抽样方法的分支，也称为金额单元抽样、累计货币金额抽样以及综合属性变量抽样。

2.传统变量抽样和货币单元抽样的优缺点对比

维度	传统变量抽样	货币单元抽样
理论基础	以变量抽样原理为基础	以属性抽样原理为基础
复杂度	较复杂	便于计算样本规模和评价样本结果，通常比传统变量抽样更易于使用
适用性	可以用于测试低估	不适用于测试低估
抽样风险	高估抽样风险的影响较小	可能高估抽样风险的影响，导致拒绝一个可接受的总体账面金额
设计样本	较难	较易
选取样本	无需特别考虑零余额或负余额	需要特别考虑零余额或负余额
考虑变异性	需要考虑	无须考虑
分层要求	需要考虑	无须分层
样本规模	预计错报不存在时，样本规模更大；预计错报多，样本规模更小	预计错报不存在时，样本规模更小；预计错报多，样本规模更大

◀ ◀ ◀ 　记忆口诀

命题角度：考查货币单元抽样的特点。

口诀：嫉恶如仇。

释义：货币单元抽样体现出对错报"嫉恶如仇"的特点，体现在两个方面。一是预计错报不存在时，样本规模更小，而预计错报多，样本规模更大。二是可能高估抽样风险的影响，导致拒绝一个可接受的总体账面金额，即误拒风险更高。

（四）确定样本规模

因素	要点
可接受的抽样风险	（1）注册会计师更为关注可接受的误受风险； （2）可接受的误受风险与样本规模反向变动； （3）与控制测试中对信赖不足风险的关注相比，注册会计师在细节测试中对误拒风险的关注程度通常更高
可容忍错报	（1）可容忍错报与样本规模反向变动； （2）可容忍错报可能等于或低于实际执行的重要性
预计总体错报	（1）预计总体错报不应超过可容忍错报； （2）在既定的可容忍错报下，预计总体错报的金额和频率越小，所需的样本规模也越小
总体规模	总体中的项目数量在细节测试中对样本规模的影响很小
总体的变异性	（1）如果使用非统计抽样，注册会计师不需要量化总体标准差，但需要定性估计总体的变异性； （2）总体的变异性越低，样本规模越小； （3）注册会计师通常根据金额对总体进行分层，分层可以降低每一层中项目的变异性，从而在抽样风险没有成比例增加的前提下减少样本规模； 分层后，每层分别独立选取样本，分别推断错报

（五）得出总体结论

（1）非统计抽样。

在非统计抽样中，注册会计师运用职业判断和经验考虑抽样风险。

情形		关键要点
判断总体是否可接受	可以接受	远远低于：推断的总体错报<<可容忍错报
	不能接受	①大于或接近：推断的总体错报>/≈可容忍错报 ②等于：推断的总体错报=可容忍错报
	考虑是否接受	差距不大不小：推断的总体错报→可容忍错报

（2）统计抽样（以货币单元抽样为例）。

①计算总体错报上限。

步骤	计算方法
第一步：计算基本精确度	保证系数×选样间隔
第二步：计算"大单元"	事实错报
第三步：计算"小单元"	每一推断错报×相应的保证系数的增量（将推断错报按金额降序排列）
第四步：计算总体错报的上限	基本精确度+事实错报+每一推断错报×相应的保证系数的增量

②判断总体是否可接受。

情形		关键要点
判断总体是否可接受	可以接受	小于：总体错报的上限＜可容忍错报
	不能接受	大于等于：总体错报的上限≥可容忍错报

第27记 2分 注册会计师与治理层的沟通

飞越必刷题：47～49、89

（一）沟通的对象

（1）有关注册会计师独立性，沟通对象最好是治理结构中有权决定聘任、解聘注册会计师的组织或人员；

（2）有关管理层的胜任能力和诚信，不宜与兼任高级管理职务的治理层沟通；

（3）注册会计师没有必要就全部沟通事项与治理层整体进行沟通，适当的沟通对象往往是治理层的下设组织和人员；

（4）如果治理层全部成员参与管理，且注册会计师已与管理层沟通，就无须再次与负有治理责任的相同人员沟通，但应当确信与负有管理责任人员的沟通能够向所有负有治理责任的人员充分传递应予沟通的内容。

（二）沟通的事项

1.注册会计师与财务报表审计相关的责任

2.计划的审计范围和时间安排

注册会计师应当与治理层沟通计划的审计范围和时间安排的总体情况，包括识别的特别风险。

维度	要点
内容	（1）注册会计师拟如何应对舞弊或错误导致的特别风险以及重大错报风险评估水平较高的领域； （2）注册会计师对与审计相关内部控制采取的方案； （3）在审计中对重要性概念的运用； （4）实施计划的审计程序或评价审计结果需要的专门技术或知识的性质和程度，包括利用专家的工作； （5）适用时，注册会计师对哪些事项可能需要重点关注，因而可能构成关键审计事项所做的初步判断
不宜沟通	（1）在就计划的审计范围和时间安排进行沟通时，尤其是在治理层部分或全部成员参与管理被审计单位的情况下，需保持职业谨慎，避免损害审计的有效性； （2）沟通具体审计程序的性质和时间安排、重要性金额等，可能因被预见而降低其有效性，均不宜与治理层沟通

3.审计中发现的重大问题

（1）对被审计单位会计实务重大方面的质量的看法。

（2）审计工作中遇到的重大困难。

①管理层在提供审计所需信息时出现严重拖延；

②不合理地要求缩短完成审计工作的时间；

③为获取充分、适当的审计证据要付出的努力远超预期；

④无法获取预期的信息；

⑤管理层对注册会计师施加限制；

⑥管理层不愿意按要求对持续经营能力进行评估，或不愿意延长评估期间。

（3）已与管理层讨论或需要书面沟通的审计中出现的重大事项，以及注册会计师要求提供的书面声明，除非治理层全部成员参与管理被审计单位。

（4）影响审计报告形式和内容的情形：注册会计师可能认为有必要向治理层提供审计报告的草稿，以便于讨论如何在审计报告中处理这些事项。

（5）审计中出现的、根据职业判断认为对于监督财务报告过程重大的其他事项。

4.注册会计师的独立性

5.补充事项

（1）这些事项可能包括与治理结构或过程有关的重大问题、缺乏适当授权的高级管理层作出的重大决策或行动。例如，审计准则要求注册会计师以书面形式及时向治理层通报审计过程中识别出的值得关注的内部控制缺陷。

（2）注册会计师识别和沟通这类事项对审计目的而言，只是附带的，没有专门针对这些事项实施其他程序，也没有实施程序来确定是否还存在其他的同类事项。

（三）沟通的形式

（1）对于审计中发现的重大问题，如果根据职业判断认为采用口头形式沟通不适当，注册会计师应当以书面形式与治理层沟通，当然，书面沟通不必包括审计过程中的所有事项；

（2）对于审计准则要求的注册会计师的独立性，注册会计师应当以书面形式与治理层沟通；

（3）注册会计师还应当以书面形式向治理层通报值得关注的内部控制缺陷；

（4）对于其他事项，注册会计师可以采取口头形式或书面的方式沟通，书面沟通可能包括向治理层提供审计业务约定书；

（5）在审计报告中沟通关键审计事项时，注册会计师可能认为有必要就确定为关键审计事项的事项进行书面沟通。

（四）沟通过程的充分性

1.对注册会计师的要求

注册会计师应当评价其与治理层之间的双向沟通对实现审计目的是否充分。

2.沟通不充分的应对措施

如果注册会计师与治理层之间的双向沟通不充分，并且这种情况得不到解决，注册会计师可以采取下列措施：

（1）根据范围受到的限制发表非无保留意见；

（2）就采取不同措施的后果征询法律意见；

（3）与第三方（如监管机构）、被审计单位外部的在治理结构中拥有更高权力的组织或人员（如企业的业主、股东大会中的股东）或对公共部门负责的政府部门进行沟通；

（4）在法律法规允许的情况下解除业务约定。

（五）沟通的记录

（1）口头形式：注册会计师应当将其包括在审计工作底稿中，并记录沟通的时间和对象。

（2）书面形式：注册会计师应当保存一份沟通文件的副本，作为审计工作底稿的一部分。

（3）被审计单位编制的会议纪要：如果是沟通的适当记录，注册会计师可以将其副本作为对口头沟通的记录，并作为审计工作底稿的一部分；如果发现这些记录不能恰当地反映沟通的内容，且有差别的事项比较重大，注册会计师一般会另行编制能恰当记录沟通内容的纪要，将其副本连同被审计单位编制的纪要一起致送治理层，提示两者的差别，以免引起不必要的误解。

命题角度：考查与治理层沟通的事项和形式。

(1) 有关与治理层沟通的内容。第一，与治理层沟通计划的审计范围和时间安排时，需要注意如下要点：①应当沟通识别的特别风险；②不应沟通具体审计程序的性质和时间安排、重要性金额等。第二，关注与治理层沟通审计工作中遇到的重大困难，这类事项的本质是注册会计师取证困难、受到阻挠、被审计单位管理层不配合等。第三，重点关注注册会计师应当将识别出的值得关注的内部控制缺陷作为补充事项与治理层沟通。

(2) 有关与治理层沟通的形式。第一，注册会计师应当以书面形式与治理层沟通识别出的值得关注的内部控制缺陷，需要注意的是，并非所有的内部控制缺陷均需要沟通，识别出的值得关注的内部控制缺陷是那些足够重要、值得治理层关注的。第二，需要重点掌握应当采用书面形式沟通的事项，包括：①注册会计师的独立性；②识别出的值得关注的内部控制缺陷。对于审计中发现的重大问题（包括重大困难），注册会计师可以根据职业判断，选择口头或书面形式沟通。

(3) 有关使用被审计单位编制的会议纪要的要求（涉及综合题）。需要关注该纪要是否恰当地反映沟通的内容，如否且差别较大，注册会计师在另行编制能恰当记录沟通内容的纪要后，还需要将其副本连同被审计单位编制的纪要一起致送治理层，提示两者的差别。

利用内部审计的工作

第28记 1分

飞越必刷题：50～51、90

（一）利用内审工作时注册会计师的责任

环节	责任
独立职业判断	注册会计师应当对与财务报表审计有关的所有重大事项独立作出职业判断，不应完全依赖内部审计工作，包括： (1) 重大错报风险的评估； (2) 重要性水平的确定； (3) 样本规模的确定； (4) 对会计政策和会计估计的评估等
独立发表意见	注册会计师对发表的审计意见独立承担责任，这种责任并不因利用内部审计人员的工作而减轻

（二）确定是否利用、在哪些领域利用以及在多大程度上利用内部审计的工作

1.评价内部审计的工作是否足以实现审计目的

考虑因素	不得利用的情形
内部审计在被审计单位中的地位，以及相关政策和程序支持内部审计人员客观性的程度	内部审计在被审计单位的地位以及相关政策和程序不足以支持内部审计人员的客观性
内部审计人员的胜任能力	内部审计人员缺乏足够的胜任能力
内部审计是否采用系统、规范化的方法（包括质量管理）	内部审计没有采用系统、规范化的方法（包括质量管理）

2.确定能够利用内部审计工作的领域和程度

维度	内容
基本原则	（1）注册会计师应当作出审计业务中的所有重大判断，并防止不当利用内部审计工作； （2）注册会计师应当评价从总体上而言，在计划的范围内利用内部审计工作是否仍然能够使注册会计师充分地参与审计工作
考虑因素	（1）内部审计已执行和拟执行工作的性质和范围； （2）这些工作与注册会计师总体审计策略和具体审计计划的相关性
较少地利用内部审计工作的情形	（1）当在下列方面涉及较多判断时：计划和实施相关的审计程序、评价收集的审计证据； （2）当评估的认定层次重大错报风险较高，需要对识别出的特别风险予以特殊考虑时； （3）当内部审计在被审计单位中的地位以及相关政策和程序对内部审计人员客观性的支持程度较弱时； （4）当内部审计人员的胜任能力较低时

（三）利用内部审计工作

1.讨论利用其工作的计划

注册会计师应当与内部审计人员讨论利用其工作的计划，以作为协调各自工作的基础。

2.阅读相关的内部审计报告

注册会计师应当阅读与拟利用的内部审计工作相关的内部审计报告，以了解其实施的审计程序的性质和范围以及相关发现。

3.实施充分的审计程序

注册会计师应当针对计划利用的内部审计工作整体实施充分的审计程序，以确定其对于实现审计目的是否适当，包括评价下列事项：

（1）内部审计工作是否经过恰当的计划、实施、监督、复核和记录；

（2）内部审计是否获取了充分、适当的证据，以使其能够得出合理的结论；

（3）内部审计得出的结论在具体环境下是否适当，编制的报告与执行工作的结果是否一致。

4.确定实施审计程序的性质和范围

注册会计师实施审计程序的性质和范围应当与其对以下事项的评价相适应，并应当包括重新执行内部审计的部分工作：

（1）涉及判断的数量或金额；

（2）评估的重大错报风险；

（3）内部审计在被审计单位中的地位以及相关政策和程序支持内部审计人员客观性的程度；

（4）内部审计人员的胜任能力。

 利用内部审计人员提供直接协助

（一）确定是否利用、在哪些领域利用以及在多大程度上利用内部审计人员提供直接协助

1.确定是否能够利用内部审计人员提供直接协助

维度	内容
评价内容	注册会计师应当评价是否存在对内部审计人员客观性的不利影响及其严重程度，以及提供直接协助的内部审计人员的胜任能力。注册会计师在评价是否存在对内部审计人员客观性的不利影响及其严重程度时，应当包括询问内部审计人员可能对其客观性产生不利影响的利益和关系
不得利用的情形	（1）存在对内部审计人员客观性的重大不利影响； （2）内部审计人员对拟执行的工作缺乏足够的胜任能力

2.确定在哪些领域利用以及在多大程度上利用，以及对内部审计人员进行指导、监督和复核的性质、时间安排和范围

维度	内容
考虑因素	在确定可能分配给内部审计人员的工作的性质和范围，以及根据具体情况对内部审计人员进行指导、监督和复核的性质、时间安排和范围时，注册会计师应当考虑下列方面： （1）在计划和实施相关审计程序以及评价收集的审计证据时，涉及判断的数量或金额； （2）评估的重大错报风险； （3）针对拟提供直接协助的内部审计人员，注册会计师关于是否存在对其客观性的不利影响及其严重程度的评价结果，以及关于其胜任能力的评价结果

续表

维度	内容
不得利用的领域	注册会计师不得利用内部审计人员提供直接协助以实施具有下列特征的程序： （1）在审计中涉及作出重大判断； （2）涉及较高的重大错报风险，在实施相关审计程序或评价收集的审计证据时需要作出较多的判断； （3）涉及内部审计人员已经参与并且已经或将要由内部审计向管理层或治理层报告的工作； （4）涉及注册会计师按照规定就内部审计职能，以及利用内部审计工作或利用内部审计人员提供直接协助作出的决策

（二）利用内部审计人员提供直接协助

1.前提条件

在利用内部审计人员为审计提供直接协助之前，注册会计师应当：

（1）从拥有相关权限的被审计单位代表人员处获取书面协议，允许内部审计人员遵循注册会计师的指令，并且被审计单位不干涉内部审计人员为注册会计师执行的工作；

（2）从内部审计人员处获取书面协议，表明其将按照注册会计师的指令对特定事项保密，并将对其客观性受到的任何不利影响告知注册会计师。

2.对内部审计人员执行的工作进行指导、监督和复核

（1）注册会计师在确定指导、监督和复核的性质、时间安排和范围时，应当认识到内部审计人员并不独立于被审计单位，并且指导、监督和复核的性质、时间安排和范围应恰当应对注册会计师对涉及判断的程度、评估的重大错报风险、拟提供直接协助的内部审计人员客观性和胜任能力的评价结果；

（2）复核程序应当包括由注册会计师检查内部审计人员执行的部分工作所获取的审计证据。

3.审计工作底稿

如果利用内部审计人员为审计提供直接协助，注册会计师应当在审计工作底稿中记录：

（1）关于是否存在对内部审计人员客观性的不利影响及其严重程度的评价，以及关于提供直接协助的内部审计人员的胜任能力的评价；

（2）就内部审计人员执行工作的性质和范围作出决策的基础；

（3）执行工作的复核人员及复核的日期和范围；

（4）从拥有相关权限的被审计单位代表人员和内部审计人员处获取的书面协议；

（5）在审计业务中提供直接协助的内部审计人员编制的审计工作底稿。

命题角度：考查与利用内部审计的工作相关的考虑因素和要求。

口诀：

（1）利用内部审计的工作（包括两种方式）和实施审计程序的考虑因素：判断多少、风险大小、客观强弱、能力高低。

（2）不得利用内部审计人员提供直接协助的情形：重大判断、较高风险、剧本已定、自导自演。

第30记 1分 利用专家的工作

飞越必刷题：52、91~94、189~190

（一）专家的概念

1.概念

注册会计师的专家，是指除会计、审计之外的某一特定领域中具有专门技能、知识和经验的个人或组织。

2.范围

维度	内部专家	外部专家
举例	受雇于事务所；事务所、网络所的合伙人、员工、临时员工、项目组成员等	非受雇于事务所
行为准则	遵循事务所质量管理政策和程序	不受事务所质量管理政策和程序的约束

（二）确定专家的工作是否足以实现审计目的

1.评价专家的胜任能力、专业素质和客观性

（1）注册会计师应当评价专家是否具有实现审计目的所必需的胜任能力、专业素质和客观性。

（2）在评价外部专家的客观性时，注册会计师应当询问可能对外部专家客观性产生不利影响的利益和关系。

2.了解专家的专长领域

3.与专家达成一致意见

无论是内部专家还是外部专家，注册会计师都有必要与其达成一致，并根据需要形成书面协议，内容包括：

（1）专家工作的性质、范围和目标。

（2）注册会计师和专家各自的角色与责任：

①原始数据实施细节测试的执行方；

②同意注册会计师将专家工作的结果、结论作为发表非无保留意见的基础；

③工作底稿的使用和保管：当专家是项目组的成员时，专家的工作底稿是审计工作底稿的一部分，除非协议另作安排，外部专家的工作底稿属于外部专家，不是审计工作底稿的一部分。

（3）注册会计师和专家之间沟通的性质、时间安排和范围。

（4）对专家遵守保密规定的要求：适用于注册会计师的相关职业道德要求中的保密条款同样适用于专家，被审计单位也可能要求外部专家同意遵守特定的保密条款。

4.评价专家工作的恰当性

（1）程序。

①询问专家；

②复核工作底稿和报告；

③实施用于证实的程序；

④必要时，与具有相关专长的其他专家讨论；

⑤与管理层讨论专家的报告。

（2）评价内容。

①专家的工作结果或结论的相关性和合理性，以及与其他审计证据的一致性；

②专家工作涉及使用重要的假设和方法的相关性和合理性；

③专家工作涉及使用重要的原始数据的相关性、完整性和准确性：

a.核实数据的来源，复核数据的完整性和内在一致性；

b.原始数据的测试人可能是注册会计师或专家；

c.专家测试原始数据，注册会计师可以通过询问、监督或复核专家的测试来评价数据。

◀ ◀ ◀ 通关绿卡

命题角度1：判断某一组织或个人是否构成注册会计师的专家。

（1）有关管理层的专家。"专家"的全称是注册会计师的专家，既可能是会计师事务所内部专家，也可能是会计师事务所外部专家。但是，这一概念并不包含管理层的专家。实务中，管理层也可能利用某些个人或组织的工作，协助其编制财务报表，这些个人或组织并不属于上述"专家"的范畴。

（2）有关专家的专长领域。专家的专长被限定在会计或审计以外的某一领域。实务中，项目组向在会计或审计专业领域中具有专长的个人或组织（例如，事务所的专业技术部门）咨询，往往属于会计师事务所质量管理的范畴，而非利用专家工作的范畴。

（3）有关专家的示例。专家通常可以是工程师、律师、资产评估师、精算师、环境专家、地质专家、IT专家以及税务专家，也可以是这些个人所从属的组织，如律师事务所、资产评估公司以及各种咨询公司等。但是需要注意，解决会计或审计问题的会计师事务所专业技术部门及其人员，不属于专家的范畴。

命题角度2：辨析内部专家和外部专家的性质和工作要求。

情况	内部专家	外部专家
会计、审计领域之外？	是	是
受事务所质量管理政策和程序的约束？	是	不是
属于项目组成员？	是	不是
应当评价专家的胜任能力、专业素质和客观性？	是	是
应当询问对客观性产生不利影响的利益和关系？	不是	是
应当与专家达成一致意见？	是	是
应当与专家达成一致意见并形成书面协议？	不是	不是
遵守保密规定的要求？	是	是
工作底稿属于审计工作底稿的一部分？	是	通常不是

记忆口诀

命题角度：考查利用专家工作的审计程序。

口诀：评价专胜客、了解其专长、双方达一致、测试才恰当。

第31记 `1分` 审计工作底稿的编制

飞越必刷题：53～55、95、184、189

（一）审计工作底稿的内容

审计工作底稿不包括：

（1）草拟的：已被取代的审计工作底稿的草稿或财务报表的草稿；

（2）初级的：反映不全面或初步思考的记录；

（3）错误的：存在印刷错误或其他错误而作废的文本；

（4）重复的：重复的文件记录等。

（二）审计工作底稿的编制目的

1.基本目的

（1）提供证据，作为注册会计师得出实现总体目标结论的基础；

（2）提供证据，证明已按照审计准则和法律法规的规定计划和执行了审计工作（即提高职业判断的可辩护性）。

2.其他目的

（1）有助于计划和执行审计工作；

（2）有助于项目组成员履行指导、监督与复核的责任；

（3）便于项目组说明其执行审计工作的情况；

（4）保留对未来审计工作持续产生重大影响的事项的记录；

（5）便于实施项目质量复核、其他类型的项目复核以及质量管理体系中的监控活动；

（6）便于监管机构和注册会计师协会实施执业质量检查。

（三）确定审计工作底稿格式、要素和范围的考虑因素

（1）被审计单位的规模和复杂程度；

（2）拟实施审计程序的性质；

（3）识别出的重大错报风险；

（4）已获取审计证据的重要程度；

（5）识别出的例外事项的性质和范围；

（6）当从已执行工作或获取证据的记录中不易确定结论或结论的基础时，记录结论或结论基础的必要性；

（7）审计方法和使用的工具。

（四）底稿中记录事项的识别特征

识别特征通常具有唯一性，常见的几类识别特征如下：

记录事项	识别特征及示例
单据	单据的唯一编号。如订购单、发运单、签收单和会计凭证等，需要注意区别不同的会计期间，以保证查询编号可以直接识别相关项目或事项
样本来源、抽样起点和间隔	说明选样的方法，重新执行此方法可以追踪到特定的样本
询问程序	询问的时间、被询问人的姓名及职位
观察程序	观察的对象或观察过程、相关被观察人员及其各自的责任、观察的地点和时间

（五）审计工作底稿的重大事项

（1）引起特别风险的事项；

（2）实施审计程序的结果表明财务信息可能存在重大错报，或需要修正以前对重大错报风险的评估和拟采取的应对措施；

（3）导致注册会计师难以实施必要审计程序的情形；

（4）可能导致在审计报告中发表非无保留意见或者增加强调事项段的事项。

（六）审计工作底稿的记录和签署

（1）审计工作的每一部分都应包含与已实施审计程序的结果及其是否实现既定审计目标相关的结论，还应包括审计程序识别出的例外情况和重大事项如何得到解决的结论。

（2）通常，需要在每一张审计工作底稿上注明执行审计工作的人员、复核人员、完成该项审计工作的日期以及完成复核日期；在需要项目质量复核的情况下，还需要注明项目质量控制复核人员及复核日期；如果若干页的审计工作底稿记录同一性质的具体审计程序或事项，并且编制在同一个索引号中，可以仅在审计工作底稿的第一页上记录审计工作的执行人员和复核人员并注明日期。

审计工作底稿的归档和保存

第**32**记　1分

飞越必刷题：56～57、184～185

（一）审计工作底稿的归档工作

1.工作性质

归档是指在审计报告日后将审计工作底稿归整为最终档案，属于一项事务性工作，不涉及实施新的审计程序或得出新的审计结论。

2.归档期间对审计工作底稿进行事务性变动

（1）删除或废弃被取代的审计工作底稿；

（2）对审计工作底稿进行分类、整理和交叉索引；

（3）对审计档案归整工作的完成核对表签字认可；

（4）记录在审计报告日前获取的、与项目组相关成员进行讨论并达成一致意见的审计证据。

3.归档期限

审计报告日后60天内，或审计业务中止后的60天内。

4.归档要求

针对客户的同一财务信息执行不同的委托业务，出具两个或多个不同的报告，应当将其分别归整为最终审计档案。

（二）审计工作底稿归档后的变动

1.总体要求

在完成最终审计档案的归整工作后，不应在规定的保存期限届满前删除或废弃任何性质的审计工作底稿。

2.需要变动审计工作底稿的情形

（1）注册会计师已实施了必要的审计程序，取得了充分、适当的审计证据并得出了恰当的审计结论，但审计工作底稿的记录不够充分；

（2）审计报告日后，发现例外情况要求实施新的或追加审计程序，或导致注册会计师得出新的结论。

3.变动审计工作底稿时的记录要求

注册会计师应当记录下列事项：

（1）修改或增加审计工作底稿的理由；

（2）修改或增加审计工作底稿的时间和人员；

（3）复核的时间和人员。

（三）审计工作底稿的保存

（1）为便于会计师事务所内部进行质量管理和外部执业质量检查或调查，以电子或其他介质形式存在的审计工作底稿，应与其他纸质形式的审计工作底稿一并归档，并应能通过打印等方式，转换成纸质形式的审计工作底稿。

（2）会计师事务所应当自审计报告日起，或自集团审计报告日起（若迟于审计报告日），对审计工作底稿至少保存10年；如果注册会计师未能完成审计业务，会计师事务所应当自业务中止日起，对审计工作底稿至少保存10年。

通关绿卡

命题角度：考查审计工作底稿的相关概念、归档和保存。

（1）有关审计工作底稿的内容（涉及简答题）。从接洽业务和接受委托开始，直至完成审计工作和出具审计报告，注册会计师取得和记录的一切构成审计证据的文件或记录等信息，都属于审计工作底稿的范畴。需要注意的是，对审计计划、重要性的更新和修改的相关记录，属于需要保留的审计工作底稿。

（2）有关审计工作底稿的编制目的。编制审计工作底稿本质上是为了"两个圈子"里的人，一是项目组（例如作为审计报告的基础、便于内部复核等），二是外部监管方（例如便于外部检查等）。需要注意以下项目不属于审计工作底稿的编制目的：①为涉及诉讼的被审计单位提供证据；②便于后任注册会计师进行查阅、摘录或复制等；③便于其他同行业的审计项目组查阅和借鉴；④便于治理层监督管理层。

（3）有关是否可以在归档期内和归档后删除部分审计工作底稿（涉及简答题）。第一，归档期内，注册会计师可以删除或废弃被取代的审计工作底稿。但需要注意，此处"被取代"的工作底稿，不应包括在出具审计报告前，注册会计师恰当获取、结果满意的审计证据（例如，对未回函项目实施替代测试的工作底稿，不应被归档期间的回函所取代）。第二，注册会计师在归档期间才取得被审计单位管理层签署的书面声明，表明书面声明的日期晚于审计报告日，该做法不妥。第三，归档后，注册会计师不应在规定的保存期限届满前删除或废弃任何性质的审计工作底稿。这是一项准则的强制性要求，无论取得会计师事务所哪一层级领导层的授权和批准，注册会计师都不可为之。

（4）有关审计工作底稿的保存期限（涉及简答题）。需要留意在"10年"之前，还有"至少"二字。因此，会计师事务所只要达到这一最低要求即可。假设会计师事务所具备保存条件，可以决定将审计工作底稿的保存期限确定为长于10年的期限，甚至是永久保存。

第33记 1分 复核审计工作底稿

飞越必刷题：58、184

（一）项目组内部复核

要点	内容
复核人员	（1）应当包括由经验较为丰富的项目组成员对经验较为缺乏的项目组成员的工作进行指导、监督和复核； （2）对较为复杂、审计风险较高的领域，需要指派经验丰富的项目组成员复核，必要时可以由项目合伙人执行复核，例如，舞弊风险的评估与应对、重大会计估计及其他复杂的会计问题、审核会议记录和重大合同、关联方关系和交易、持续经营存在的问题等
复核时间	审计项目组内部复核贯穿审计全过程，例如，在审计计划阶段复核记录审计策略和审计计划的工作底稿，在审计执行阶段复核记录控制测试和实质性程序的工作底稿，在审计完成阶段复核记录重大事项、审计调整及未更正错报的工作底稿等

（二）项目合伙人复核

要点	内容
内容	（1）重大事项； （2）重大判断，包括与在审计中遇到的困难或有争议事项相关的判断，以及得出的结论； （3）根据项目合伙人的职业判断，与项目合伙人的职责有关的其他事项
要求	在审计报告日或审计报告日之前，项目合伙人应当通过复核审计工作底稿与项目组讨论，确信已获取充分、适当的审计证据，支持得出的结论和拟出具的审计报告

第34记 1分 期后事项

飞越必刷题：59、96

（一）期后事项的种类

维度	财务报表日后调整事项	财务报表日后非调整事项
特征	对财务报表日已经存在的情况提供证据	对财务报表日后发生的情况提供证据
处理	如果金额重大，应提请被审计单位对本期财务报表及相关的账户金额进行调整	必要时在财务报表中予以适当披露

（二）期后事项的审计程序

1.对期后事项的划分

分类	划分依据
第一时段	财务报表日至审计报告日之间发生的事项
第二时段	审计报告日后至财务报表报出日前发现的事实
第三时段	财务报表报出日后知悉的事实

2.第一时段期后事项的审计

维度	要求
责任	（1）注册会计师负有主动识别的义务； （2）应当设计和实施审计程序，获取充分、适当的审计证据，以确定所有在财务报表日至审计报告日之间发生的、需要在财务报表中调整或披露的事项均已得到识别； （3）无须对之前已实施审计程序并已得出满意结论的事项执行追加的审计程序
时间	针对期后事项的专门审计程序，其实施时间越接近审计报告日越好
程序	（1）了解管理层为确保识别期后事项而建立的程序； （2）询问管理层和治理层，确定是否已发生可能影响财务报表的期后事项； （3）查阅所有者、管理层和治理层在财务报表日后举行会议的纪要，或询问此类会议讨论的事项； （4）查阅最近的中期财务报表

3.第二时段期后事项的审计

维度	要求
责任	（1）在审计报告日后，注册会计师没有义务针对财务报表实施任何审计程序； （2）如果注册会计师在审计报告日后至财务报表报出日前知悉了某事实，且若在审计报告日知悉可能导致修改审计报告，注册会计师应当采取以下措施：与管理层和治理层讨论该事项；确定财务报表是否需要修改，如果需要修改，询问管理层将如何在财务报表中处理该事项

续表

维度		要求
处理	管理层修改财务报表时的处理	（1）注册会计师应当将用以识别第一时段期后事项的审计程序延伸至新的审计报告日，并针对修改后的财务报表出具新的审计报告。新的审计报告日不应早于修改后的财务报表被批准的日期； （2）在法律法规或编制基础未禁止的情况下，如果管理层的修改仅限于反映导致修改的期后事项的影响，董事会、管理层或类似机构也仅对有关修改进行批准，注册会计师可以仅针对有关修改将用以识别第一时段的期后事项的审计程序延伸至新的审计报告日。在这种情况下，注册会计师应当选用下列处理方式之一： ①修改审计报告，针对财务报表修改部分增加补充报告日期，从而表明注册会计师对期后事项实施的审计程序仅限于财务报表相关附注所述的修改； ②出具新的或经修改的审计报告，在强调事项段或其他事项段中说明注册会计师对期后事项实施的审计程序仅限于财务报表相关附注所述的修改
	管理层不修改财务报表且审计报告未提交时的处理	如果认为管理层应当修改财务报表而没有修改，并且审计报告尚未提交给被审计单位，注册会计师应当按照规定发表非无保留意见，然后再提交审计报告
	管理层不修改财务报表且审计报告已提交时的处理	（1）如果认为管理层应当修改而没有修改，并且审计报告已经提交给被审计单位，注册会计师应当通知管理层和治理层在财务报表作出必要修改前不要向第三方报出； （2）如果财务报表在未经必要修改的情况下仍被报出，注册会计师应当采取适当措施，以设法防止财务报表使用者信赖该审计报告

4.第三时段期后事项的审计

维度	要求
责任	（1）没有义务针对财务报表实施任何审计程序； （2）如果注册会计师在财务报表报出后知悉了在审计报告日已经存在的某事实，且若在审计报告日知悉可能导致修改审计报告，注册会计师应当采取以下措施： ①与管理层和治理层讨论该事项； ②确定财务报表是否需要修改； ③如果需要修改，询问管理层将如何在财务报表中处理该事项

续表

维度		要求
处理	管理层修改财务报表时的处理	（1）根据具体情况对有关修改实施必要的审计程序； （2）复核管理层采取的措施能否确保所有收到原财务报表和审计报告的人士了解这一情况； （3）延伸实施审计程序，并针对修改后的财务报表出具新的审计报告； （4）在特殊情况下，修改审计报告或提供新的审计报告。注册会计师应当在新的或修改的审计报告中增加强调事项段或其他事项段，提醒财务报表使用者关注财务报表附注中有关修改原财务报表的详细原因和注册会计师提供的原审计报告
	管理层未采取任何行动时的处理	（1）如果管理层没有采取必要措施确保所有收到原财务报表的人士了解这一情况，也没有在注册会计师认为需要修改的情况下修改财务报表，注册会计师应当通知管理层和治理层，注册会计师将设法防止财务报表使用者信赖该审计报告； （2）如果注册会计师已经通知管理层或治理层，而管理层或治理层没有采取必要措施，注册会计师应当采取适当措施，以设法防止财务报表使用者信赖该审计报告

◀ ◀ ◀ **记忆口诀**

命题角度：区分调整事项和非调整事项。

口诀：老事新线索，新事新线索。

释义：某一事项究竟是调整事项还是非调整事项，主要取决于该事项表明的情况在资产负债表日或资产负债表日以前是否已经存在。若该情况在资产负债表日或之前已经存在，则属于调整事项；反之，则属于非调整事项。

◀ ◀ ◀ **通关绿卡**

命题角度：考查不同时段期后事项的定义。

准确记忆"切开"不同时段期后事项的时间节点（财务报表日、审计报告日或财务报表报出日），切勿混淆。同时，针对第一时段的期后事项，注册会计师应当确保所有在财务报表日至审计报告日之间发生的、需要在财务报表中调整或披露的事项均已得到识别。值得注意的是，此处所指的一系列事项被圈定在"需要调整或披露的事项"，而非"所有在此期间发生的事项"。

第35记 2分 **书面声明**

飞越必刷题：60～61、97

（一）书面声明的基本概念

1.概念

（1）指管理层向注册会计师提供的书面陈述，用以确认某些事项或支持其他审计证据。

（2）书面声明不包括财务报表及其认定，以及支持性账簿和相关记录。

2.性质

（1）书面声明是注册会计师在财务报表审计中需要获取的必要信息，是审计证据的重要来源；

（2）尽管书面声明提供必要的审计证据，但其本身并不为所涉及的任何事项提供充分、适当的审计证据；

（3）管理层已提供可靠书面声明的事实，并不影响注册会计师就管理层责任履行情况或具体认定获取的其他审计证据的性质和范围。

（二）书面声明的日期和涵盖的期间

1.日期

（1）书面声明的日期应当尽量接近对财务报表出具审计报告的日期，但不得在审计报告日后。

（2）由于书面声明是必要的审计证据，在管理层签署书面声明前，注册会计师不能发表审计意见，也不能签署审计报告。

2.涵盖期间

（1）书面声明应当涵盖审计报告针对的所有财务报表和期间；

（2）如果在审计报告中提及的所有期间内，现任管理层均尚未就任，现任管理层可能由此声称无法就审计报告中提及的所有期间提供部分或全部书面声明。这一事实并不能减轻现任管理层对财务报表整体的责任。相应地，注册会计师仍然需要向现任管理层获取涵盖整个相关期间的书面声明。

（三）书面声明与其他审计证据不一致

（1）如果书面声明与其他审计证据不一致，注册会计师应当实施审计程序以设法解决这些问题。

（2）注册会计师可能需要考虑风险评估结果是否仍然适当。如果认为不适当，注册会计师需要修正风险评估结果，并确定进一步审计程序的性质、时间安排和范围，以应对评估的风险。

（3）如果问题仍未解决，注册会计师应当重新考虑对管理层的胜任能力、诚信、道德价值观或勤勉尽责的评估，或者重新考虑对管理层在这些方面的承诺或贯彻执行的评估，并确定书面声明与其他审计证据的不一致对书面或口头声明和审计证据总体的可靠性可能产生的影响。

（4）如果认为书面声明不可靠，注册会计师应当采取适当措施，包括确定其对审计意见可能产生的影响。

（四）管理层不提供要求的书面声明

1.措施

如果管理层不提供要求的一项或多项书面声明，注册会计师应当：

（1）与管理层讨论该事项；

（2）重新评价管理层的诚信，并评价该事项对书面或口头声明和审计证据总体的可靠性可能产生的影响；

（3）采取适当措施，包括确定该事项对审计意见可能产生的影响。

2.发表无法表示意见的情形

（1）注册会计师对管理层的诚信产生重大疑虑，以至于认为其作出的书面声明不可靠。

（2）管理层不提供下列书面声明：

①针对财务报表的编制，管理层确认其根据审计业务约定条款，履行了按照适用的财务报告编制基础编制财务报表并使其实现公允反映的责任；

②针对提供的信息和交易的完整性。

第三模块

审计程序的实务运用

● 本模块中，有关函证、监盘和货币资金审计的内容，主要考查主观题；有关分析程序的内容，主要考查客观题；预计在2024年涉及7～12分。本模块涵盖了主要财务报表项目的风险应对程序，是审计基本原理在实务中的运用，对应《打好基础》一书第三章、第九至十二章的相关知识点。本模块中，"电子函证"这一内容（第38记）为新增内容，易考简答题，需重点关注。

一个人的品格决定了他的命运，就像树木的心决定着树木的圆。

本模块的知识结构如下图所示。

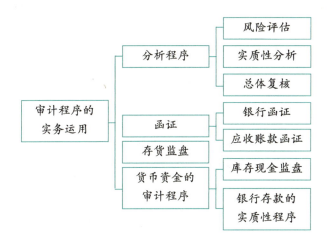

 第36记 2分 **分析程序概述**

飞越必刷题：98～99、104

（一）用作风险评估程序

实施风险评估程序时，应当运用分析程序，但并非每一环节均需要运用，如了解内部控制时，注册会计师一般不运用分析程序。

（二）用作实质性程序

1.总体要求

（1）当使用分析程序比细节测试能更有效地将认定层次的检查风险降至可接受的水平时，可以单独或结合细节测试运用实质性分析程序，但并未要求注册会计师在实质性程序中必须使用分析程序。

（2）相较于细节测试，实质性分析程序能够达到的精确度可能受到种种限制，所提供的证据很大程度上是间接证据，证明力相对较弱。

2.设计和实施分析程序的考虑因素

考虑因素	影响因素或其他要点
对所涉及认定的适用性	分析程序适用于在一段时期内存在预期关系的大量交易
数据的可靠性	影响数据的可靠性的因素包括： （1）可获得信息的来源； （2）可获得信息的可比性； （3）可获得信息的性质和相关性，如信息是否经过审计； （4）与信息编制相关的控制（当针对评估的风险实施实质性分析程序时，如果使用被审计单位编制的信息，注册会计师可能需要考虑测试与信息编制相关控制的有效性）
评价预期值的准确程度	准确程度是预期值与真实值之间接近程度的度量，影响预期值准确程度的因素包括： （1）对实质性分析程序的预期结果作出预测的准确性； （2）信息可分解的程度； （3）财务和非财务信息的可获得性
可接受的差异额	影响可接受的差异额的因素包括： （1）重要性，包括一项错报单独或连同其他错报导致重大错报的可能性；在实施实质性分析程序时，注册会计师确定的已记录金额与预期值之间的可接受差异额通常不超过实际执行的重要性； （2）计划的保证水平； （3）评估的重大错报风险

（三）用于总体复核

1.总体要求

为了确定财务报表整体是否与对被审计单位的了解一致，在此阶段应当运用分析程序。

2.特点

辨析		内容
风险评估	相同点	手段与风险评估程序基本相同
	不同点	时间和重点不同、使用的数据的数量和质量不同
实质性程序	不同点	不如实质性分析程序详细和具体，且往往集中在财务报表层次

通关绿卡

命题角度：考查分析程序在各个运用环节的综合性问题。

维度		理论要点（涉及客观题）	实务要点（涉及主观题）
风险评估		（1）应当运用，运用时需要形成预期值。 （2）目的是了解被审计单位及其环境等方面	重点关注关键的账户余额、趋势和财务比率关系等方面
实质性分析程序	对所涉及认定的适用性	（1）可以运用，但并不适用于所有的财务报表认定。 （2）不仅仅是细节测试的一种补充。有时，使用实质性分析程序比细节测试能更有效地应对认定层次的重大错报风险	实质性分析程序的适用前提可概括为"大量可预期、内在有逻辑"，即交易或事项是频繁的，不是偶发的；是有规律、可推算的，而不是个性的、随机的
	数据的可靠性	数据可靠性越高，预期的准确性越高，分析程序将更有效	当针对评估的风险实施实质性分析程序时，如果使用被审计单位编制的信息，注册会计师可能需要考虑测试与信息编制相关控制的有效性
	预期值的准确程度	预期值越准确，分析程序越有效	需要综合考虑相关因素，合理确定预期值，例如，如果被审计单位的经营模式已发生显著变化，仅依赖历史数据建立的预期值可能无法使用
	可接受的差异额	可接受差异额通常不超过实际执行的重要性，而非"低于"实际执行的重要性。还需注意，此处的比较标准是实际执行的重要性，而不是财务报表整体重要性或明显微小错报临界值	（1）可接受的差异额不必然等于实际执行的重要性，也可能更低。因此，注册会计师需要将差异额与可接受的差异额相对比，而不是直接与实际执行的重要性相对比； （2）注册会计师应当针对全部差异额进行调查，而非仅仅调查超过可接受差异额的部分
总体复核		（1）应当运用，运用时需要形成预期值； （2）目的是确定财务报表整体是否与其对被审计单位的了解一致	无论何种原因，都不能省略在临近审计结束时运用分析程序进行总体复核

第**37**记 1分 **函证的对象和时间**

飞越必刷题：105

（一）函证的对象

维度	银行函证	应收账款函证
必要性	注册会计师应当对银行存款、借款及与金融机构往来的其他重要信息实施函证程序，包括零余额账户和本期内注销的账户	注册会计师应当对应收账款实施函证
豁免情形	有充分证据表明某一银行存款、借款及与金融机构往来的其他重要信息对财务报表不重要且与之相关的重大错报风险很低	有充分证据表明应收账款对财务报表不重要或注册会计师认为函证很可能无效；如函证很可能无效，应当实施替代审计程序
记录要求	不对这些项目实施函证，应当在审计工作底稿中说明理由	不对应收账款函证，应在审计工作底稿中说明理由

（二）函证的时间

截止日选择		说明
资产负债表日		通常以资产负债表日为截止日，在资产负债表日后适当时间内实施函证
资产负债表日前	条件	重大错报风险评估为低水平
	程序	对所函证项目自该截止日起至资产负债表日止发生的变动实施实质性程序

通关绿卡

命题角度：考查应当实施和可以豁免实施函证的情形（涉及简答题）。

函证对象	情形		示例和说明
应收账款函证	不予豁免		管理层不配合、对手方为关联方、与对手方存有纠纷等情况
	允许豁免	应收账款不重要	被审计单位处于尚无实质性业务的开办期、被审计单位经营业务以现销为主等情况；此时，注册会计师根据风险导向的原则，可以决定不实施函证程序，也无须实施替代程序
		函证很可能无效	以往审计业务经验表明回函率很低；某些特定行业的客户通常不对应收账款询证函回函，如电信行业的个人客户；业务对方是政府机构或其他出于制度的规定不能回函的单位。此时，注册会计师应当实施替代审计程序
	运用抽样方法		注册会计师应当对应收账款实施函证，不代表应当对所有应收账款余额均实施函证，注册会计师可以运用审计抽样方法；同时，相关内部控制有效时，注册会计师可以据此减少函证样本量
银行函证	不予豁免	以其他文件记录替代函证	银行对账单、存款证明、销户证明、网银截屏、片面的银行自有格式回函（如划线删除了部分拟求证信息）等
		以事实借口为由	银行存款为零余额、本期该银行账户无交易记录、账户余额不足以支付函证费用等
	允许豁免		被审计单位社保缴纳、税款缴纳等专用账户在同时满足不重要且风险很低时，可以不实施银行函证
	运用抽样方法		除非满足豁免情形，注册会计师不应运用抽样方法对某些银行账户实施函证而对于其他银行账户不实施函证；同时，即使相关内部控制有效，注册会计师也不应据此减少函证样本量

函证的设计和实施

第38记 [1分]

飞越必刷题：106～108、171～172

（一）函证的设计

1.总体要求

根据特定审计目标设计询证函，例如函证应收账款时，询证函中不列出账户余额，而是要求被询证者填写，有助于发现应收账款的低估错报。

2.函证的方式

维度	积极的函证方式	消极的函证方式
含义和适用性	注册会计师应当要求被询证者在所有情况下必须回函，确认所列示信息是否正确，或填列要求的信息	注册会计师只要求被询证者仅在不同意询证函列示信息的情况下才予以回函； 当同时存在下列情况时，可考虑采用消极的函证方式： （1）重大错报风险评估为低水平； （2）涉及大量余额较小的账户； （3）预期不存在大量的错误； （4）没有理由相信被询证者不认真对待函证
未回函原因分析	（1）被询证者不存在； （2）被询证者没有收到询证函； （3）被询证者没有理会询证函	（1）被询证者不存在； （2）被询证者没有收到询证函； （3）被询证者没有理会询证函； （4）被询证者同意函证所列信息

◀ ◀ ◀ **记忆口诀**

命题角度：考查消极式函证的适用条件。

口诀：风险低、多且小、错误少、人品好。

（二）函证的实施

1.管理层要求不实施函证的处理

（1）如果认为管理层的要求合理，注册会计师应当实施替代审计程序；

（2）如果认为管理层的要求不合理，且被其阻挠而无法实施函证，注册会计师应当视为审计范围受到限制，并考虑对审计报告可能产生的影响；

（3）分析管理层要求不实施函证的原因时，注册会计师应当保持职业怀疑态度，并考虑：管理层是否诚信；是否可能存在重大的舞弊或错误；替代审计程序能否提供与这些账户余额或其他信息相关的充分、适当的审计证据。

2.函证发出前的控制

对被询证者的名称、地址以及被函证信息执行核对程序（注册会计师可以选择全部或部分被询证者进行核对），经被审计单位盖章后，由注册会计师直接发出；换言之，不得由被审计单位代发。

3.函证发出方式的控制

（1）邮寄。

不使用被审计单位本身的邮寄设施，独立寄发。

（2）跟函。

注册会计师需要在整个过程中保持对询证函的控制，同时，对被审计单位和被询证者之间串通舞弊的风险保持警觉。

（3）电子函证。

维度	说明
类型	（1）专门提供询证函平台服务的第三方平台（例如中国银行业协会的银行函证区块链服务平台、"币码E函证"电子函证平台等）； （2）被询证者自身的电子询证函平台（例如商业银行等金融机构）
第三方电子询证函平台的可靠性风险	（1）第三方电子询证函平台独立性风险，即电子询证函平台在形式上或实质上没有独立于被审计单位的风险； （2）第三方电子询证函平台安全性风险，主要包括：①函证相关方的身份真实性风险；②第三方电子询证函平台的操作风险，如操作电子函证核心业务（如回函）的人员未经适当的授权；③第三方电子询证函平台信息传输安全性风险，如发函和回函信息可能被拦截、修改、删除和泄露等；④第三方电子询证函平台记录函证控制过程的完整性风险。
对第三方电子询证函平台的评估程序	（1）评估第三方电子询证函平台聘请的信息安全认证机构或专业人员的胜任能力、专业素质和独立性，并记录相关评估过程、获取的证据和得出的结论； （2）取得第三方电子询证函平台聘请的信息安全认证机构颁发的信息系统安全测评证书或专业人员出具的鉴证报告等由电子询证函平台定期公开发布的信息，了解第三方电子询证函平台及其所有者和运营商的组织架构、是否存在被监管机构处罚、是否存在涉诉信息等与电子询证函平台的独立性、安全可靠性等方面相关的信息，评估通过第三方电子询证函平台收发电子询证函是否可靠；同时，记录其依据信息安全认证机构颁发的信息系统安全测评证书或专业人员出具的鉴证报告来合理评估第三方电子询证函平台可靠性的过程、获取的证据及得出的结论； （3）了解第三方电子询证函平台聘请的信息安全认证机构或专业人员测试的范围、实施的程序、程序涵盖的期间以及自实施程序以来的时间间隔，评估信息安全认证机构或专业人员的工作是否支持通过第三方电子询证函平台实施函证程序的可靠性； （4）评估第三方电子询证函平台可靠性的工作通常在会计师事务所层面实施，而无须由单个审计项目组来实施

命题角度：考查电子函证的实务操作。

（1）有关电子询证函平台的类型。注册会计师通常可以使用的平台包括两类：①第三方平台；②被询证者自有平台。需要注意的是，被审计单位自有平台由于缺乏独立性且注册会计师无法确保对函证的有效控制和可靠回复，故不应使用。

（2）有关评估电子询证函平台的程序。注意以下要点：①该程序通常在会计师事务所层面实施，而无须由单个审计项目组来实施；②评估第三方电子询证函平台聘请的信息安全认证机构或专业人员的胜任能力、专业素质和独立性，缺一不可。

第39记 函证的评价

1分

飞越必刷题：100、173

（一）评价回函的可靠性

方式		说明
邮寄回函	验证	验证回函原件、被询证者名称、地址、邮戳等
	收回方式	（1）如果被询证者将回函寄至被审计单位，被审计单位将其转交注册会计师，该回函不能视为可靠的审计证据； （2）注册会计师可以要求被询证者直接书面回复
跟函		验证处理人员的身份、权限和工作流程；观察处理过程
电子回函		（1）注册会计师和回函者采用一定的程序为电子形式的回函创造安全环境，可以降低该风险； （2）向被询证者核实回函的来源及内容
传真回函		联系被询证者，向被询证者核实回函的来源及内容
口头答复		不能作为可靠的审计证据，可以要求被询证者提供直接书面回复，仍未收到书面回函，注册会计师需要实施替代程序

（二）评价回函的限制性条款

情形	原理	示例
影响可靠性	影响信息的完整性、准确性或注册会计师能够依赖其所含信息的程度	（1）本信息是从电子数据库中取得，可能不包括被询证方所拥有的全部信息； （2）本信息既不能保证准确也不能保证是最新的，其他方可能会持有不同意见； （3）接收人不能依赖函证中的信息

续表

情形	原理	示例
不影响可靠性	格式化的免责条款可能不影响信息的可靠性，或其他限制条款与所测试的认定无关	（1）提供的本信息仅出于礼貌，我方没有义务必须提供，我方不因此承担任何明示或暗示的责任、义务和担保； （2）本回复仅用于审计目的，被询证方、其员工或代理人无任何责任，也不能免除注册会计师做其他询问或执行其他工作的责任

（三）关注舞弊风险迹象

（1）管理层不允许寄发询证函；

（2）管理层过度热情配合函证程序，如希望提前获悉函证样本，帮助催促回函；

（3）从私人电子信箱发送的回函；

（4）不同被询证者回函信封上的联系方式（地址、电话等）相同或相近；位于不同地址的多家被询证者的回函邮戳显示的发函地址相同；

（5）回函邮戳显示的发函地址与被审计单位记录的被询证者的地址不一致；

（6）回函上的印章和签名与被询证者的印章和签名不符，或印章模糊不清难以核对，或印章存在明显瑕疵；

（7）收到不同被询证者用快递寄回的回函，但快递的交寄人或发件人是同一个人或是被审计单位的员工（或关联方），或者虽然寄件人名字不同，但手机号或其他联系方式相同，或者不同被询证者回函单号相连或相近；

（8）不正常的回函率等。

（四）积极式函证未收到回函的处理

如果在合理的时间内没有收到询证函回函，注册会计师应当考虑必要时再次向被询证者寄发询证函。

第40记 1分

应收账款函证和替代程序

飞越必刷题：171、173

（一）对函证不符事项的处理

（1）注册会计师应当调查不符事项，以确定是否表明存在错报。

（2）某些不符事项并不表明存在错报。例如，注册会计师可能认为询证函回函的差异是由于函证程序的时间安排、计量或书写错误造成的。

（3）注册会计师不能仅通过询问被审计单位相关人员对不符事项的性质和原因得出结论，而是要在询问原因的基础上，检查相关的原始凭证和文件资料予以证实。必要时与被询证方联系，获取相关信息和解释。

（二）对未回函项目实施替代程序

替代测试	程序要点
检查 期后收款	检查资产负债表日后收回的货款，注册会计师不能仅查看应收账款的贷方发生额，还要查看相关的收款单据，以证实付款方确为该客户且确与资产负债表日的应收账款相关
检查 原始凭证	检查相关的销售合同、销售单、发运凭证等文件。注册会计师需要根据被审计单位的收入确认条件和时点，确定能够证明收入发生的凭证

◀ ◀ ◀ **通关绿卡**

命题角度：综合性考查函证程序全流程的实务运用（涉及简答题）。

流程节点	实操要点
函证的 时间	（1）如拟将截止日确定为资产负债表日前，需满足前提条件，即重大错报风险评估为低水平； （2）应当对所函证项目自该截止日起至资产负债表日止发生的变动实施实质性程序
函证发出 前的核对	（1）允许被审计单位的人员填写询证函的内容，但注册会计师应当进行核对，并应考虑将被询证者的名称、地址等信息与公开信息核对，仅与被审计单位内部提供的信息（如客户名单、银行账户清单等）核对是欠妥的； （2）注册会计师可以根据风险评估的结果予以确定核对项目，并不要求对所有的函证项目均进行核对
函证的发 出和实施 过程控制	（1）需亲自寄发； （2）不使用被审计单位本身的邮寄设施和派送服务，尤其需注意被审计单位为快递类企业； （3）不应在跟函过程脱离对函证的控制，例如，独自在等候区、VIP休息区等区域等候； （4）不做与跟函无关的其他工作，例如在工作人员核对信息时，注册会计师与被询证者完成其他无关访谈
函证的 收回过程 控制	（1）不应以任何理由和借口，由除注册会计师以外的其他方转交回函，包括前台签收、财务人员代收、被审计单位关联方"顺路取回"等，均不妥； （2）不应以电话、微信语音等口头沟通，代替书面回函（即使被询证者声称信息无差异）； （3）是否存在私人邮箱而非官方工作邮箱回函、非被询证者本人回函等异常情况； （4）不应信赖由被审计单位相关人员转发至注册会计师的电子回函

续表

流程节点	实操要点
函证的结果评价	（1）需关注回函中包含的限制性条款，未必影响回函可靠性，需要结合其表述方式加以确定； （2）需对所有未回函项目均实施替代程序，不应抽样实施； （3）针对应收账款的期后回款，需核验银行入账单等关键凭据，并关注回款方是否为交易对手方、回款金额是否足以覆盖欠款余额等； （4）需检查形成应收账款的关键性凭证，如客户验收单等； （5）需注意某些不符事项并不表明存在错报，但注册会计师应加以验证，不能仅依赖被审计单位相关人员的口头解释，或由被审计单位提供的内部证据（如明细账发生额、入库单、微信对话截屏等）

存货监盘概述

第41记 1分

飞越必刷题：174

（一）目的

维度		要点
目的		获取有关存货数量和状况的审计证据
相关认定	主要	存在认定
	其他	（1）完整性认定； （2）准确性、计价和分摊认定； （3）权利和义务认定
运用环节		存货监盘的相关程序可以用作控制测试或者实质性程序

（二）对注册会计师的要求

维度	要点
必要程序	如果存货对财务报表是重要的，应当实施下列审计程序： （1）在存货盘点现场实施监盘； （2）对期末存货记录实施审计程序，以确定其是否准确反映实际的存货盘点结果
对存货所有权的考虑	存货监盘本身不足以供注册会计师确定存货所有权，注册会计师可能需要执行其他实质性审计程序

（三）注册会计师和管理层的责任

实施存货监盘是注册会计师的责任，但不能取代被审计单位管理层定期盘点存货、合理确定存货的数量和状况的责任。

 第42记 2分 **存货监盘计划**

飞越必刷题：109、174、190

（一）制定存货监盘计划的重要考虑因素

因素		阐述
存货盘点的时间安排		如果存货盘点在财务报表日以外的其他日期进行，注册会计师除实施存货监盘相关审计程序外，还应当实施其他审计程序，以获取审计证据，确定存货盘点日与财务报表日之间的存货变动是否已得到恰当的记录
存货的存放地点，以确定适当的监盘地点	提供清单	如果被审计单位的存货存放在多个地点，注册会计师可以要求被审计单位提供一份完整的存货存放地点清单，包括期末库存量为零的仓库、租赁的仓库，以及第三方代被审计单位保管存货的仓库等，并考虑其完整性
	选择地点	在获取完整的存货存放地点清单的基础上，注册会计师可以根据不同地点所存放存货的重要性以及对各个地点与存货相关的重大错报风险的评估结果，选择适当的地点进行监盘，并记录选择这些地点的原因
	舞弊风险	注册会计师可能决定在不预先通知的情况下对特定存放地点的存货实施监盘，或在同一天对所有存放地点的存货实施监盘

（二）存货监盘的目标

获取资产负债表日有关存货数量和状况以及有关管理层存货盘点程序可靠性的审计证据，检查存货的数量是否真实完整，是否归属被审计单位，存货有无毁损、陈旧、过时、残次和短缺等状况。

 第43记 1分 **存货监盘程序**

飞越必刷题：110～111、173、174

（一）监盘开始前

在被审计单位盘点存货前，注册会计师应当观察盘点现场，确定应纳入盘点范围的存货是否已经适当整理和排列，并附有盘点标识，防止遗漏或重复盘点。对未纳入盘点范围的存货，注册会计师应当查明未纳入的原因。

（二）监盘进行时

1.评价管理层用以记录和控制存货盘点结果的指令和程序

维度	内容
考虑原因	注册会计师可以根据被审计单位的具体情况考虑其无法停止存货移动的原因及其合理性
划分区域	如果被审计单位在盘点过程中无法停止生产，可以考虑在仓库内划分出独立的过渡区域，将预计在盘点期间领用的存货移至过渡区域、对盘点期间办理入库手续的存货暂时放在过渡区域，以此确保相关存货只被盘点一次

2.观察管理层制定的盘点程序的执行情况

3.检查存货

（1）在存货监盘过程中检查存货，不一定能确定存货的所有权，但有助于确定存货的存在，以及识别过时、毁损或陈旧的存货。注册会计师应当把所有过时、毁损或陈旧存货的详细情况记录下来，这既便于进一步追查这些存货的处置情况，也能为测试被审计单位存货跌价准备计提（即资产减值损失）的准确性提供证据。

（2）注册会计师应当根据取得的所有权不属于被审计单位的存货的有关资料，观察这些存货的实际存放情况，确保其未被纳入盘点范围。即使在被审计单位声明不存在受托代存存货的情形下，注册会计师在存货监盘时也应当关注是否存在某些存货不属于被审计单位的迹象，以避免盘点范围不当。

（3）注册会计师应当设计关于特殊类型存货监盘的具体审计程序，例如对箱装存货开箱检查、对袋装存货重新称量等。

4.执行抽盘

要点	要求
双向抽盘	在对存货盘点结果进行测试时，注册会计师可以从存货盘点记录中选取项目追查至存货实物，以及从存货实物中选取项目追查至盘点记录，以获取有关盘点记录准确性和完整性的审计证据
不可预见性	应尽可能避免让被审计单位事先了解将抽盘的存货项目
抽盘差异	（1）注册会计师应当查明原因，并及时提请被审计单位更正； （2）注册会计师应当考虑错误的潜在范围和重大程度，在可能的情况下，扩大检查范围以减少错误的发生； （3）注册会计师还可要求被审计单位重新盘点。重新盘点的范围可限于某一特殊领域的存货或特定盘点小组

（三）监盘结束时

（1）再次观察盘点现场，以确定所有应纳入盘点范围的存货是否均已盘点。

（2）取得并检查已填用、作废及未使用盘点表单的号码记录，确定其是否连续编号，查明已发放的表单是否均已收回，并与存货盘点的汇总记录进行核对。

第44记 1分 存货监盘特殊情况的处理

（一）存货盘点日不是资产负债表日

注册会计师应当实施适当的审计程序，确定盘点日与资产负债表日之间存货的变动是否已得到恰当的记录。

（二）在存货盘点现场实施存货监盘不可行

要点		要求
分析原因	合理	由存货性质和存放地点等因素造成，例如，存货存放在对注册会计师的安全有威胁的地点
	不合理	审计中的困难、时间或成本等事项，不能作为注册会计师不实施存货监盘的理由
替代程序	可行	如现场监盘存货不可行，应实施替代审计程序，以获取有关存货的存在和状况的充分、适当的审计证据，如检查盘点日后出售盘点日之前取得或购买的特定存货的文件记录
	不可行	考虑按规定发表非无保留意见

（三）因不可预见的情况导致无法实施现场监盘

要点		要求
情形	无法亲临	由于不可抗力导致注册会计师无法到达存货存放地实施存货监盘
	气候因素	由于恶劣的天气导致注册会计师无法实施存货监盘程序，或由于恶劣的天气无法观察存货，如木材被积雪覆盖
措施		如因不可预见情况无法在存货盘点现场实施监盘，注册会计师应当： （1）另择日期监盘； （2）对间隔期内的交易实施审计程序

（四）由第三方保管或控制的存货

如果由第三方保管或控制的存货对财务报表是重要的，应实施下列一项或两项审计程序，以获取该存货存在和状况的充分、适当的审计证据：

（1）向持有被审计单位存货的第三方函证存货的数量和状况。

（2）实施检查或其他适合具体情况的审计程序，例如实施或安排其他注册会计师实施对第三方的存货监盘、检查与第三方持有的存货相关的文件记录，如仓储单等。

命题角度：综合性考查存货监盘程序全流程的实务运用。

流程节点	实操要点
存货监盘的决策	（1）如果存货对于财务报表是重要的，存货监盘是一项必要程序。由于任何"借口"而不实施存货监盘（例如，路途遥远、成本过高、仓库维修等），往往都是不妥的。 （2）存货监盘既可以用作控制测试，也可以用作实质性程序。在某些企业的审计中，注册会计师留意到企业的存货品种少、数量少、管理流程简单，可能决定仅将存货监盘用作实质性程序，这将更符合成本效益原则。 （3）需要准确区分管理层和注册会计师的责任，具体来说，管理层承担盘点、复盘、编制盘点表的责任，注册会计师承担监盘、抽盘、编制监盘工作底稿的责任。注册会计师不应代行管理层职责，否则将损害独立性。 （4）需要精准地记忆存货监盘的目标，这一内容经常在考试中考查"补写型"题目。这些目标与存货监盘相关的认定是息息相关的，例如"是否归属于被审计单位"与权利和义务认定相关，"存货有无毁损、陈旧、过时、残次和短缺等状况"与准确性、计价和分摊认定相关等
存货监盘的时间和地点	（1）最理想的状态下，在资产负债表日（财务报表日）进行存货监盘，是最为直接、高效的。但在实务中，由于节假日、被审计单位的工作安排等因素，存货监盘经常被安排在资产负债表日以外的其他日期，此时注册会计师除监盘外，还应注意对存货盘点日与财务报表日之间的存货变动实施审计程序，确定盘点日与资产负债表日之间存货的变动是否已得到恰当的记录。 （2）被审计单位会向注册会计师提供一份存货存放地点清单（仓库清单），此时，注册会计师不应奉行"拿来主义"，而需要关注这份清单的完整性，否则基于不完整的清单而选择监盘地点，最终审计效果无法得到保障。当确定清单的完整性后，注册会计师不仅需要考虑不同仓库存货的重要性，还应考虑各个地点与存货相关的重大错报风险，进而选择监盘地点。例如，如果注册会计师根据各个仓库的存货余额进行降序排列，选择余额最大的若干个仓库进行监盘，则很有可能忽略了那些余额不重大，但用于堆放残次品而导致重大错报风险较高的仓库，甚至是存在舞弊风险的仓库，容易"以偏概全"

续表

流程节点	实操要点
存货监盘的实施	（1）注册会计师应当了解被审计单位与存货相关的内部控制，了解后能够得出与内部控制"设计"和"是否得到执行"有关的结论，但是无法得出"运行有效性"的结论，因而也不能根据了解内部控制的结论，相应缩小实施抽盘程序的范围。只有注册会计师认为被审计单位内部控制设计良好且得到有效执行，才可以据此缩小实施抽盘程序的范围。 （2）监盘开始前，注册会计师应当观察盘点现场，包括留意被审计单位的存货是否附有盘点标识。需注意，此处的"盘点标识"是被审计单位进行粘贴、标记的，目的是理清归属于自身的存货，避免混淆、遗漏或重复盘点。不应将"盘点标识"误以为是注册会计师在拟抽盘的项目上提前做好标记，这样的做法会损害审计程序的不可预见性，被审计单位很可能提前预知、作出安排甚至舞弊，因此并不恰当。 （3）合理确定存货是否应纳入盘点和监盘范围：考试中，需关注售后代管商品、委托代销、受托代存、在途存货、"货到票未到"存货等情形，判断原则为存货是否已经由被审计单位拥有或控制，如是，则应纳入盘点和监盘范围，反之，则不纳入。 （4）记忆特殊类型存货监盘的审计程序，例如，对于箱装存货，不应仅以包装箱注明的件数乘以箱数得出存货总数，还应开箱检查；对于袋装存货，不应仅以外包装上注明的含量乘以袋数得出存货总重量，还应在校验磅秤的精准度后进行称量。 （5）双向抽盘是一项必要程序，如仅实施单向抽盘，是不妥当的。此外，需要注意抽盘的方向与所对应审计目标的相关性。 （6）需要辨析"不可行"和"不可预见情况"两种特殊情形。对于前者，如现场监盘存货不可行，应实施替代审计程序；对于后者，应当另择日期监盘并对间隔期内的交易实施审计程序。 （7）针对由第三方保管或控制的存货的审计程序，关注函证程序的运用；注册会计师决定直接对存放于第三方的存货实施监盘时，可以不向第三方函证
存货监盘的结果评价	（1）由于抽盘运用了审计抽样的原理，注册会计师不仅需要更正样本中发现的错报，还应考虑样本错报对总体的影响，考虑错报的潜在范围和重大程度。 （2）在对管理层计提的存货跌价准备进行测试时，应考虑存货监盘过程中对存货状况的检查

监盘库存现金

第**45**记　1分

飞越必刷题：101

要点	要求
监盘目标	（1）对被审计单位现金盘点实施的监盘程序是用作控制测试还是实质性程序，取决于注册会计师对风险评估结果、审计方案和实施的特定程序的判断。 （2）注册会计师可能基于风险评估的结果判断无须对现金盘点实施控制测试，仅实施实质性程序
监盘范围	企业盘点库存现金，通常包括对已收到但未存入银行的现金、零用金、找换金等进行盘点。监盘范围一般包括被审计单位各部门经管的所有现金
监盘人员	盘点库存现金的时间和人员应视被审计单位的具体情况而定，但现金出纳员和被审计单位会计主管人员必须参加，并由注册会计师进行监盘
监盘时间	（1）查看被审计单位制定的盘点计划，以确定监盘时间。对库存现金的监盘最好实施突击性的检查，时间最好选择在上午上班前或下午下班时。 （2）如被审计单位库存现金存放部门有两处或两处以上的，可以考虑同时进行盘点
监盘程序	（1）由出纳员盘点，由注册会计师编制"库存现金监盘表"。 （2）在非资产负债表日进行监盘时，应将监盘金额调整至资产负债表日的金额，并对变动情况实施程序

银行存款的实质性程序

第**46**记　2分

飞越必刷题：102～103、172、189

（一）对银行账户的完整性执行审计程序

　　注册会计师在企业人员陪同下到中国人民银行或基本存款账户开户行查询并打印《已开立银行结算账户清单》，观察银行办事人员的查询、打印过程，并检查被审计单位账面记录的银行人民币结算账户是否完整。

（二）检查银行存款账户发生额

　　（1）取得被审计单位加盖银行印章的银行对账单，注册会计师应对银行对账单的真实性保持警觉，必要时，亲自到银行获取对账单，并对获取过程保持控制；此外，注册会计师还可以观察被审计单位人员登录并操作网银系统导出信息的过程，核对网银界面的真实性，核对网银中显示或下载的信息与提供给注册会计师的对账单中信息的一致性。

（2）对银行对账单及被审计单位银行存款日记账记录进行双向核对，即在选定的账户和期间，从被审计单位银行存款日记账上选取样本，核对至银行对账单，以及自银行对账单中进一步选取样本，与被审计单位银行存款日记账记录进行核对。

（三）取得并检查银行对账单和银行存款余额调节表

（1）取得并检查银行对账单和银行存款余额调节表是证实资产负债表中所列银行存款是否存在的重要程序。

（2）检查调节事项。

调节事项	程序
企收银未收企付银未付	检查收、付款的原始凭证，并检查其是否已在期后银行对账单上得以反映
银收企未收银付企未付	检查收、付款项的内容及金额，确定是否为截止错报

（四）定期存款的实质性程序

（1）对未质押的定期存款，检查开户证实书原件，以防止被审计单位提供的复印件是未质押或未提现前原件的复印件。

（2）对已质押的定期存款，检查定期存单复印件，并与相应的质押合同核对。

（3）函证定期存款相关信息。

通关绿卡

命题角度：综合性考查货币资金审计的实务运用。

项目	实操要点
库存现金的监盘	（1）对库存现金的监盘最好实施突击性的检查，而不预先告知被审计单位监盘时间。此外，如果监盘日不在资产负债表日，应将监盘金额调整至资产负债表日的金额，并对期间的变动情况实施程序； （2）库存现金存放部门有两处或两处以上的，可以考虑同时进行盘点； （3）监盘范围一般包括被审计单位各部门经管的所有现金
对文件真实性和完整性存有疑虑	（1）如果对被审计单位银行对账单的真实性存有疑虑，注册会计师可以在被审计单位的协助下亲自到银行获取银行对账单，而不应直接依赖被审计单位管理层提供的资料； （2）注意检查银行账户开立、变更和注销清单的完整性； （3）如果对被审计单位银行账户的完整性存有疑虑，注册会计师应亲自前往中国人民银行或基本存款账户开户行查询并打印《已开立银行结算账户清单》，而不应直接依赖被审计单位管理层提供的资料

续表

项目	实操要点
银行函证	注册会计师应当对银行存款、借款及与金融机构往来的其他重要信息实施函证程序，除非有充分证据表明某一银行存款、借款及与金融机构往来的其他重要信息对财务报表不重要且与之相关的重大错报风险很低。此外，举例说明银行存款及其他信息"不重要且风险很低"的情况：被审计单位持有某一社保专用账户，交易发生额和期末余额均不重大，且社保专用账户在一定的监管条件下开设和使用，重大错报风险很低，可能满足函证的豁免条件
测试银行对账单和日记账	注意辨析不同的测试方向所能实现的不同审计目标。从银行对账单之中选取样本，与银行存款日记账记录进行核对，能够测试银行账户交易入账的完整性；反之，能够测试银行账户交易入账的准确性
测试银行存款余额调节表	不仅需要检查调节后的余额是否一致，还应检查调节事项。例如，对于"企付银未付"项目，检查该笔付款是否已在期后银行对账单上得以反映

第四模块

集团审计

● 本模块轮换考查主观题和客观题，预计在2024年涉及2~5分。本模块涵盖了与集团审计有关的一系列考点，对应《打好基础》一书的第十六章。

他没有去想没有实现梦想的代价，他只想，他不可能只为生活而生活，他渴望一种不同的生活，即使这生活充满了战斗和磨难。

本模块的知识结构如下图所示。

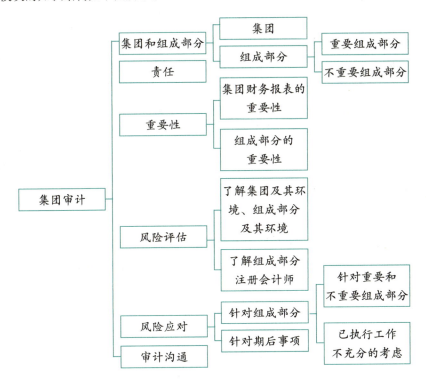

飞越必刷题：116

1分

组成部分和重要组成部分

第**47**记

（一）集团和组成部分

（1）集团是指由所有组成部分构成的整体，所有组成部分的财务信息包括在集团财务报表中。

（2）组成部分指集团的某一实体或某项业务活动，其财务信息由集团或组成部分管理层编制并包括在集团财务报表中。

（二）重要组成部分

类别	财务重大性	特别风险
定义	单个组成部分对集团具有财务重大性	由于单个组成部分的特定性质或情况，可能存在导致集团财务报表发生重大错报的特别风险
确定方法	（1）集团项目组可以将选定的基准乘以某一百分比，以协助识别对集团具有财务重大性的单个组成部分； （2）适当的基准可能包括集团资产、负债、现金流量、利润总额或营业收入； （3）通常可能认为超过选定基准15%的组成部分是重要组成部分	如果某些组成部分由于其特定性质或情况，可能存在特别风险，该特别风险可能导致集团财务报表发生重大错报，例如： （1）从事外汇交易； （2）执行特殊退货安排； （3）从事远期外汇合同交易； （4）使用衍生工具进行交易； （5）存在大量过时存货

通关绿卡

命题角度：考查组成部分的定义、类别及其确定方法。

（1）有关组成部分的定义。第一，组成部分指集团的某一实体或某项业务活动，而不仅仅等同于法律实体的概念，因此事业部、战略群组、分公司等也可能属于组成部分。第二，组成部分不仅限于集团控制的子公司和孙公司等，还包括合营企业、联营企业和其他被投资实体等。

（2）有关组成部分的类别及其确定方法（涉及简答题）。第一，集团审计可能选定多个基准，只要某一组成部分的财务数据超过任一选定基准的15%，即构成财务重大性的重要组成部分。第二，"可能存在导致集团财务报表发生重大错报的特别风险"这一表述要全面、准确，而不要简略为"存在特别风险"。同时，需要熟悉导致上述特别风险的情形。第三，在确定组成部分的类型时，需要注意同时考虑"财务重大性"和"特别风险"两项标准，尤其避免在判断某一组成部分不具有"财务重大性"之后就直接得出"该组成部分不属于重要组成部分"的结论。第四，如果某一组成部分同时满足了两项标准而被确定为重要组成部分，注册会计师在后续进行风险应对时，需要注意不能仅针对相关特别风险设计和实施审计程序，而忽视了针对"财务重大性"的组成部分实施全面审计的要求。

集团审计的责任

（一）集团项目组的责任

集团项目组对整个集团财务报表审计工作及审计意见负全部责任，这一责任不因利用组成部分注册会计师的工作而减轻。

（二）对出具审计报告的要求

（1）注册会计师对集团财务报表出具的审计报告不应提及组成部分注册会计师，除非法律法规另有规定；

（2）如果法律法规要求在审计报告中提及组成部分注册会计师，审计报告应当指明，这种提及并不减轻集团项目合伙人及其所在的会计师事务所对集团审计意见承担的责任；

（3）如果因未能就组成部分财务信息获取充分、适当的审计证据，导致集团项目组在对集团财务报表出具的审计报告中发表非无保留意见，集团项目组需要在导致形成保留/无法表示意见的基础部分中说明不能获取充分、适当审计证据的原因。此时不应提及组成部分注册会计师，除非法律法规另有规定，并且这样做对充分说明情况是必要的。

（三）评价集团审计范围受到的限制

限制来源	处理方法
重要组成部分	如果无法获取充分、适当的审计证据，需要考虑对审计意见的影响
不重要组成部分	仍有可能获取充分、适当的审计证据；例如，对于按权益法核算的组成部分，集团项目组拥有其整套财务报表和审计报告，并能接触集团管理层拥有的与该组成部分相关的信息，则可能认为已构成充分、适当的审计证据

集团审计的重要性

飞越必刷题：112、117、176

（一）集团财务报表整体的重要性

在制定集团总体审计策略时，集团项目组应确定集团财务报表整体的重要性。

（二）组成部分的重要性

1.组成部分重要性

维度	内容
制定方	如果组成部分注册会计师对组成部分财务信息实施审计或审阅，基于集团审计目的，集团项目组为这些组成部分确定组成部分重要性
制定金额	为将未更正和未发现错报的汇总数超过集团财务报表整体重要性的可能性降至适当的低水平，需要将组成部分重要性设定为低于集团财务报表整体的重要性

续表

维度	内容
制定要求	（1）在确定组成部分重要性时，无须采用将集团财务报表整体重要性按比例分配的方式； （2）对不同组成部分确定的重要性的汇总数，有可能高于集团财务报表整体重要性； （3）如果仅计划在集团层面对某组成部分实施分析程序，则无须为该组成部分确定重要性

2.组成部分实际执行的重要性

维度	内容
制定方	在审计组成部分财务信息时，组成部分注册会计师（或集团项目组）需要确定组成部分层面实际执行的重要性
评价	如果基于集团审计目的，由组成部分注册会计师对组成部分财务信息执行审计工作，集团项目组应当评价在组成部分层面确定的实际执行的重要性的适当性

（三）明显微小错报的临界值

维度	内容
制定方	集团项目组需要针对集团财务报表设定明显微小错报临界值
实务运用	组成部分注册会计师需要将在组成部分财务信息中识别出的超过这个临界值的错报通报给集团项目组

◀ ◀ ◀ **通关绿卡**

命题角度：考查集团审计重要性的制定要求（涉及简答题）。

（1）有关组成部分重要性的制定情形。第一，不仅是对组成部分财务信息实施审计工作，如果组成部分注册会计师对组成部分财务信息实施审阅工作，基于集团审计目的，集团项目组也需要为其确定组成部分重要性。第二，集团项目组并不需要为所有重要组成部分确定组成部分重要性。如果注册会计师仅计划对导致集团财务报表存在特别风险的重要组成部分实施特定审计程序，则无须为其确定组成部分重要性。例如，如果可能存在存货过时的特别风险，对于持有大量过时存货的组成部分，集团项目组可以针对存货计价实施或要求组成部分注册会计师实施指定的审计程序，此时，实施程序的结果将直接在集团财务报表层面予以评价，而无需制定和采用组成部分的重要性。第三，如果仅计划在集团层面对某组成部分实施分析程序（此时该组成部分是不重要组成部分），无须为该组成部分确定重要性。这里"仅分析"是"无须确定重要性"的前提。换言之，如果对不重要的组成部分实施审计或审阅，仍需要为其确定组成部分重要性。

（2）有关组成部分重要性的制定金额。组成部分重要性应设定为低于集团财务报表整体的重要性。这里是"低于"，而非"小于等于"或"不高于"。换言之，组成部分重要性设定为等于集团财务报表整体重要性的做法是错误的。

（3）有关组成部分重要性的制定要求。无须将集团财务报表整体重要性按比例分配。此处"无须"的含义是审计准则并不要求注册会计师采用这一方式，但在实务中，注册会计师如果采用按比例分配的方式，理论上也可以被接受。注册会计师既可以直接将集团财务报表整体重要性按比例分配，也可以乘以某一系数或扩大某一倍数后再按比例分配。但需要注意，按比例分配后得出的各个组成部分重要性应当低于集团财务报表整体的重要性。

（4）有关组成部分实际执行的重要性的制定要求。如果基于集团审计目的，由组成部分注册会计师确定组成部分层面实际执行的重要性，集团项目组应当评价其确定的适当性。

（5）有关错报通报的要求。组成部分注册会计师向集团项目组通报错报的临界值是集团项目组针对集团财务报表设定的明显微小错报临界值。

集团审计的风险评估

第**50**记 ②分

飞越必刷题：113、118～119

（一）了解集团及其环境、集团组成部分及其环境

注册会计师应当通过了解被审计单位及其环境，识别和评估财务报表重大错报风险，集团项目组应当了解的事项包括：

（1）在业务承接或保持阶段获取信息的基础上，进一步了解集团及其环境、集团组成部分及其环境，包括集团层面控制；

（2）了解合并过程，包括集团管理层向组成部分下达的指令。如果对合并过程执行工作的性质、时间安排和范围基于集团层面控制的有效运行，或者仅实施实质性程序不足，集团项目组应当亲自测试或要求组成部分注册会计师代为测试集团层面控制运行的有效性。

（二）了解组成部分注册会计师

1.对注册会计师的要求

（1）只有当基于集团审计目的，计划要求由组成部分注册会计师执行组成部分财务信息的相关工作时，集团项目组才需要了解组成部分注册会计师；

（2）如果集团项目组计划仅在集团层面对某些组成部分实施分析程序，就无须了解这些组成部分注册会计师。

2.应当了解的内容

（1）组成部分注册会计师是否了解并将遵守与集团审计相关的职业道德要求，特别是独立性要求；

（2）组成部分注册会计师是否具备专业胜任能力；

（3）集团项目组参与组成部分注册会计师工作的程度是否足以获取充分、适当的审计证据；

（4）组成部分注册会计师是否处于积极的监管环境中。

3.对组成部分注册会计师疑虑的处理

（1）对组成部分注册会计师与集团审计相关的职业道德、专业胜任能力和集团项目组参与组成部分注册会计师工作的程度是否足以获取充分适当的审计证据存有重大疑虑，集团项目组应就组成部分财务信息获取充分、适当的证据，而不应要求组成部分注册会计师执行相关工作。

（2）如组成部分注册会计师不符合集团审计的独立性，集团项目组不能通过参与组成部分注册会计师的工作、实施追加的风险评估程序或进一步审计程序，以消除组成部分注册会计师不具有独立性的影响。

（3）集团项目组可以通过参与组成部分注册会计师的工作、实施追加的风险评估程序或进一步审计程序，消除对其专业胜任能力的非重大疑虑，或未处于有效监管的影响。

◀ ◀ ◀ **通关绿卡**

命题角度：考查了解组成部分注册会计师的内容和疑虑处理（涉及简答题）。

两种情形下，集团项目组可以通过参与组成部分注册会计师的工作来消除疑虑，包括对专业胜任能力的非重大疑虑（缺乏专门的行业知识）和组成部分未处于积极有效的监管环境。详细全面的总结见下表。

维度	对组成部分注册会计师的疑虑	结论
"职业道德"	重大疑虑	亲自实施
	不符合集团审计的独立性要求	亲自实施
"专业胜任能力"	重大疑虑	亲自实施
	非重大疑虑 （缺乏专门的行业知识）	可以参与
"集团项目组仅通过参与而非 亲自审计是否可行"	重大疑虑	亲自实施
"监管环境"	未处于积极有效监管	可以参与

2分 **集团审计的风险应对**

第**51**记

飞越必刷题：114、120～121、176

（一）针对评估的风险采取的应对措施

集团项目组应当确定由其亲自执行或由组成部分注册会计师代为执行的工作的类型。

1.对组成部分执行工作

组成部分类型		程序
重要组成部分	财务重大性	由集团项目组或组成部分注册会计师运用该组成部分重要性对该组成部分财务信息实施审计
	特别风险	执行下列一项或多项工作： （1）使用组成部分重要性对该组成部分实施审计； （2）针对与可能导致集团财务报表发生重大错报的特别风险相关的一个或多个账户余额、一类或多类交易或披露事项实施审计； （3）针对可能导致集团财务报表发生重大错报的特别风险实施特定的审计程序
不重要组成部分		集团项目组应当在集团层面实施分析程序

2.已执行工作不能提供充分、适当审计证据

应选择某些不重要的组成部分执行下列一项或多项工作：

（1）使用该组成部分重要性对组成部分实施审计；

（2）对一个或多个账户余额、一类或多类交易或披露实施审计；

（3）使用组成部分重要性对组成部分实施审阅；

（4）实施特定程序。

3.参与组成部分注册会计师的工作

（1）对注册会计师的要求。

参与类型		要求和考虑因素
重要组成部分	风险评估程序	集团项目组应当参与组成部分注册会计师实施的风险评估程序，以识别导致集团财务报表发生重大错报的特别风险，包括： ①与组成部分注册会计师或组成部分管理层讨论对集团而言重要的组成部分业务活动； ②与组成部分注册会计师讨论舞弊或错误导致组成部分财务信息发生重大错报的可能性； ③复核组成部分注册会计师对识别出的导致集团财务报表发生重大错报的特别风险形成的审计工作底稿

续表

参与类型		要求和考虑因素
重要组成部分	应对特别风险	集团项目组应当评价针对识别出的特别风险拟实施的进一步审计程序的恰当性；根据对组成部分注册会计师的了解，集团项目组应当确定是否有必要参与进一步审计程序，考虑因素包括： ①组成部分的重要程度； ②识别出的导致集团财务报表发生重大错报的特别风险； ③集团项目组对组成部分注册会计师的了解
不重要组成部分		集团项目组仍可能决定参与组成部分注册会计师的风险评估

（2）参与的方式。

①与组成部分管理层或组成部分注册会计师会谈，获取对组成部分及其环境的了解；

②复核组成部分注册会计师总体审计策略和具体审计计划；

③单独或与组成部分注册会计师共同实施风险评估程序，识别和评估组成部分层面的重大错报风险；

④单独或与组成部分注册会计师共同设计和实施进一步程序；

⑤参加组成部分注册会计师与组成部分管理层的总结和其他重要会议；

⑥复核组成部分注册会计师的审计工作底稿的其他相关部分。

命题角度：考查集团审计的风险应对程序（涉及简答题）。

口诀：

（1）针对具有"特别风险"的重要组成部分，注册会计师可以执行的三项工作："全面审""局部审"和"特定审"。

（2）参与组成部分注册会计师工作的方式："两会两核走流程"。其中，"两会"指"会谈"和"会议"，"两核"指"复核计划"和"复核底稿"，"走流程"指"风险评估"和"进一步程序"。

（二）针对期后事项的应对措施

（1）如果集团项目组或组成部分注册会计师对组成部分财务信息实施审计，集团项目组或组成部分注册会计师应当实施审计程序，以识别组成部分自组成部分财务报表日至对集团财务报表出具审计报告日之间发生的、可能需要在集团财务报表中调整或披露的事项。

（2）如果组成部分注册会计师执行组成部分财务信息审计之外的工作，集团项目组应当要求组成部分注册会计师告知其注意到的、可能需要在集团财务报表中调整或披露的期后事项。

命题角度1：考查集团审计的风险应对程序（涉及简答题）。

(1) 有关对组成部分执行工作的类型辨析。第一，针对具有"特别风险"的重要组成部分，注册会计师可以在三项工作中选择一项或几项执行。需要特别注意，这里不包括审阅程序。第二，针对不重要组成部分，注册会计师的"最低工作要求"是在集团层面实施分析程序。换言之，在某些情况下，对不重要组成部分执行审计或审阅程序也可能是适当的。此时，注册会计师就需要为不重要组成部分确定重要性。第三，在下列两种情形下，选择某些不重要的组成部分执行相关工作：①集团项目组在执行完所有相关工作后，认为执行的工作不能获取形成集团审计意见所需的充分、适当的审计证据；②集团只包括不重要的组成部分，如果仅测试集团层面控制，并对组成部分财务信息实施分析程序，集团项目组通常不太可能获取形成集团审计意见所需的充分、适当的审计证据。

(2) 有关参与组成部分注册会计师的工作要求。第一，对于重要组成部分，集团项目组应当参与组成部分注册会计师实施的风险评估程序，共包括三项程序。第二，根据对组成部分注册会计师的了解，集团项目组应当确定是否有必要参与进一步审计程序。第三，对于不重要组成部分，集团项目组仍可能决定参与组成部分注册会计师的风险评估程序。

命题角度2：考查集团审计相关工作的执行方。

相关工作	集团项目组还是组成部分注册会计师
了解集团层面的控制和合并过程	集团项目组
确定组成部分重要性	集团项目组
确定组成部分实际执行的重要性	均可
确定集团财务报表实际执行的重要性、明显微小错报临界值	集团项目组
测试集团层面控制运行的有效性	均可
确定对组成部分财务信息执行工作的类型	集团项目组
对不重要的组成部分实施集团层面分析程序	集团项目组

命题角度：考查集团审计相关工作的执行方。

口诀：

(1) 相关工作执行方的判断：集团的事情集团做、指挥的事情集团做、落地的事情都能做。

(2) 集团项目组参与组成部分注册会计师工作的方式：两会两核走流程。

第52记 2分 集团审计的审计沟通

飞越必刷题：115、189

（一）与组成部分注册会计师的沟通

沟通方向	集团→组成部分	组成部分→集团
通报和沟通内容	（1）组成部分应执行的工作和集团项目组对其工作的利用； （2）沟通的形式和内容； （3）配合集团项目组的工作； （4）职业道德和独立性； （5）重要性和临界值； （6）导致集团财务报表发生重大错报的特别风险； （7）集团管理层编制的关联方清单和集团项目组知悉的任何其他关联方	（1）遵守职业道德的情况； （2）是否遵守集团项目组的要求； （3）组成部分财务信息； （4）因违反法律法规可能导致集团报表发生重大错报的信息； （5）达到临界值的未更正错报； （6）管理层偏向的迹象； （7）值得关注的内部控制缺陷； （8）组成部分管理层及其他人员的舞弊或舞弊嫌疑； （9）总体发现、形成的结论和意见等

（二）与集团管理层和治理层沟通

1.与集团管理层的沟通

事项	沟通内容
沟通内控缺陷	确定哪些识别出的内部控制缺陷需要向集团治理层和集团管理层通报。在确定通报的内容时，集团项目组应当考虑： （1）集团项目组识别出的集团层面内部控制缺陷； （2）集团项目组识别出的组成部分层面内部控制缺陷； （3）组成部分注册会计师提请集团项目组关注的内部控制缺陷
沟通舞弊情况	如果集团项目组识别出舞弊或组成部分注册会计师提请集团项目组关注舞弊，或者有关信息表明可能存在舞弊，集团项目组应及时向适当层级的集团管理层通报
沟通组成部分管理层尚未知悉的事项	对于组成部分财务报表产生重要影响但组成部分管理层尚未知悉的事项，集团项目组应当要求集团管理层告知组成部分管理层。 如集团管理层拒绝向组成部分管理层通报，集团项目组应与集团治理层讨论。如事项仍未得到解决，在遵守法律法规和职业准则有关保密要求的前提下，集团项目组应考虑是否建议组成部分注册会计师在该事项得到解决之前，不对组成部分财务报表出具审计报告

2.与集团治理层的沟通

（1）对组成部分财务信息拟执行工作的类型的概述；

（2）在组成部分注册会计师对重要组成部分财务信息拟执行的工作中，集团项目组计划参与其工作的性质的概述；

（3）对组成部分注册会计师工作作出的评价，引起集团项目组对组成部分注册会计师工作质量产生疑虑的情形；

（4）集团审计受到的限制，如接触某些信息受到的限制；

（5）涉及集团管理层、组成部分管理层、在集团层面控制中承担重要职责的员工以及其他人员的舞弊或舞弊嫌疑。

对特殊事项的考虑

● 本模块考查主观题和客观题，考频高、难度高、分值高，预计在2024年涉及8~12分。本模块涵盖了注册会计师对舞弊、会计估计、关联方关系和交易、持续经营假设、首次接受委托时审计期初余额等事项的考虑，对应《打好基础》一书第十三章、十四章和十七章的相关知识点。本模块中，"关联方审计"这一内容（第58~59记）为实质性修订的内容，易考简答题，需重点关注。

勇敢不是不感到害怕，而是感到害怕的时候也能面对困难，毅然决然地前行。

本模块的知识结构如下图所示。

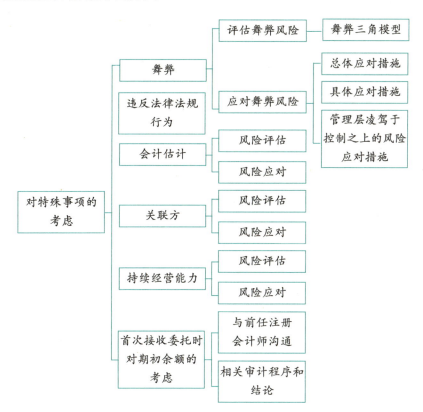

评估舞弊风险

飞越必刷题：122~123

（一）舞弊的相关概念

（1）注册会计师有责任对财务报表整体是否不存在舞弊或错误导致的重大错报获取合理保证；无论是编制虚假财务报告导致的错报，还是侵占资产导致的错报，注册会计师均应当合理保证能够予以发现；

（2）由于审计的固有限制，注册会计师不能对财务报表整体不存在重大错报获取绝对保证；如果在完成审计工作后发现舞弊导致的财务报表重大错报，并不必然表明注册会计师没有遵守审计准则；

（3）舞弊导致的重大错报未被发现的风险，大于错误导致的重大错报未被发现的风险。

（二）风险评估程序和相关活动

1.询问

（1）注册会计师应当询问治理层、管理层、内部审计人员，以确定其是否知悉任何舞弊事实、舞弊嫌疑或舞弊指控；注册会计师还应当询问被审计单位内部的其他人员，如不直接参与财务报告过程的业务人员，拥有不同级别权限的人员，参与生成、处理或记录复杂或异常交易的人员，内部法律顾问，负责道德事务的主管人员和负责处理舞弊指控的人员等。

（2）询问内容。

对象	内容
管理层	①管理层对财务报表可能存在由于舞弊导致的重大错报风险的评估，包括评估的性质、范围和频率等； ②管理层对舞弊风险的识别和应对过程，包括管理层识别出的或注意到的特定舞弊风险，或可能存在舞弊风险的各类交易、账户余额或披露； ③管理层就其对舞弊风险的识别和应对过程向治理层的通报； ④管理层就其经营理念和道德观念向员工的通报
治理层	除非治理层全部成员参与管理被审计单位，注册会计师应当了解： ①治理层如何监督管理层对舞弊风险的识别和应对过程； ②为降低舞弊风险而建立的内部控制； ③是否知悉任何舞弊事实、舞弊嫌疑或舞弊指控

2.评价舞弊风险因素——"舞弊三角模型"

（1）舞弊风险因素存在不一定表明发生了舞弊，但在舞弊发生时通常存在舞弊风险因素。

（2）舞弊风险因素包括动机或压力、机会、态度或借口。

通关绿卡

命题角度：辨析某一情形属于舞弊三角模型的"哪一角"。

根据中注协发布的《构建注册会计师诚信与职业道德体系》所作出的论述，可以从以下方面把握舞弊三角模型的核心要点。

（1）动机，例如获取潜在的经济回报或职业机会；压力，例如来自上级或客户的恐吓或威胁，或者个人经济困难。舞弊的动机或压力一般强调人物由于"想要舞弊"或"不得不舞弊"而产生的自发行为。

（2）机会，例如在无人知道的情况下获利，或者无人对不正确的事情提出质疑。机会是滋生舞弊的温床，为舞弊开启了"便利之门"。舞弊的机会一般强调客观环境的不足，例如公司对资产管理松懈，公司管理层能够凌驾于内部控制之上而可以随意操纵会计记录等。

（3）态度和借口是决定会计师能否坚守诚信的关键因素。例如：否认责任；否认产生伤害；否认受害者的存在，特别是当事人意识到，自己的行为对他人造成伤害时，就声称受害者罪有应得等。借口还可能包括：我值得；我别无选择；我选择现在不去想；其他人正在做同样或更糟糕的事情。舞弊的态度或借口一般强调人物存在某种态度、性格或价值观念，使得其做出不诚实的行为或者将舞弊行为予以合理化。

应对舞弊风险

第54记 1分

飞越必刷题：124、132～133、189

（一）总体应对措施

（1）在分派和督导项目组成员时，考虑承担重要业务职责的项目组成员所具备的知识、技能和能力，并考虑舞弊导致的重大错报风险的评估结果；

（2）评价被审计单位对会计政策（特别是涉及主观计量和复杂交易的会计政策）的选择和运用，是否可能表明管理层通过操纵利润对财务信息作出虚假报告；

（3）在选择审计程序的性质、时间安排和范围时，增加审计程序的不可预见性。

（二）针对舞弊导致的认定层次重大错报风险实施的审计程序

方式	示例
改变拟实施审计程序的性质	对特定资产进行实地观察或检查；设计询证函时，增加交易日期、退货权、交货条款等销售协议的细节；向被审计单位的非财务人员询问销售协议和交货条款的变化等
调整实质性程序的时间安排	在期末或接近期末实施实质性程序；由于涉及不恰当收入确认的舞弊可能已在期中发生，针对本期较早时间发生的交易事项或整个报告期内的交易事项实施实质性程序
调整审计程序的范围	扩大样本规模；在更详细的层次上实施分析程序；利用计算机辅助审计技术对电子交易和会计文档实施更广泛的测试

（三）针对管理层凌驾于控制之上的风险实施的程序

管理层凌驾于控制之上的风险属于特别风险。无论对管理层凌驾于控制之上的风险的评估结果如何，注册会计师都应当设计和实施以下三类审计程序：

（1）测试日常会计核算过程中作出的会计分录以及编制财务报表过程中作出的其他调整是否适当。

①向参与财务报告过程的人员询问与处理分录与调整相关的不恰当或异常的活动；

②选择在报告期末作出的分录与调整；

③考虑是否有必要测试整个会计期间的分录与调整。

（2）复核会计估计是否存在偏向，并评价产生这种偏向的环境是否表明存在由于舞弊导致的重大错报风险。

①评价管理层在作出会计估计时的判断和决策是否反映出某种偏向（即使判断和决策单独看起来是合理的），从而可能表明存在由于舞弊导致的重大错报风险。如果存在偏向，注册会计师应当从整体上重新评价会计估计；

②追溯复核与以前年度财务报表反映的重大会计估计相关的管理层判断和假设。

（3）对于超出被审计单位正常经营过程的重大交易，或基于对被审计单位及其环境的了解以及在审计过程中获取的其他信息而显得异常的重大交易，评价其商业理由（或缺乏商业理由）是否表明被审计单位从事交易的目的是为了对财务信息作出虚假报告或掩盖侵占资产的行为。

记忆口诀

命题角度：考查针对管理层凌驾于控制之上的风险实施的程序。

口诀：凌驾控制有三怕，测试、复核加评价。

释义："测试"指的是会计分录测试，其测试对象包括标准分录、非标准分录和其他调整，还需注意其中的三项子程序。针对程序①，需关注询问的对象是参与财务报告过程的人员，而非管理层。针对程序②，需关注这是一项必要程序，即应当测试报告期末作出的分录与调整。针对程序③，需关注这并非要求注册会计师必须测试整个会计期间的分录与调整，而是需要考虑是否有必要这样做。

第55记 1分 对违反法律法规的考虑

飞越必刷题：125、134

（一）法律法规的概念、类别和相关责任

1.概念

（1）违反法律法规，是指被审计单位、治理层、管理层或者为被审计单位工作或受其指导的其他人，有意或无意违背除适用的财务报告编制基础以外的现行法律法规的行为。

（2）违反法律法规不包括与被审计单位经营活动无关的个人不当行为。

2.法律法规的类别

类型	说明	举例
第一类	对决定财务报表中的重大金额和披露有直接影响的法律法规	(1) 税法； (2) 企业年金相关法律法规等
第二类	(1) 对决定财务报表中的金额和披露没有直接影响的其他法律法规； (2) 遵守这些法律法规对被审计单位的经营活动、持续经营能力或避免大额罚款至关重要； (3) 违反这些法律法规，可能对财务报表产生重大影响	(1) 环境保护法； (2) 经营许可法规； (3) 知识产权法等

3.注册会计师的责任

（1）注册会计师没有责任防止被审计单位违反法律法规行为，也不能期望其发现所有的违反法律法规行为。

（2）针对两类不同的法律法规，注册会计师应当承担不同的责任：

类别	责任
第一类	就被审计单位遵守这些法律法规的规定获取充分、适当的审计证据
第二类	注册会计师的责任仅限于实施特定的审计程序，以有助于识别可能对财务报表产生重大影响的违反这些法律法规的行为。包括：向管理层和治理层询问是否遵守了这些法律法规；检查与许可证颁发机构或监管机构的往来函件

（二）针对违反法律法规行为实施的程序

环节	程序
注意到违反法律法规的行为的相关信息	(1) 了解违反法律法规行为的性质及其发生的环境； (2) 获取进一步的信息，了解潜在财务后果，以评价对财务报表可能产生的影响
怀疑存在违反法律法规行为	(1) 应当就此与适当层级的管理层和治理层进行讨论，因其可能能够提供额外的审计证据； (2) 如果管理层或治理层不能提供充分的信息，可以考虑向被审计单位内部或外部的法律顾问咨询； (3) 如上述咨询不适当或不满意，可以考虑向会计师事务所的法律顾问咨询
评价违反法律法规行为	(1) 评价对风险评估结果和书面声明可靠性的影响； (2) 如管理层或治理层没有采取适合具体情况的补救措施，即使违反法律法规行为对财务报表不重要，如果法律法规允许，也可能考虑是否有必要解除业务约定； (3) 如果不能解除业务约定，可考虑替代方案，包括在审计报告的其他事项段中描述违反法律法规行为

第56记 2分 | **会计估计的风险评估**

飞越必刷题：126、177

（一）会计估计的风险评估程序和相关活动

程序	明细
了解被审计单位及其环境、适用的财务报告编制基础和内部控制体系各要素	（1）可能需要作出会计估计并在财务报表中确认或披露，或者可能导致会计估计发生变化的交易、事项或情况； （2）适用的财务报告编制基础； （3）与被审计单位会计估计相关的监管因素，包括与审慎监管相关的监管框架（如适用）； （4）根据对上述三个方面的了解，注册会计师初步认为应当反映在被审计单位财务报表中的会计估计和相关披露的性质； （5）被审计单位针对与会计估计相关的财务报告过程的监督和治理措施； （6）对是否需要运用与会计估计相关的专门技能或知识，管理层是怎样决策的，以及管理层怎样运用与会计估计相关的专门技能或知识，包括利用管理层的专家的工作； （7）被审计单位如何识别和应对与会计估计相关的风险； （8）被审计单位与会计估计相关的信息系统； （9）在控制活动中识别的、针对管理层对于相关交易类别、账户余额和披露涉及的会计估计和相关披露作出会计估计过程的控制； （10）管理层如何复核以前期间会计估计的结果以及如何应对该复核结果
复核以前期间会计估计的结果或管理层对以前期间会计估计作出的后续重新估计	（1）注册会计师应当复核以前期间会计估计的结果，或者复核管理层对以前期间会计估计作出的后续重新估计（追溯复核），这有助于识别和评估本期的重大错报风险。注册会计师复核的目的不是质疑以前期间依据当时可获得的信息作出的适当判断。 （2）注册会计师可以针对上期财务报表作出的会计估计实施追溯复核，也可以针对若干期间或更短的期间（如每半年或每季度）实施追溯复核

续表

程序	明细
确定是否需要专门技能或知识	当确定项目组是否需要具备专门技能或知识时，注册会计师可能考虑的事项包括： （1）特定业务或行业涉及的会计估计的性质（例如，矿产储量、生物资产、复杂金融工具和保险合同负债）； （2）估计不确定性的程度； （3）使用的方法或模型的复杂性； （4）与会计估计相关的适用的财务报告编制基础的规定的复杂性，包括是否存在容易产生不同解释或会计实务的领域，或者在如何作出会计估计方面存在不一致的领域； （5）注册会计师拟采取的、应对评估的重大错报风险的审计程序； （6）是否需要就适用的财务报告编制基础未明确的事项作出判断； （7）选择数据和假设所需的判断程度； （8）被审计单位作出会计估计时使用信息技术的复杂性和范围

（二）识别和评估会计估计的重大错报风险

1.评价估计不确定性时的考虑因素

（1）适用的财务报告编制基础是否要求：

①使用具有固有高度估计不确定性的方法作出会计估计。例如，财务报告编制基础可能要求使用不可观察的输入值；

②使用具有固有高度估计不确定性的假设（如预测期较长的假设、依据不可观察数据因而管理层难以作出的假设），或者使用相互关联的各种假设；

③披露估计不确定性。

（2）经营环境；

（3）管理层是否有可能（或在适用的财务报告编制基础允许的情况下，是否可行）：

①对过去交易的未来实现情况（如根据或有合同条款将支付的金额），或者未来事项或情况的发生和影响（如未来信用损失的金额，或保险索赔的结算金额和结算时间）作出准确和可靠的预测；

②获取关于当前状况的准确和完整的信息（如用于作出公允价值估计的、反映财务报表日市场参与方观点的估值属性信息）。

2.特别风险

注册会计师对固有风险的评估结果（包括考虑会计估计涉及估计不确定性的程度，或者受到复杂性、主观性和其他固有风险因素影响的程度），有助于注册会计师确定识别和评估的重大错报风险是否为特别风险。

第57记 2分 会计估计的风险应对

飞越必刷题：135～137、177～178

（一）基本程序（根据风险导向审计理论而设计和实施的审计程序）

1.注册会计师的进一步审计程序

注册会计师的进一步审计程序的性质、时间安排和范围会受到下列因素的影响：

（1）评估的重大错报风险。评估的重大错报风险影响所需审计证据的说服力，并影响注册会计师对审计会计估计方法的选择。

（2）形成评估的重大错报风险的依据。

2.注册会计师拟信赖控制运行有效性时实施的审计程序

在确定与会计估计相关的控制测试的性质、时间安排和范围时，注册会计师可以考虑下列因素：

（1）交易的性质、频率和数量；

（2）控制的设计有效性（包括控制的设计是否适当，以应对评估的固有风险）以及治理效力；

（3）特定控制对总体控制目标和被审计单位已建立的流程的重要性，包括支持交易的信息系统的复杂程度；

（4）对控制的监督以及已识别的内部控制缺陷；

（5）控制旨在应对的风险的性质（例如，是与运用判断相关的控制，还是针对支持性数据的控制）；

（6）控制活动所涉及人员的胜任能力；

（7）执行控制活动的频率；

（8）执行控制活动的证据。

3.注册会计师为应对特别风险实施的审计程序

对于与会计估计相关的特别风险，如果拟信赖针对该风险实施的控制，注册会计师应当在本期测试这些控制运行的有效性。如果针对特别风险实施的程序仅为实质性程序，这些程序应当包括细节测试。针对与会计估计相关的特别风险的细节测试可能包括：

（1）检查，例如，检查合同以佐证条款或假设；

（2）重新计算，例如，核实模型计算的准确性；

（3）检查所使用的假设与支持性文件（如第三方公布的信息）是否相符。

（二）专门程序（为审计会计估计而设计和实施的审计程序）

1.从截至审计报告日发生的事项获取审计证据

如果进一步审计程序包括从截至审计报告日发生的事项获取审计证据，注册会计师应当评价这些审计证据是否充分、适当，以应对与会计估计相关的重大错报风险。在某些情况下，从截至审计报告日发生的事项获取审计证据可能提供充分、适当的审计证据以应对重大错报风险。

2.测试管理层如何作出会计估计

（1）评价管理层使用的方法。

（2）评价管理层使用的重大假设。

（3）评价管理层使用的数据。

（4）评价管理层作出的会计估计。

3.作出注册会计师的点估计或使用注册会计师的区间估计

（1）适用情形。

当存在下列情形时，注册会计师作出点估计或区间估计以评价管理层的点估计以及与估计不确定性相关的披露，可能是适当的方法：

①注册会计师对管理层在上期财务报表中作出的类似事项的会计估计进行复核后认为管理层本期的会计估计过程预期是无效的；

②被审计单位针对作出会计估计过程的控制没有得到有效设计或恰当执行；

③管理层在需要考虑财务报表日至审计报告日之间发生的交易或事项时未予以恰当考虑，且这些交易或事项似乎与管理层的点估计相互矛盾；

④存在适当的替代性假设或数据来源，能够被用于作出注册会计师的点估计或区间估计；

⑤管理层没有采取适当的措施以了解和应对估计不确定性。

（2）对所使用方法、假设或数据的考虑。

无论使用的是管理层的方法、假设或数据，还是注册会计师的方法、假设或数据，注册会计师均应当就这些方法、假设或数据，设计和实施进一步审计程序。

注册会计师可以采用下列方法作出点估计或区间估计：

①使用与管理层的模型不同的模型，如公开出售供特定部门或行业使用的模型，或专有的模型，或注册会计师自行开发的模型；

②使用管理层的模型，但使用有别于管理层使用的假设或数据来源的替代性假设或数据来源；

③使用注册会计师的自有方法，但使用有别于管理层使用的假设的替代性假设；

④雇用或聘请在专门领域具有专长的人员开发或运用模型，或者提供相关假设；

⑤考虑其他类似的交易、事项或情况，或者类似的资产或负债的市场（如相关）。

（3）对作出区间估计的要求。

如果注册会计师作出区间估计，注册会计师应当：

①确定区间估计范围内的金额均有充分、适当的审计证据支持，并根据适用的财务报告编制基础中的计量目标和其他规定，确定区间估计范围内的金额均是合理的；

②针对所评估的、与估计不确定性的披露有关的重大错报风险，设计和实施进一步审计程序，以获取充分、适当的审计证据。

（三）其他相关审计程序

1.关注与会计估计相关的披露

（1）针对管理层作出的、与估计不确定性相关的披露，注册会计师需要考虑适用的财务报告编制基础的规定。

（2）当会计估计涉及高度估计不确定性时，注册会计师可能确定有必要作出额外披露以实现财务报表的公允反映。如果管理层没有在财务报表中作出额外披露，注册会计师可能认为财务报表存在重大错报。

2.获取书面声明

注册会计师应当要求管理层和治理层（如适用）就以下事项提供书面声明：根据适用的财务报告编制基础有关确认、计量或披露的规定，管理层和治理层（如适用）作出会计估计和相关披露时使用的方法、重大假设和数据是适当的。

3.识别可能存在管理层偏向的迹象

（1）管理层主观地认为环境已经发生变化，并相应地改变会计估计或估计方法；

（2）管理层选择或作出重大假设或数据以产生有利于管理层目标的点估计；

（3）选择带有乐观或悲观倾向的点估计。

（四）确定会计估计的合理性或错报

在确定管理层的点估计和相关披露是合理的还是存在错报时，注册会计师可以考虑具体情况作出职业判断：

（1）当审计证据支持区间估计时，区间可能较大，且在某些情况下可能数倍于财务报表整体的重要性。尽管较大的区间在具体情况下可能是适当的，但这可能表明注册会计师有必要重新考虑是否已就区间估计范围内的金额的合理性获取充分、适当的审计证据。

（2）审计证据支持的点估计可能不同于管理层的点估计。在这种情况下，注册会计师的点估计与管理层的点估计之间的差异构成错报。

（3）审计证据支持的区间估计可能不包括管理层的点估计。在这种情况下，错报为管理层的点估计与注册会计师的区间估计之间的最小差异。

通关绿卡

命题角度1：考查审计会计估计的实务操作（涉及简答题）。

（1）有关会计估计的金额变化与会计差错的辨析。第一，分析思路是注册会计师需要判断被审计单位在作出会计估计时，是否已经充分考虑了该时点的所有必要、合理信息。如是，会计估计的结果带来的金额差异并不表明此前的会计估计存在错报；如否，属于核算有误，相关金额存在错报。综上所述，会计估计的结果与财务报表中原来已确认或披露的金额之间存在差异，并不必然表明财务报表存在错报。第二，解题时，还需要熟悉常见的会计估计情形，包括存货跌价准备的计提、长期资产和商誉减值损失的计提、金融资产信用减值损失的计提、预计负债的估计、各类资产和负债公允价值的计量、履约进度的估计、折旧和摊销的方法及年限等。第三，被审计单位对会计估计作出变更时，首先需要验证其变更的合理性以及是否构成错报，而非在未评估变更合理性的情况下，直接探讨变更后的会计处理。

（2）有关复核以前期间会计估计的结果。第一，注册会计师复核的目的不是质疑上期依据当时可获得的信息而作出的判断，也不是为了确定上期财务报表是否不存在重大错报，而是为了在本期审计中进行风险评估。第二，注册会计师也可以实施追溯复核，并运用职业判断决定复核的期间是哪一个或哪几个期间，以及相关期间的长度。

（3）有关会计估计相关的特别风险。第一，在确定是否构成特别风险时，注册会计师考虑的是固有风险的评估结果，而不考虑控制风险。影响固有风险的因素包括考虑会计估计涉及估计不确定性的程度，或者受到复杂性、主观性和其他固有风险因素影响的程度。由此还可知，与会计估计相关的重大错报风险并不必然构成特别风险，注册会计师在实务中需要运用职业判断。第二，如果针对特别风险实施的程序仅为实质性程序，这些程序应当包括细节测试。

（4）有关在审计会计估计时利用专家的工作。第一，专家应具备胜任能力、专业素质和客观性，缺一不可。第二，对专家的工作，不应"拿来主义"，需要评价其工作的恰当性。

（5）有关注册会计师的点估计或区间估计。第一，无论方法、假设或数据源于管理层还是注册会计师，注册会计师均应当就这些方法、假设或数据，设计和实施进一步审计程序，加以验证。第二，如果注册会计师作出区间估计，注册会计师应当确定区间估计范围内的金额均是合理的。第三，较大的区间（如数倍于财务报表整体的重要性）不必然是不适当的，但注册会计师有必要重新考虑区间内金额的合理性。第四，注册会计师的点估计（得到审计证据支持）与管理层的点估计之间的差异构成错报，管理层的点估计与注册会计师的区间估计（得到审计证据支持）之间的最小差异构成错报。同时，包含在注册会计师区间估计内的管理层的点估计不属于错报，不能与其他错报相互抵销。

命题角度2：考查商誉减值审计的实务操作（涉及简答题）。

（1）有关商誉减值存在的重大错报风险情形。包括：①管理层没有按照企业会计准则的要求至少于每年年度终了进行减值测试。②管理层没有充分识别与商誉相关的资产组或资产组组合的减值迹象，或因存在并购重组相关方业绩补偿承诺等情况而忽视对减值迹象的评估。③管理层没有将商誉合理分摊至资产组或资产组组合，或不同年度管理层对分摊进行了调整但不具备合理理由或未在财务报表附注中作出充分披露。④管理层专家的工作结果对于商誉减值测试而言不恰当，而管理层直接采用了该工作结果。

（2）有关审计程序的关注要点。包括：①注册会计师应予以关注并对以前年度商誉减值测试涉及的管理层重大判断和假设执行追溯复核。②注册会计师需要对注册会计师专家的工作的恰当性进行评价。③当被审计单位以预计未来现金流量现值确定可收回金额时，注册会计师测试管理层选择和运用的数据。④注册会计师需要评估管理层确定可收回金额的方法的合理性。

关联方的风险评估

2分

第58记

飞越必刷题：127、138~139、179~180

（一）风险评估程序和相关工作

1.询问管理层

注册会计师应当向管理层询问下列事项：

（1）关联方的名称和特征，包括关联方自上期以来发生的变化；

（2）被审计单位和关联方之间关系的性质；

（3）被审计单位在本期是否与关联方发生交易，如发生，交易的类型、定价政策和目的。

2.了解与关联方关系及其交易相关的控制

如果管理层建立了与关联方关系及其交易相关的控制，注册会计师应当获取对相关控制的了解。了解关联方关系及其交易相关控制，注册会计师询问关联方关系的对象除管理层外还包括：

（1）治理层成员；

（2）负责生成、处理或记录超出正常经营过程的重大交易的人员，以及对其进行监督或监控的人员；

（3）内部审计人员；

（4）内部法律顾问；

（5）负责道德事务的人员。

3.在检查记录或文件时对关联方信息保持警觉

注册会计师应当检查下列记录或文件，以确定是否存在管理层以前未识别或未向注册会计师披露的关联方关系或关联方交易：

（1）注册会计师实施审计程序时获取的银行和律师的询证函回函；

（2）股东会和治理层会议的纪要；

（3）注册会计师认为必要的其他记录或文件。

4.关注超出正常经营过程的交易

（1）超出正常经营过程的交易的示例包括：①复杂的股权交易，如公司重组或收购；②与处于公司法制不健全的国家或地区的境外实体之间的交易；③对外提供厂房租赁或管理服务，而没有收取对价；④具有异常大额折扣或退货的销售业务；⑤循环交易，如售后回购交易；⑥在合同期限届满之前变更条款的交易。

（2）实施的程序：如果识别出被审计单位超出正常经营过程的重大交易，注册会计师应当向管理层询问这些交易的性质以及是否涉及关联方。注册会计师针对超出正常经营过程的重大交易的性质所进行的询问，涉及了解交易的商业理由、交易的条款和条件。

5.项目组内部分享与关联方有关的信息

在整个审计过程中，注册会计师应当与项目组其他成员分享获取的关联方的相关信息。例如：

（1）关联方的名称和特征；

（2）关联方关系及其交易的性质；

（3）可能被确定为存在特别风险的重大或复杂的关联方关系或关联方交易，特别是涉及管理层或治理层财务利益的交易。

（二）识别和评估重大错报风险

1.一般要求

注册会计师应当识别和评估关联方关系及其交易导致的重大错报风险，并确定这些风险是否为特别风险。

2.超出被审计单位正常经营过程的重大关联方交易导致的重大错报风险

注册会计师应当将识别出的、超出被审计单位正常经营过程的重大关联方交易导致的风险确定为特别风险。

3.关联方施加的支配性影响导致的重大错报风险或舞弊风险

（1）关联方否决管理层或治理层作出的重大经营决策。

（2）重大交易需经关联方的最终批准。

（3）对关联方提出的业务建议，管理层和治理层未曾或很少进行讨论即获得通过。

（4）对涉及关联方（或与关联方关系密切的家庭成员）的交易，管理层与治理层极少进行独立复核和批准。

关联方的风险应对

第**59**记 2分

飞越必刷题：128、140、179～180

（一）识别出超出正常经营过程的重大关联方交易

1.检查相关合同或协议

注册会计师应当评价：

（1）交易的商业理由（或缺乏商业理由）是否表明被审计单位从事交易的目的可能是为了对财务信息作出虚假报告或为了隐瞒侵占资产的行为。

（2）交易条款是否与管理层的解释一致。如果管理层的解释与关联方交易条款存在重大不一致，注册会计师需要考虑管理层对其他重大事项作出的解释和声明的可靠性。

（3）关联方交易是否已按照适用的财务报告编制基础得到恰当会计处理和披露。

2.获取交易已经恰当授权和批准的审计证据。

（1）如果超出正常经营过程的重大关联方交易经恰当授权和批准，可以为注册会计师提供审计证据，表明该项交易已在被审计单位内部的适当层面进行了考虑，并在财务报表中恰当披露了交易的条款和条件。

（2）授权和批准本身不足以就是否不存在由于舞弊或错误导致的重大错报风险得出结

论，原因在于如果被审计单位与关联方串通舞弊或关联方对被审计单位具有支配性影响，被审计单位与授权和批准相关的控制可能是无效的。

（3）如果存在未经授权和批准的这类交易，且注册会计师与管理层或治理层进行讨论后仍未获取合理解释，可能表明存在舞弊或错误导致的重大错报风险。在这种情况下，注册会计师可能需要对其他类似性质的交易保持警觉。

记忆口诀

命题角度：考查针对"超重关"的审计程序。

口诀：检查合同或协议，获取授权和审批。

（二）具有支配性影响的关联方导致的舞弊风险

注册会计师还可以实施下列审计程序，以了解关联方与被审计单位直接或间接建立的业务关系，并确定是否有必要实施进一步的恰当的实质性程序：

（1）询问管理层和治理层并与之讨论；

（2）询问关联方；

（3）检查与关联方之间的重要合同；

（4）通过互联网或某些外部商业信息数据库，进行适当的背景调查；

（5）如果被审计单位保留了员工的举报报告，查阅该报告。

（三）识别出以前未识别或未披露的关联方或重大关联方交易

如果识别出管理层以前未识别出或未向注册会计师披露的关联方关系或重大关联方交易，注册会计师应当：

（1）立即将相关信息向项目组其他成员通报；

（2）在适用的财务报告编制基础对关联方作出规定的情况下，要求管理层识别与新识别出的关联方之间发生的所有交易，以便注册会计师作出进一步评价，并询问与关联方关系及其交易相关的控制为何未能识别或披露该关联方关系或交易；

（3）对新识别出的关联方或重大关联方交易实施恰当的实质性程序；

（4）重新考虑可能存在管理层以前未识别出或未向注册会计师披露的其他关联方或重大关联方交易的风险，如有必要，实施追加的审计程序；

（5）如果管理层不披露关联方关系或交易看似是有意的，因而显示可能存在由于舞弊导致的重大错报风险，评价这一情况对审计的影响。

（四）对关联方交易是否按照等同于公平交易中的通行条款执行的认定

（1）如果管理层在财务报表中作出认定，声明关联方交易是按照等同于公平交易中通行的条款执行的，注册会计师应当就该项认定获取充分、适当的审计证据。

（2）注册会计师获取以下方面的审计证据：确定关联方交易是按照公平交易的价格执行的；确定关联方交易的其他条款和条件（如信用条款、或有事项以及特定收费等）是否与独立各方之间通常达成的交易条款相同。

（五）获取书面声明

如果适用的财务报告编制基础对关联方作出规定，注册会计师应当向管理层和治理层获取下列书面声明：

（1）已经向注册会计师披露了全部已知的关联方名称和特征、关联方关系及其交易；

（2）已经按照适用的财务报告编制基础的规定，对关联方关系及其交易进行了恰当的会计处理和披露。

通关绿卡

命题角度：考查审计关联方的实务操作（涉及简答题）。

（1）有关关联方的风险评估。第一，了解相关内部控制是注册会计师应当实施的程序，但了解内部控制并不足以得出内部控制运行有效的结论，进而也不足以据此支持减少实质性程序样本量的做法。第二，关注与关联方有关的风险类型，属于"未识别和未披露"的风险、"信息披露不公允"的风险还是"超重关"的风险等，以判断注册会计师风险应对程序是否恰当。例如，针对怀疑某一实体是被审计单位未披露的关联方时，注册会计师应考虑实施的程序是背景调查，而非检查相关销售交易的验收单。

（2）有关与关联方审计相关的程序补写。第一，风险评估阶段，询问管理层的内容。第二，应对"超重关"风险的具体程序。第三，为确定是否存在未披露的关联方关系或关联方交易，而需要检查的文件记录。第四，相关书面声明的内容。

（3）有关公平交易的识别和处理。第一，除了评价关联方交易的价格是否按照类似公平交易的价格执行，还需要重点关注信用条款、对产品的质量要求等其他条款和条件是否公平合理。第二，如果关联方交易是基于交易双方的特殊身份才得以发生，且使得交易一方明显的、单方面的从中获益，则应当按照"实质重于形式"原则，将该交易认定为权益性交易或具有权益性交易的成分。在权益性交易中，形成的利得应计入所有者权益。

（4）有关与关联方有关的特别风险。掌握超出正常经营过程的交易的常见情形；针对"超重关"交易，结合对特别风险实施控制测试、实质性程序的要求，综合分析和判断。

第**60**记 〔1分〕

持续经营能力的风险评估

飞越必刷题：129、190

（一）对持续经营假设的责任

（1）注册会计师的责任是就管理层在编制和列报财务报表时运用持续经营假设的适当性获取充分、适当的审计证据，并就持续经营能力是否存在重大不确定性得出结论。

（2）即使财务报告编制基础没有明确要求管理层作出专门评估，注册会计师仍然存在这种责任。

（3）注册会计师未在审计报告中提及持续经营能力的不确定性，不能被视为对被审计单位持续经营能力的保证。

（二）持续经营能力的风险评估程序和相关活动

1.评价重大疑虑

评价角度	示例
财务方面	（1）净资产为负或营运资金出现负数； （2）定期借款即将到期，预期不能展期或偿还；或过度依赖短期借款为长期资产筹资； （3）存在债权人撤销财务支持的迹象； （4）历史或预测性财务报表表明经营活动的现金流量净额为负数； （5）关键财务比率不佳； （6）发生重大经营亏损或用以产生现金流量的资产价值大跌； （7）拖欠或停止发放股利； （8）在到期日无法偿还债务； （9）无法履行借款合同的条款； （10）与供应商由赊购变为货到付款； （11）无法获得开发必要新产品或进行其他必要投资所需的资金
经营方面	（1）管理层计划清算被审计单位或终止经营； （2）关键管理人员离职且无人替代； （3）失去主要市场、关键客户、特许权、执照或主要供应商； （4）出现用工困难； （5）重要供应短缺； （6）出现非常成功的竞争者
其他方面	（1）违反有关资本或其他法定要求； （2）未决诉讼或监管程序，可能导致无法支付索赔金额； （3）法律法规或政府政策的变化预期会产生不利影响； （4）对发生的灾害未购买保险或保额不足

2.对注册会计师的要求

（1）某些措施通常可以减轻这些事项或情况的严重性，此时注册会计师不一定会得出无法持续经营的结论。

（2）因持续经营问题导致的重大错报风险，与财务报表整体广泛相关，从而会影响多项认定，注册会计师应当在整个审计过程中保持警觉。

持续经营能力的风险应对

飞越必刷题：141~142

（一）评价管理层对持续经营能力作出的评估

1.管理层评估涵盖的期间

（1）注册会计师的评价期间应与管理层按照规定作出评估的涵盖期间相同。

（2）管理层对持续经营能力的合理评估期间应是自财务报表日起的下一个会计期间。

（3）如果管理层评估持续经营能力涵盖的期间短于自财务报表日起的十二个月，注册会计师应当提请管理层将其至少延长至自财务报表日起的十二个月。

2.管理层的评估及支持性分析

维度	内容
评价责任	纠正管理层缺乏分析的错误不是注册会计师的责任
评价程序	在某些情况下，管理层缺乏详细分析以支持其评估，可能不妨碍注册会计师确定管理层运用持续经营假设是否适合具体情况；如被审计单位具有盈利经营的记录并很容易获得财务支持，管理层不需要详细分析就可能作出评估，注册会计师可能无须详细评价就可以得出结论
信息来源	注册会计师应当考虑管理层作出的评估是否已考虑所有相关信息，包括实施审计程序获取的信息

（二）评价超出管理层评估期间的事项或情况

（1）注册会计师应当询问管理层是否知悉超出评估期间的、可能导致对持续经营能力产生重大疑虑的事项或情况；除询问管理层外，注册会计师没有责任实施其他任何审计程序。

（2）考虑更远期间发生的事项或状况时，只有持续经营迹象达到重大时，注册会计师才需要考虑采取进一步措施，并提请管理层评价其潜在重要性。在这种情况下，注册会计师应当通过实施追加的审计程序，获取充分、适当的审计证据，以确定是否存在重大不确定性。

（三）识别出事项或情况时实施追加的审计程序

注册会计师应当通过实施追加的审计程序，获取充分、适当的审计证据，以确定是否存在重大不确定性。程序包括：

（1）如果管理层尚未对被审计单位持续经营能力作出评估，提请其进行评估；

（2）评价管理层与持续经营能力评估相关的未来应对计划，这些计划的结果是否可能改善目前的状况，以及管理层的计划对于具体情况是否可行；

（3）如果被审计单位已编制现金流量预测，且对预测的分析是评价管理层未来应对计划时所考虑的事项或情况的未来结果的重要因素，评价用于编制预测的基础数据的可靠性，并确定预测所基于的假设是否具有充分的支持；

（4）考虑自管理层作出评估后是否存在其他可获得的事实或信息；

（5）要求管理层和治理层（如适用）提供有关未来应对计划及其可行性的书面声明。

通关绿卡

命题角度：考查考虑持续经营假设的实务操作。

（1）有关识别导致对持续经营假设产生重大疑虑的情形。这一类问题难度较低，结合上述表格熟悉常见情形，并关注其中的细节表述。同时，如果被审计单位存在因持续经营问题导致的重大错报风险，应将其识别为财务报表层次的重大错报风险。

（2）有关评价管理层对持续经营能力作出的评估。第一，管理层评估涵盖的期间不应短于自财务报表日起的十二个月；如果不足，注册会计师应当请管理层将其至少延长至自财务报表日起的十二个月。第二，不应忽视对管理层的未来应对计划的可行性的评估。第三，应当考虑管理层作出的评估是否已考虑所有相关信息，其中包括注册会计师实施审计程序获取的信息。

（3）有关对"超期事项"的考虑。除询问管理层外，注册会计师没有责任实施其他任何审计程序，除非持续经营事项的迹象达到重大。持续经营事项的迹象达到重大时，题目中通常会给出一些提示，例如，即将发布的法律法规和监管要求将对被审计单位的经营业务产生巨大冲击等。

（4）有关审计报告的相关内容（涉及简答题）。结合第六模块，掌握与持续经营假设有关的审计报告意见类型。

第62记 [2分] 首次接受委托时与前任注册会计师的沟通

飞越必刷题：143～145、181

（一）前后任注册会计师的定义

1.前任注册会计师的定义

（1）当被审计单位变更会计师事务所时（正在进行变更或已经变更），前任注册会计师通常是指：

①已对上期财务报表发表了审计意见的某会计师事务所的注册会计师（委托人不再续聘，或会计师事务所拒绝接受续聘）；

②接受委托但未完成审计工作的某会计师事务所的注册会计师（委托人已经解聘或拟解聘，或会计师事务所提出辞聘）。

（2）委托人可能在相邻两个会计年度连续变更多家会计师事务所，甚至在本期财务报表审计过程中也变更会计师事务所。在这些情况下，前任注册会计师是指为上期财务报表出具了审计报告的注册会计师以及之后接受委托对本期财务报表进行审计但未完成审计工作的所有其他会计师事务所的注册会计师。

（3）如果上期财务报表仅经过代编或审阅，执行代编或审阅业务的注册会计师不能视为前任注册会计师。

2.后任注册会计师的定义

（1）当被审计单位变更会计师事务所时（正在进行变更或已经变更），后任注册会计师通常是指：

①在签订审计业务约定书之前，正在考虑接受委托的注册会计师；

②在签订审计业务约定书之后，已接受委托接替前任注册会计师执行财务报表审计业务的注册会计师。

（2）前任注册会计师和后任注册会计师是就会计师事务所发生变更时的情况而言的。在未发生会计师事务所变更的情况下，同处于某一会计师事务所的不同注册会计师不属于前任注册会计师和后任注册会计师的范畴。

3.重新审计业务中的前任注册会计师和后任注册会计师

在这种情况下，之前对已审计财务报表发表审计意见的注册会计师应视为前任注册会计师，而正在考虑接受委托或已经接受委托的注册会计师应视为后任注册会计师。

（二）沟通的要求

1.总体要求

维度	要点
发起方	后任注册会计师负有主动沟通的义务
前提	需要征得被审计单位的同意
方式	可以采用书面或口头的方式
记录	后任注册会计师应当将沟通的情况记录于审计工作底稿
要求	前后任注册会计师应当对沟通过程中获知的信息保密； 即使未接受委托，后任注册会计师仍应履行保密义务

2.接受委托前的沟通

（1）性质和内容。

维度	要点
目的	确定是否接受委托
必要性	与前任注册会计师进行沟通，是后任注册会计师在接受委托前应当执行的必要审计程序
内容	（1）是否发现被审计单位管理层存在诚信方面的问题； （2）前任注册会计师与管理层在重大会计、审计等问题上存在的意见分歧； （3）前任注册会计师向被审计单位治理层通报的关于管理层舞弊、违反法律法规行为以及值得关注的内部控制缺陷； （4）前任注册会计师认为导致被审计单位变更会计师事务所的原因

（2）前任注册会计师的答复。

情形	答复要求
一般情况	在被审计单位允许的情况下，前任注册会计师应当对后任注册会计师的合理询问及时做出充分的答复
多家竞标	当多家事务所正在考虑接受委托时，前任注册会计师在被审计单位明确选定后任注册会计师后，才作出答复

（3）被审计单位不同意沟通时的处理。

①如果受到被审计单位的限制或存在法律诉讼的顾虑，决定不向后任注册会计师作出充分答复，前任注册会计师应当向后任注册会计师表明其答复是有限的，并说明原因。如果得到的答复是有限的，或未得到答复，后任注册会计师应当考虑是否接受委托。

②后任注册会计师一般应当拒绝接受委托，除非可以通过其他方式获知必要的事实，或有充分的证据表明被审计单位财务报表的审计风险水平非常低。

3.接受委托后的沟通

（1）非必要程序。

维度	要点
必要性	接受委托后的沟通与接受委托前有所不同，它不是必要程序
方式	最常用、最有效的方式是查阅前任注册会计师的工作底稿

（2）查阅前任注册会计师的工作底稿。

维度	要点
前提	接受委托后，如果需要查阅前任注册会计师的工作底稿，后任注册会计师应当征得被审计单位同意，并与前任注册会计师进行沟通
决策	前任注册会计师所在的会计师事务所可自主决定是否允许后任注册会计师查阅、复印或摘录工作底稿
责任	后任注册会计师不应在审计报告中表明，其审计意见全部或部分地依赖前任注册会计师的审计报告或工作

4.发现前任审计的报表可能存在重大错报

后任注册会计师应当提请被审计单位告知前任注册会计师。

◀ ◀ ◀   **通关绿卡**

命题角度：考查与前任注册会计师沟通的要点。

（1）有关前任注册会计师的定义（涉及简答题）。除上述总结之外，特别提示关注：①如果上期财务报表仅经过代编或审阅，执行代编或审阅业务的注册会计师不能被视为前任注册会计师。②在"换人不换所"的情况下，同处于某一会计师事务所的不同注册会计师不属于前任注册会计师和后任注册会计师的范畴。

（2）有关与前任注册会计师的沟通要求（涉及简答题）。详见下表总结。此外，需要准确记忆接受委托前与前任注册会计师沟通的4项内容。

要点	接受委托前	接受委托后
是否是必要沟通	必要沟通	非必要沟通
是否需征得被审计单位同意	需要	需要
由谁发起	后任注册会计师	后任注册会计师
沟通方式	书面或口头	书面或口头
是否查阅工作底稿	几乎不可能	最有效的方式
是否遵守保密	是	是

◀ ◀ ◀　**记忆口诀**

命题角度：考查与前任注册会计师的沟通要求。

口诀：后任发起、征得同意、书面口头、底稿要记、尚未签约、仍要保密。

第63记 [2分] 首次接受委托时对期初余额的审计

飞越必刷题：130~131、146、181

（一）期初余额的审计程序

1.查阅前任注册会计师的工作底稿

考虑前任注册会计师的独立性和专业胜任能力；如果不具有独立性或者专业胜任能力，则无法通过查阅其审计工作底稿获取有关期初余额的充分、适当的审计证据。

2.评价本期实施的审计程序是否提供了有关期初余额的证据

3.实施其他专门的程序

类别	程序
流动资产和流动负债	通过本期实施的审计程序获取部分审计证据。此外，下列一项或多项审计程序可以为存货期初余额提供充分、适当的审计证据： （1）监盘当前的存货数量并调节至期初存货数量； （2）对期初存货项目的计价实施审计程序； （3）对毛利和存货截止实施审计程序

续表

类别	程序
非流动资产和非流动负债	检查形成期初余额的会计记录和其他信息；在某些情况下，可以通过向第三方函证，或实施追加的审计程序

（二）期初余额审计的审计结论和审计报告

1.审计后不能获取有关期初余额的充分、适当的审计证据

（1）发表适合具体情况的保留意见或无法表示意见；

（2）除非法律法规禁止，对经营成果和现金流量发表保留意见或无法表示意见，而对财务状况发表无保留意见。

2.期初余额存在对本期财务报表产生重大影响的错报

如果错报的影响未能得到正确的会计处理和恰当的列报，注册会计师应当对财务报表发表保留意见或否定意见。

3.会计政策变更对审计报告的影响

如果认为按照适用的财务报告编制基础与期初余额相关的会计政策未能在本期得到一贯运用，或者会计政策的变更未能得到恰当的会计处理或适当的列报与披露，注册会计师应当对财务报表发表保留意见或否定意见。

4.前任注册会计师对上期财务报表发表了非无保留意见

（1）如果前任注册会计师对上期财务报表发表了非无保留意见，并且导致发表非无保留意见的事项对本期财务报表仍然相关和重大，注册会计师应当按照规定对本期财务报表发表非无保留意见。

（2）在某些情况下，导致前任注册会计师发表非无保留意见的事项可能与对本期财务报表发表的意见既不相关也不重大，注册会计师在本期审计时无须因此而发表非无保留意见。

通关绿卡

命题角度：考查期初余额审计的实务操作（涉及简答题）。

（1）有关查阅前任注册会计师工作底稿的要求。需要考虑前任注册会计师的独立性和专业胜任能力；如果不具有独立性或者专业胜任能力，则无法通过查阅其审计工作底稿获取有关期初余额的充分、适当的审计证据。

（2）有关存货期初余额的审计。需要准确记忆3项程序，其中一项或多项审计程序可以为存货期初余额提供充分、适当的审计证据。在选择实施上述哪项或哪几项审计程序时，需要保证与期初存货有关的数量和计价的审计证据均已获得。

（3）有关对非流动资产和非流动负债的期初余额的审计。注册会计师可以通过检查形成期初余额的会计记录和其他信息，或者通过实施函证程序，获取相关的审计证据。

第六模块

审计报告

● 本模块考查主观题，预计在2024年涉及5分。本模块总结了与审计报告有关的一系列考点，对应《打好基础》一书第十三章、第十五至十七章和第十九章的相关知识点。本模块考查简答题时，聚焦于在实务案例中对审计意见类型作出职业判断。解题时，需要掌握解题方法和规律，搭建解题模型，避免盲目刷题。根据2023年真题的考情分析结果，本模块考查客观题也成为最新的命题趋势。

世界上最宽阔的是海洋，比海洋更宽阔的是天空，比天空更宽阔的是人的心灵。

本模块的知识结构如下图所示。

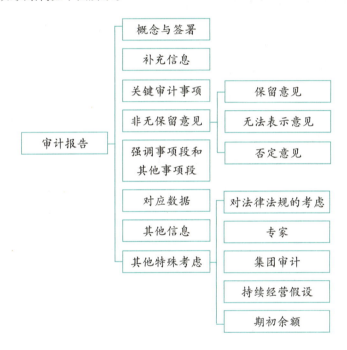

1分

第64记 审计报告和补充信息

飞越必刷题：147、149

（一）审计报告日的概念

审计报告日不应早于注册会计师获取充分、适当的审计证据（包括管理层认可对财务报表的责任且已批准财务报表的证据），并在此基础上对财务报表形成审计意见的日期。

（二）审计报告的签署要求

（1）在实务中，注册会计师在正式签署审计报告前，通常把审计报告草稿和已审计财务报表草稿一同提交给管理层。如果管理层批准并签署已审计财务报表，注册会计师即可签署审计报告。

（2）注册会计师签署审计报告的日期通常与管理层签署已审计财务报表的日期为同一天，或晚于管理层签署已审计财务报表的日期。

（三）补充信息的列报

（1）注册会计师应当评价被审计单位是否清楚地将不构成报表必要组成部分的补充信息与已审计财务报表予以区分。

（2）如果被审计单位未能予以清楚区分，注册会计师应当要求管理层改变未审计补充信息的列报方式。如果管理层拒绝改变，注册会计师应当在审计报告中说明补充信息未审计。

（3）对于适用的财务报告编制基础没有要求的补充信息，如果由于其性质和列报方式导致不能使其清楚地与已审计财务报表予以区分，从而构成财务报表必要的组成部分，这些补充信息应当涵盖在审计意见中。

关键审计事项

第65记　2分

飞越必刷题：150～151、182

（一）确定关键审计事项的决策框架

1.以"与治理层沟通过的事项"为起点选择关键审计事项

2.从"与治理层沟通的事项"中确定"在执行审计工作时重点关注过的事项"

（1）评估的重大错报风险较高的领域或识别出的特别风险；

（2）与财务报表中涉及重大管理层判断（包括被认为具有高度估计不确定性的会计估计）的领域相关的重大审计判断；

（3）当期重大交易或事项对审计的影响。

3.从"在执行审计工作时重点关注过的事项"中确定哪些事项对本期财务报表审计"最为重要"，从而构成关键审计事项

（1）该事项对预期使用者理解财务报表整体的重要程度，尤其是对财务报表的重要性；

（2）与该事项相关的会计政策的性质或者与同行业其他实体相比，管理层在选择适当的会计政策时涉及的复杂程度或主观程度；

（3）从定性和定量方面考虑，与该事项相关的舞弊或错误导致的已更正错报和累积未更正错报（如有）的性质和重要程度；

（4）为应对该事项所需要付出的审计努力的性质和程度；

（5）在实施审计程序、评价实施审计程序的结果、获取相关和可靠的审计证据以作为发表审计意见的基础时，注册会计师遇到的困难的性质和严重程度，尤其是当注册会计师的判断变得更加主观时；

（6）识别出的与该事项相关的控制缺陷的严重程度；

（7）该事项是否涉及数项可区分但又相互关联的审计考虑。例如，长期合同的收入确认、诉讼或其他或有事项等方面，可能需要重点关注，并且可能影响其他会计估计。

（二）关键审计事项的数量

（1）"最为重要的事项"并不意味着只有一项；

（2）需要在审计报告中包含的关键审计事项的数量可能受被审计单位规模和复杂程度、业务和经营环境的性质，以及审计业务具体事实和情况的影响；

（3）最初确定为关键审计事项的事项越多，注册会计师越需要重新考虑每一事项是否符合关键审计事项的定义。

（三）沟通关键审计事项

1.在审计报告中单设关键审计事项部分

关键审计事项是注册会计师根据职业判断，认为对本期财务报表审计最为重要的事项；关键审计事项的应对以对财务报表整体进行审计并形成审计意见为背景，注册会计师对财务报表整体形成审计意见，而不对关键审计事项单独发表意见。

2.关键审计事项的披露要求

情形	披露要求
一般要求	在关键审计事项部分披露的关键审计事项是已经得到满意解决的事项，既不存在审计范围受到限制，也不存在注册会计师与被审计单位管理层意见分歧的情况
不存在需要沟通的关键审计事项	如果根据被审计单位和审计业务的具体事项和情况，注册会计师确定不存在需要沟通的关键审计事项，则可以在审计报告单设的关键审计事项部分表述为"我们确定不存在需要在审计报告中沟通的关键审计事项"
	仅有的需要沟通的关键审计事项是导致发表保留意见或否定意见的事项，或者是可能导致对被审计单位持续经营能力产生重大疑虑的事项或情况存在重大不确定性，注册会计师可以在审计报告单设的关键审计事项部分表述为"除形成保留（否定）意见的基础部分或与持续经营相关的重大不确定性部分所描述的事项外，我们确定不存在其他需要在审计报告中沟通的关键审计事项"
无法表示意见的要求	如果对财务报表发表无法表示意见，注册会计师不得在审计报告中沟通关键审计事项，除非法律法规要求沟通
与强调事项段或其他事项段的区分	如果注册会计师认为有必要在审计报告中增加强调事项段或其他事项段，审计报告中的强调事项段或其他事项段需要与关键审计事项部分分开列示。如果某事项被确定为关键审计事项，则不能以强调事项或其他事项代替对关键审计事项的描述

3.描述单一关键审计事项

维度	要点
描述内容	注册会计师应当在审计报告中逐项描述每一关键审计事项，并同时说明： （1）该事项被认定为审计中最为重要的事项之一，因而被确定为关键审计事项的原因； （2）该事项在审计中是如何应对的
描述要求	（1）在描述时，注册会计师还应当分别索引至财务报表的相关披露； （2）不包含或暗示对财务报表单一要素单独发表的意见

（四）对原始信息的考虑

（1）原始信息是指与被审计单位相关、尚未由被审计单位公布的信息，这些信息是被审计单位管理层和治理层的责任。例如，未包含在财务报表中、未包含在审计报告日可获取的其他信息或者管理层或治理层的其他口头或书面沟通中，如财务信息的初步公告或投资者简报。

（2）在描述关键审计事项时，注册会计师需要避免不恰当地提供与被审计单位相关的原始信息，对关键审计事项的描述通常不构成有关被审计单位的原始信息。

（3）如果确定这些信息是必要的，注册会计师可以鼓励管理层或治理层披露进一步的信息，而不是在审计报告中提供原始信息。

（五）不沟通关键审计事项的情形

（1）法律法规可能禁止公开披露某事项；

（2）在极其罕见的情况下，合理预期在审计报告中沟通某事项造成的负面后果超过产生的公众利益方面的益处。

通关绿卡

命题角度：考查关键审计事项的实务运用（涉及简答题）。

（1）有关发表审计意见时对关键审计事项的考虑。第一，注册会计师对财务报表整体形成审计意见，不对关键审计事项单独发表意见。例如，在描述关键审计事项时，注册会计师不应采用类似于发表审计意见的表述方式，例如，"……××公司确认的资产减值损失符合企业会计准则的规定，在所有重大方面公允地反映了……"。第二，无法表示意见的审计报告不包括关键审计事项。

（2）有关关键审计事项的描述要求。第一，应当分别索引至财务报表的相关披露（如有）。第二，避免不恰当地提供与被审计单位相关的原始信息。需要注意，在这种情况下作答时，需要指明不应在关键审计事项中提供"原始信息"这一关键词，而不要仅回答"注册会计师不应代行管理层职责而披露信息"等。第三，关键审计事项是已经得到满意解决的事项，具体而言，既不存在审计范围受到限制，也不存在注册会计师与被审计单位管理层意见分歧的情况。

（3）有关关键审计事项与其他审计报告中的段落的辨析。第一，导致非无保留意见的事项、可能导致对被审计单位持续经营能力产生重大疑虑的事项或情况存在重大不确定性，这些事项符合关键审计事项的定义但不在审计报告的关键审计事项部分进行描述。第二，强调事项段和其他事项段的使用不能代替对某项关键审计事项的描述；某一事项已作为关键审计事项披露时，则无须再次在强调事项段和其他事项段中描述。

第66记 [2分] 非无保留意见的确定

飞越必刷题：182～183

（一）非无保留意见的确定方法

导致发生非无保留意见的事项的性质	这些事项对财务报表产生或可能产生影响的广泛性	
	重大且不具有广泛性	重大且具有广泛性
财务报表存在重大错报	保留意见	否定意见
无法获取充分、适当的审计证据	保留意见	无法表示意见

（二）重大性和广泛性

要点	分析
影响的重大性	注册会计师需要从定量和定性两个方面考虑： （1）定量的标准通常是注册会计师确定的财务报表整体的重要性或特定交易类别、账户余额或披露的重要性水平； （2）定性考虑错报是否重大时，注册会计师需要运用判断评估错报的性质是否严重，是否会影响财务报表使用者的经济决策，例如，错报是否是由于舞弊导致的
影响的广泛性	（1）不限于对财务报表的特定要素、账户或项目产生影响； （2）虽然仅对财务报表的特定要素、账户或项目产生影响，但这些要素、账户或项目是或可能是财务报表的主要组成部分； （3）当与披露相关时，产生的影响对财务报表使用者理解财务报表至关重要

命题角度：考查非无保留意见类型的判断（涉及简答题）。

（1）第一步：以"阅读理解"的心态和视角了解题目信息。在题目中，可能涉及不同行业、不同业务以及各类实务场景，有些可能是一般制造业的常规案例，有些可能是其他行业的复杂、小众案例，但无论如何，案例背景仅仅是"外衣"，而题目的本质仍然是对重大错报、审计范围受限、影响的重大性和广泛性等作出判断，切勿受到那些不熟悉的案例背景的干扰。

（2）第二步：判断"重大错报"还是"审计范围受限"。解题时，首先判断是否构成"审计范围受限"。通常，当题目涉及"注册会计师无法取得/无法判断/无法确定/无法估计……"或"管理层未提供……等信息"这一类措辞时，往往属于审计范围受限。反之则更可能属于重大错报。其次需要注意，重大错报可能源自管理层未按照企业会计准则的要求进行恰当的会计处理，还可能源自管理层未按照企业会计准则的要求进行充分披露。通常，当注册会计师向管理层提出审计调整但管理层未予调整或补充披露时，往往属于重大错报。

（3）第三步：判断"重大性"还是"广泛性"。解题时，需要重点关注可能导致广泛性影响的情形，包括：重要子公司相关情况的影响、存在高级管理人员的较大范围舞弊、影响多个财务报表项目的系统性错报或范围受限、影响单一财务报表项目但该项目为财务报表主要组成部分的错报或范围受限、使得被审计单位由盈转亏的错报等。

（4）第四步：给出非无保留意见的类型。需要注意，在审计意见类型可以显著区分的情形下，必须做出准确辨析，而不能给出模棱两可的答案。

强调事项段

飞越必刷题：152、182~183

（一）概念

审计报告的强调事项段是指审计报告中含有的一个段落，该段落提及已在财务报表中恰当列报或披露的事项，根据注册会计师的职业判断，该事项对财务报表使用者理解财务报表至关重要。

（二）增加强调事项段的情形

（1）异常诉讼或监管行动的未来结果存在不确定性。

（2）允许提前应用对报表有重大影响的新会计准则。

（3）存在已经或持续对被审计单位财务状况产生重大影响的特大灾难。

（4）在财务报表日至审计报告日之间发生的重大期后事项。

（三）强调事项段和关键审计事项的关系

（1）强调事项段的使用不能代替对某项关键审计事项的描述。

（2）某一事项可能未被确定为关键审计事项，但根据注册会计师的职业判断，该事项对财务报表使用者理解财务报表至关重要（例如期后事项）。如果认为有必要提请财务报表使用者关注该事项，注册会计师应当将该事项包含在审计报告的强调事项段中。

其他事项段

（一）概念

其他事项段是指审计报告中含有的一个段落，该段落提及未在财务报表中列报或披露的事项，根据注册会计师的职业判断，该事项与财务报表使用者理解审计工作、注册会计师的责任或审计报告相关。

（二）增加其他事项段的情形

（1）与使用者理解审计工作相关的情形，如：由于管理层对审计范围施加的限制导致的影响具有广泛性，注册会计师不能解除业务约定，可以增加其他事项段，解释为何不能解除业务约定；法律法规可能要求注册会计师在审计报告中沟通与计划及范围相关的事项，或者注册会计师可能认为有必要在其他事项段中沟通这些事项。

（2）与使用者理解注册会计师的责任或审计报告相关的情形。

（3）对两套以上财务报表出具审计报告的情形。

（4）限制审计报告分发和使用的情形，说明审计报告只是提供给财务报表预期使用者，不应分发给其他机构或人员或者被其他机构或人员使用。

对应数据

飞越必刷题：153～154

情形	报告类型
总体要求	当财务报表中列报对应数据时，由于审计意见是针对包括对应数据的本期财务报表整体的，审计意见通常不提及对应数据
上期导致非无保留意见的事项仍未解决	（1）如果未解决事项对本期数据的影响或可能的影响是重大的，注册会计师应当在形成非无保留意见的基础部分中同时提及本期数据和对应数据； （2）如果未解决事项对本期数据的影响或可能的影响是不重大的，注册会计师应当说明，由于未解决事项对本期数据和对应数据之间可比性的影响或可能的影响，因此发表了非无保留意见

续表

情形	报告类型
上期财务报表存在重大错报	（1）如果注册会计师已经获取上期财务报表存在重大错报的审计证据，以前对该财务报表发表了无保留意见，且对应数据未经适当重述或恰当披露，注册会计师应当就包括在财务报表中的对应数据，在审计报告中对本期财务报表发表保留意见或否定意见； （2）若对应数据已在本期财务报表中得到适当重述或恰当披露，注册会计师可以在审计报告中增加强调事项段，以描述这一情况，并提及详细描述该事项的相关披露在财务报表中的位置
上期财务报表已由前任注册会计师审计	注册会计师在审计报告中可以提及前任注册会计师的审计报告，并应在其他事项段中说明： （1）上期财务报表已由前任注册会计师审计； （2）前任的意见的类型（如果是非无保留意见，还应当说明理由）； （3）前任注册会计师出具审计报告的日期
上期财务报表未经审计	如上期财务报表未经审计，注册会计师应当在审计报告的其他事项段中说明对应数据未经审计，但这种说明并不减轻注册会计师获取充分、适当的审计证据，以确定期初余额不含有对本期财务报表产生重大影响的错报的责任

其他信息

第70记 **1分**

飞越必刷题：148、182

（一）其他信息的概念

1.其他信息的概念

在被审计单位年度报告中，除包含财务报表和审计报告外的财务信息和非财务信息称为其他信息。

2.年度报告的内容

（1）董事会报告；

（2）公司董事会、监事会及董事、监事、高级管理人员保证年度报告内容的真实、准确、完整，不存在虚假记载、误导性陈述或重大遗漏，并承担个别和连带法律责任的声明；

（3）公司治理情况说明；

（4）内部控制自我评价报告。

3.注册会计师的责任

审计准则对注册会计师设定的责任，不构成对其他信息的鉴证，审计准则也不要求注册会计师对其他信息提供一定程度的保证。

（二）阅读并考虑其他信息

维度	财报类	情况类	非相关类
含义	有部分内容（金额或其他项目）与财务报表中的金额或其他项目相一致，或对其进行概括，或为其提供更详细的信息	注册会计师在审计财务报表过程中，已经针对其了解到一些情况	有部分内容与财务报表或注册会计师在审计中了解到的情况不相关
要求	在阅读时，注册会计师应当将这类其他信息中选取的金额或其他项目与财务报表中的相应金额或其他项目进行比较，应当考虑这些其他信息和财务报表之间是否存在重大不一致	在阅读时，注册会计师应当考虑其与注册会计师在审计中了解到的情况是否存在重大不一致	在阅读时，注册会计师应当对与财务报表或注册会计师在审计中了解到的情况不相关的其他信息中似乎存在重大错报的迹象保持警觉

（三）不同情况下的应对措施

1.当似乎存在重大不一致或其他信息似乎存在重大错报时的应对

如果注册会计师识别出似乎存在重大不一致，或者知悉其他信息似乎存在重大错报，注册会计师应当与管理层讨论该事项，必要时，实施其他程序以确定：

（1）其他信息是否存在重大错报；

（2）财务报表是否存在重大错报；

（3）注册会计师对被审计单位及其环境的了解是否需要更新。

2.当注册会计师认为其他信息存在重大错报时的应对

（1）如果注册会计师认为其他信息存在重大错报，应当要求管理层更正其他信息：

①如果管理层同意作出更正，注册会计师应当确定更正已经完成；

②如果管理层拒绝作出更正，注册会计师应当就该事项与治理层进行沟通，并要求作出更正。

（2）如果注册会计师与治理层沟通后其他信息仍未得到更正，注册会计师应当采取恰当措施：

①考虑对审计报告的影响，并就注册会计师计划如何在审计报告中处理重大错报与治理层进行沟通；

②在相关法律法规允许的情况下，解除业务约定。

（四）其他信息的审计报告

（1）其他信息部分。

如果在审计报告日存在下列两种情况之一，审计报告应当包括一个单独部分，以"其他信息"为标题：

①对于上市实体财务报表审计，注册会计师已获取或预期将获取其他信息；

②对于上市实体以外其他被审计单位的财务报表审计，注册会计师已获取部分或全部其他信息。

（2）注册会计师的审计意见未涵盖其他信息，对其他信息不发表审计意见或任何形式的鉴证结论。

（3）无法表示意见的审计报告不包括其他信息部分。

第71记 2分 | 特殊事项的审计意见

飞越必刷题：155～156、182

（一）对法律法规的考虑

（1）如果认为违反法律法规行为对财务报表具有重大影响，注册会计师应当要求被审计单位在财务报表中予以恰当反映；如未能在财务报表中得到恰当反映，注册会计师应当出具保留意见或否定意见的审计报告。

（2）对来自被审计单位的限制，根据审计范围受到限制的程度，发表保留意见或无法表示意见。

（二）对利用专家工作的考虑

（1）如果注册会计师认为专家的工作不足以实现审计目的，且注册会计师通过实施追加的审计程序，或者通过雇用、聘请其他专家仍不能解决问题，则意味着没有获取充分、适当的审计证据，注册会计师有必要按规定发表非无保留意见。

（2）注册会计师可能有必要与专家达成一致，同意注册会计师将专家工作的结果、结论作为发表非无保留意见的基础。

（三）对集团审计的考虑

如果因未能就组成部分财务信息获取充分、适当的审计证据，导致集团项目组在对集团财务报表出具的审计报告中发表非无保留意见，集团项目组需要在导致非无保留意见的事项段中说明不能获取充分、适当审计证据的原因。除非法律法规要求在审计报告中提及组成部分注册会计师，并且这样做对充分说明情况是必要的，否则不应提及组成部分注册会计师。

（四）对持续经营假设的考虑

（1）持续经营假设适当但存在重大不确定性，如果财务报表对重大不确定性已作出充分披露，注册会计师应当发表无保留意见，并在审计报告中增加以"与持续经营相关的重大不确定性"为标题的单独部分。

（2）在极少数情况下，当存在多项对财务报表整体具有重要影响的重大不确定性时，尽管注册会计师对每个单独的不确定事项获取了充分、适当的审计证据，但由于不确定事项之间可能存在相互影响，以及可能对财务报表产生累积影响，注册会计师可能认为发表无法表示意见而非增加以"与持续经营相关的重大不确定性"为标题的单独部分是适当的。

（3）持续经营假设适当但存在重大不确定性，但财务报表未作出充分披露，注册会计师应当恰当发表保留意见或否定意见。

（4）运用持续经营假设不适当，无论财务报表中对管理层运用持续经营假设的不适当性是否作出披露，注册会计师均应发表否定意见。

（5）如果在具体情况下运用持续经营假设是不适当的，但管理层被要求或自愿选择编制财务报表，则可以采用替代基础（如清算基础）编制财务报表。注册会计师可以对财务报表进行审计，前提是注册会计师确定替代基础在具体情况下是可接受的编制基础。如果财务报表对此作出了充分披露，注册会计师可以发表无保留意见，但也可能认为在审计报告中增加强调事项段是适当或必要的，以提醒财务报表使用者注意替代基础及其使用理由。

（五）对期初余额的考虑

（1）审计后不能获取有关期初余额的充分、适当的审计证据，注册会计师应当发表适合具体情况的保留意见或无法表示意见；除非法律法规禁止，对经营成果和现金流量发表保留意见或无法表示意见，而对财务状况发表无保留意见。

（2）期初余额存在对本期财务报表产生重大影响的错报，如果错报的影响未能得到正确的会计处理和恰当的列报，注册会计师应当对财务报表发表保留意见或否定意见。

（3）如果认为按照适用的财务报告编制基础与期初余额相关的会计政策未能在本期得到一贯运用，或者会计政策的变更未能得到恰当的会计处理或适当的列报与披露，注册会计师应当对财务报表发表保留意见或否定意见。

（4）如果前任注册会计师对上期财务报表发表了非无保留意见，并且导致发表非无保留意见的事项对本期财务报表仍然相关和重大，注册会计师应当按照规定，对本期财务报表发表非无保留意见。

（5）在某些情况下，导致前任注册会计师发表非无保留意见的事项可能与对本期财务报表发表的意见既不相关也不重大，注册会计师在本期审计时无须因此而发表非无保留意见。

通关绿卡

命题角度：考查与持续经营假设有关的审计意见。

（1）有关意见类型的确定。第一，财务报表对重大不确定性已作出充分披露，注册会计师应当发表无保留意见，并在审计报告中增加以"与持续经营相关的重大不确定性"为标题的单独部分，需注意发表这一类意见的前提是存在重大不确定性但已作出充分披露，换言之，未作出充分披露可能构成重大错报，并不适用本意见类型，注册会计师也不能通过增加上述单独部分替代被审计单位管理层披露相关信息。第二，不应使用强调事项段替代"与持续经营相关的重大不确定性"为标题的单独部分。第三，如果被审计单位运用持续经营假设不适当（例如被审计单位已进入清算程序等）且未采用可接受的替代基础，无论财务报表中对管理层运用持续经营假设的不适当性是否作出披露，注册会计师均应发表否定意见。

（2）有关在非无保留意见中的考虑。在保留、否定和无法表示意见的审计报告中，也均有可能增加以"与持续经营相关的重大不确定性"为标题的单独部分。

企业内部控制审计

● 本模块交替性地考查客观题和主观题，预计在2024年涉及3~5分。本模块总结了企业内部控制审计的所有核心考点，对应《打好基础》一书第二十章的相关知识点。本模块提炼和总结的内容均为应试导向的干货，复习时请重点关注。

寂静的光辉平铺的一刻，地上的每一个坎坷都被映照得灿烂。

本模块的知识结构如下图所示。

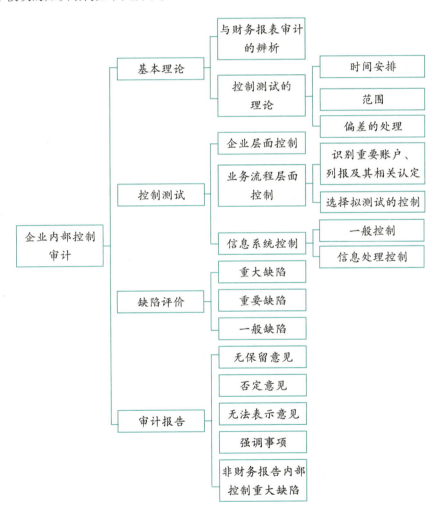

第72记 1分 **企业内部控制审计与财务报表审计的辨析**

飞越必刷题：157、161

维度		财务报表审计	企业内部控制审计
相同点		（1）两者最终目的一致，虽然各有侧重，但最终目的均为提高财务报表预期使用者对财务报表的信赖程度； （2）两者都采用风险导向审计模式； （3）两者运用的重要性水平相同； （4）两者识别的重要账户、列报及其相关认定相同； （5）两者了解与测试内部控制设计和运行有效性的基本方法相同，都可能实施询问、观察、检查以及重新执行等程序	
不同点	对内部控制进行了解和测试的目的	识别、评估和应对重大错报风险，据此确定实质性程序的性质、时间安排和范围	对内部控制的有效性发表审计意见
	测试内部控制运行有效性的范围要求	可能选择采用实质性方案或综合性方案，如果采用实质性方案，注册会计师可以不测试内部控制的运行有效性	针对所有重要账户和列报的每一个相关认定获取控制设计和运行有效性的审计证据，以便对内部控制整体的有效性发表审计意见
	内部控制测试的期间要求	（1）如果注册会计师选择综合性方案，需要获取内部控制在整个拟信赖期间运行有效的审计证据； （2）如果拟信赖的控制自上次测试后未发生变化，且不属于旨在减轻特别风险的控制，可以利用以前审计获取的有关控制运行有效性的审计证据，但每三年至少对控制测试一次	（1）注册会计师对于基准日的内部控制运行有效性发表意见，则仅需要对内部控制在基准日前足够长的时间（可能短于整个审计期间）内的运行有效性获取审计证据； （2）通常，不得采用"每三年至少对控制测试一次"的方法，应当在每一年度中测试内部控制
	对利用以前审计中获取的审计证据的要求	可以在某些方面利用以前审计中获取的有关控制运行有效性的审计证据	除考虑对自动化信息处理控制实施与基准相比较的策略外（完全自动化的控制通常不会因人为失误而失效），注册会计师不能利用以前审计中获取的有关控制运行有效性的审计证据

续表

维度		财务报表审计	企业内部控制审计
不同点	对控制缺陷的评价要求	需要确定识别出的内部控制缺陷单独或连同其他缺陷是否构成值得关注的内部控制缺陷	应当评价识别出的内部控制缺陷是否构成一般缺陷、重要缺陷或重大缺陷
	审计报告的意见类型	包括无保留意见、保留意见、否定意见和无法表示意见四种类型	包括无保留意见、否定意见和无法表示意见三种类型

控制测试的基本理论

飞越必刷题：175

（一）控制测试的时间安排

维度	要点
时间安排方案	在整合审计中测试控制在整个会计年度的运行有效性时： （1）前推测试法：注册会计师可以进行期中测试，然后对剩余期间实施前推测试； （2）分配样本法：将样本分成两部分，一部分在期中测试，剩余部分在临近年末的期间测试
对控制发生变化的考虑	（1）如果注册会计师认为新的控制能够满足控制的相关目标，而且新控制已运行足够长的时间，足以使注册会计师通过实施控制测试评估其设计和运行的有效性，则注册会计师不再需要测试被取代的控制的设计和运行有效性； （2）如果被取代的控制的运行有效性对注册会计师执行财务报表审计时的控制风险评估具有重要影响，注册会计师应当适当地测试这些被取代的控制的设计和运行的有效性
对自动化控制的考虑	如果信息技术一般控制有效且关键的自动化信息处理控制未发生任何变化，注册会计师就不需要对该自动化控制实施前推测试

（二）控制测试的范围

（1）测试人工控制的最小样本规模。

控制运行频率	控制运行的总次数	测试的最小样本规模区间
每年1次	1	1
每季1次	4	2
每月1次	12	2~5
每周1次	52	5~15
每天1次	250	20~40
每天多次	大于250	25~60

（2）测试自动化信息处理控制的最小样本规模。

在信息技术一般控制有效的前提下，除非系统发生变动，注册会计师或其专家可能只需要对某项自动化信息处理控制的每一相关属性进行一次系统查询以检查其系统设置，即可得出所测试自动化信息处理控制是否运行有效的结论。

（三）发现偏差时的处理

（1）注册会计师应当考虑偏差的性质及数量，如果发现的控制偏差是系统性偏差或人为有意造成的偏差，注册会计师应当考虑舞弊的可能迹象以及对审计方案的影响。

（2）当测试发现一项控制偏差，且该偏差不是系统性偏差时，注册会计师可以扩大样本规模进行测试。如果测试后再次发现偏差，则注册会计师可以得出该控制无效的结论；如果扩大样本规模没有再次发现偏差，则注册会计师可以得出控制有效的结论。

识别、了解和测试企业层面控制

第74记 1分

飞越必刷题：158、175

（一）企业层面控制的内容

（1）与控制环境（即内部环境）相关的控制；

（2）针对管理层和治理层凌驾于控制之上的风险而设计的控制；

（3）被审计单位的风险评估过程；

（4）对内部信息传递和期末财务报告流程的控制；

（5）对控制有效性的内部监督（即监督其他控制的控制）和内部控制评价；

（6）集中化的处理和控制（包括共享的服务环境）、监控经营成果的控制以及针对重大经营控制及风险管理实务的政策。

（二）企业层面控制对其他控制及其测试的影响

（1）不同的企业层面控制在性质和精确度上存在差异，注册会计师对企业层面控制的评价，可能增加或减少本应对其他控制所进行的测试。

（2）与控制环境相关的控制，对及时防止或发现并纠正相关认定的错报的可能性有间接的重要影响，可能影响注册会计师拟测试的其他控制及其对其他控制所执行程序的性质、时间安排和范围。

（3）某些企业层面控制能够监督其他控制的有效性，但本身并非精确到足以及时防止或发现相关认定的重大错报。当这些控制运行有效时，注册会计师可以减少对其他控制的测试。

（4）某些企业层面控制本身能够精确到足以及时防止或发现并纠正相关认定的错报。如果一项企业层面控制足以应对已评估的重大错报风险，注册会计师可能就不必测试与该风险相关的其他控制。

识别重要账户、列报及其相关认定

第75记 1分

飞越必刷题：159

（一）概念

注册会计师应当从定性和定量两个方面作出评价。

维度	要求
定性	考虑固有风险或舞弊风险
定量	（1）超过财务报表整体重要性的账户，通常被认定为重要账户； （2）一个账户或列报的金额超过财务报表整体重要性，不必然表明其属于重要账户或列报

（二）考虑因素

（1）在识别重要账户、列报及其相关认定时，注册会计师还应当确定重大错报的可能来源。

（2）在识别重要账户、列报及其相关认定时，注册会计师不应考虑控制的影响，因为内部控制审计的目标本身就是评价控制的有效性。

（3）如果某账户或列报的各组成部分存在的风险差异较大，被审计单位可能需要采用不同的控制以应对这些风险，注册会计师应当分别予以考虑。

（4）以前年度审计中了解到的情况影响注册会计师对固有风险的评估，因而应当在确定重要账户、列报及其相关认定时加以考虑。

（5）在内部控制审计中，注册会计师在识别重要账户、列报及其相关认定时应当评价的风险因素，与财务报表审计中考虑的因素相同。因此，在这两种审计中识别的重要账户、列报及其相关认定应当相同。

第76记 1分 选择拟测试的控制

（一）基本要求

（1）注册会计师应当针对每一相关认定获取控制有效性的审计证据，以便对内部控制整体的有效性发表意见，但没有责任对单项控制的有效性发表意见。

（2）识别和了解控制时注册会计师没有必要测试与某项相关认定有关的所有控制。

（3）在确定是否测试某项控制时，注册会计师应当考虑该项控制单独或连同其他控制，是否足以应对评估的某项相关认定的错报风险。

（二）选取关键控制

（1）注册会计师应当选择对形成内部控制审计意见有重大影响的控制，在选取关键控制时，需要作出职业判断。

（2）注册会计师无须测试即使有缺陷也合理预期不会导致财务报表重大错报的控制。

第77记 1分 业务流程、应用系统或交易层面的控制的测试

（一）了解企业经营活动和业务流程

（1）注册会计师可以通过检查被审计单位的手册和其他书面指引获得有关信息，还可以通过询问和观察来获得全面的了解。

（2）注册会计师可以检查并在适当的情况下保存部分被审计单位文件（如流程图、程序手册、职责描述、文件、表格等）的复印件，可以考虑在图表及流程图上加入自己的文字表述。注册会计师需要记录以下信息：①输入信息的来源；②所使用的重要数据档案，如客户清单；③重要的处理程序，包括在线输入和更新处理；④重要的输出文件、报告和记录；⑤基本的职责划分。

（二）识别和了解相关控制

（1）控制的类型包括预防性控制和检查性控制。

（2）应首先询问级别较高的人员，再询问级别较低的人员；从级别较低人员处获取的信息，应向级别较高的人员核实其完整性。

（3）注册会计师并不需要了解与每一控制目标相关的所有控制；控制与认定直接或间接相关，关系越间接，控制对防止或发现并纠正认定错报的效果越小，注册会计师应考虑识别和了解与认定关系更直接、更有效的控制。

第78记 [1分] 信息系统控制的测试

飞越必刷题：189

（一）信息技术一般控制测试

（1）信息技术一般控制包括程序开发、程序变更、程序和数据访问以及计算机运行四个方面。

（2）由于程序变更控制、计算机运行控制及程序数据访问控制影响信息处理控制的持续有效运行，注册会计师需要对上述三个领域实施控制测试。

（二）信息处理控制测试

（1）信息处理控制一般要经过输入、处理及输出等环节，与人工控制一样，自动化信息处理控制同样关注信息处理目标的四个要素：完整性、准确性、经过授权和访问限制。

（2）所有的信息处理控制都会有一个人工控制与之相对应，在测试的时候，每个自动化信息处理控制都要与其对应的人工控制一起进行测试，才能得到控制是否可信赖的结论。

第79记 [1分] 评价控制缺陷的严重程度

飞越必刷题：160、162

（一）控制缺陷严重程度的影响因素

因素	要点
发生错报的可能性	是指控制不能防止或发现并纠正账户或列报发生错报的可能性的大小： （1）控制缺陷的严重程度与错报是否发生无关，而取决于控制不能防止或发现并纠正错报的可能性的大小； （2）评价控制缺陷是否可能导致错报时，注册会计师无须将错报发生的概率量化为某特定的百分比或区间； （3）注册会计师应当确定，对于同一重要账户、列报及其相关认定或内部控制要素产生影响的各项控制缺陷，组合起来是否构成重大缺陷
潜在错报的金额	是指因一项或多项控制缺陷导致的潜在错报的金额大小： （1）在评价因一项或多项控制缺陷导致的潜在错报的金额大小时，注册会计师应当考虑的因素包括：①受控制缺陷影响的财务报表金额或交易总额。②在本期或预计的未来期间受控制缺陷影响的账户余额或各类交易涉及的交易量； （2）在评价潜在错报的金额大小时，账户余额或交易总额的最大多报金额通常是已记录的金额，但其最大少报金额可能超过已记录的金额

（二）对补偿性控制的考虑

（1）在确定一项控制缺陷或多项控制缺陷的组合是否构成重大缺陷时，注册会计师应当评价补偿性控制的影响。

（2）在评价补偿性控制是否能够弥补控制缺陷时，注册会计师应当考虑补偿性控制是否有足够的精确度，以防止或发现并纠正可能发生的重大错报。

（三）表明可能存在重大缺陷的迹象

（1）注册会计师发现董事、监事和高级管理人员的任何舞弊；

（2）被审计单位重述以前公布的财务报表，以更正舞弊或错误导致的重大错报；

（3）注册会计师发现当期财务报表存在重大错报，而被审计单位内部控制在运行过程中未能发现该错报；

（4）审计委员会和内部审计机构对内部控制的监督无效。

（四）内部控制缺陷整改及评价

（1）如果被审计单位在基准日前对存在缺陷的控制进行整改，整改后的控制需要运行足够长的时间，才能使注册会计师得出其是否有效的审计结论。

（2）如果被审计单位在基准日前对存在重大缺陷的内部控制进行了整改，但新控制尚没有运行足够长的时间，注册会计师应当将其视为内部控制在基准日存在重大缺陷。

（五）审计沟通

（1）对于重大缺陷和重要缺陷，注册会计师应当以书面形式与管理层和治理层沟通。书面沟通应当在注册会计师出具内部控制审计报告之前进行。

（2）注册会计师应当以书面形式与管理层沟通其在审计过程中识别的所有其他内部控制缺陷，并在沟通完成后告知治理层。在进行沟通时，注册会计师无须重复自身、内部审计人员或被审计单位其他人员以前书面沟通过的控制缺陷。

（3）虽然并不要求注册会计师执行足以识别所有控制缺陷的程序，但是，注册会计师应当沟通其注意到的内部控制的所有缺陷。内部控制审计不能保证注册会计师能够发现严重程度低于重大缺陷的所有控制缺陷。注册会计师不应在内部控制审计报告中声明，在审计过程中没有发现严重程度低于重大缺陷的控制缺陷。

第80记 1分 内部控制审计报告类型

飞越必刷题：163～165

（一）无保留意见的内部控制审计报告

如果符合下列所有条件，注册会计师应当对内部控制出具无保留意见的内部控制审计报告：

（1）在基准日，被审计单位按照适用的内部控制标准的要求，在所有重大方面保持了有效的内部控制；

（2）注册会计师已经按照《企业内部控制审计指引》的要求计划和实施审计工作，在审计过程中未受到限制。

（二）否定意见的内部控制审计报告

1.适用情形

如果认为内部控制存在一项或多项重大缺陷，除非审计范围受到限制，注册会计师应当对内部控制发表否定意见。

2.对企业内部控制评价报告的考虑

（1）如果重大缺陷尚未包含在企业内部控制评价报告中，注册会计师应当在内部控制审计报告中说明重大缺陷已经识别、但没有包含在企业内部控制评价报告中。

（2）如果企业内部控制评价报告中包含了重大缺陷，但注册会计师认为这些重大缺陷未在所有重大方面得到公允反映，注册会计师应当在内部控制审计报告中说明这一结论，并公允表达有关重大缺陷的必要信息。

3.对财务报表审计意见的影响

如果对财务报表发表的审计意见受到影响，注册会计师应当在内部控制审计报告的导致否定意见的事项段中增加以下类似说明："在××公司××年财务报表审计中，我们已经考虑了上述重大缺陷对审计程序的性质、时间安排和范围的影响。"

（三）无法表示意见的内部控制审计报告

1.适用情形

如果审计范围受到限制，注册会计师应当解除业务约定或出具无法表示意见的内部控制审计报告。

2.法律法规的豁免规定

（1）如果法律法规的相关豁免规定允许被审计单位不将某些实体纳入内部控制的评价范围，注册会计师可以不将这些实体纳入内部控制审计的范围，这种情况不构成审计范围受到限制，但应当在内部控制审计报告中增加强调事项段，或者在注册会计师的责任段中作出恰当陈述。

（2）注册会计师应当评价相关豁免是否符合法律法规的规定，以及被审计单位针对该项豁免作出的陈述是否适当。如果认为被审计单位有关该项豁免的陈述不恰当，注册会计师应当提请其作出适当修改。如果被审计单位未作出恰当修改，注册会计师应当在内部控制审计报告的强调事项段中说明被审计单位的陈述需要修改的理由。

3.沟通和说明

（1）注册会计师不应在内部控制审计报告中指明所执行的程序，也不应描述内部控制审计的特征，以避免误解。

（2）如果在已执行的有限程序中发现内部控制存在重大缺陷，注册会计师应当在内部控制审计报告中对重大缺陷作出详细说明。

（四）强调事项

如果存在下列情况，注册会计师应当考虑在内部控制审计报告中增加强调事项段：

（1）企业内部控制评价报告对要素的列报不完整或不恰当，注册会计师应当在内部控制审计报告中增加强调事项段，说明这一情况并解释得出该结论的理由。

（2）注册会计师知悉在基准日并不存在但在期后期间发生的事项，且这类期后事项对内部控制有重大影响，注册会计师应当在内部控制审计报告中增加强调事项段，描述该事项及其影响，或提醒内部控制审计报告使用者关注企业内部控制评价报告中披露的该事项及其影响。

（五）非财务报告内部控制重大缺陷

对于审计过程中注意到的非财务报告内部控制缺陷，如果确定该项非财务报告内部控制缺陷为重大缺陷的，注册会计师应当在内部控制审计报告中增加非财务报告内部控制重大缺陷描述段，对重大缺陷的性质及其对实现相关控制目标的影响程度进行披露，提示内部控制审计报告使用者注意相关风险，但无须对其发表审计意见。

通关绿卡

命题角度：考查企业内部控制审计的实务运用（涉及简答题）。

（1）有关前推测试。第一，注册会计师可以进行期中测试，然后对剩余期间实施前推测试，不应由于任何借口或不恰当的理由取消前推测试。第二，如果信息技术一般控制有效且关键的自动化信息处理控制未发生任何变化，注册会计师就不需要对该自动化控制实施前推测试。但是，如果注册会计师在期中对重要的信息技术一般控制实施了测试，则通常还需要对其实施前推程序。

（2）有关测试人工控制的最小样本规模。在根据控制运行频率确定最小样本规模时，不能机械性地根据被审计单位的表面描述（例如"每多久1次"）加以确定，还需要结合执行这些控制的人员情况、涉及的单据数量等，计算实质上控制运行的总次数。

（3）有关偏差的处理。只有一项控制偏差不是系统性偏差时，注册会计师才可以扩大样本规模进行再次测试。

（4）有关识别重要账户、列报及其相关认定。第一，如果某账户或列报的各明细项目存在的风险差异较大且采用不同的控制以应对这些风险，注册会计师应当分别予以考虑。第二，识别时，不应考虑控制的影响。第三，整合审计的情况下，两种审计中识别的重要账户、列报及其相关认定应当相同。

（5）有关控制缺陷的评价。在确定一项控制缺陷或多项控制缺陷的组合是否构成重大缺陷时，注册会计师应当评价补偿性控制的影响，包括是否具有补偿性控制和补偿性控制是否具有足够的精确度等。

（6）有关审计意见。第一，没有保留意见的内部控制审计意见类型。第二，注册会计师知悉在基准日并不存在但在期后期间发生的事项，且这类期后事项对内部控制有重大影响，注册会计师应当在内部控制审计报告中增加强调事项段。需注意，此处增加强调事项段的前提之一是"在基准日并不存在"，如果某项对内部控制有重大影响的事项在基准日已经存在，注册会计师需要评价其是否构成重大缺陷。第三，对于审计过程中注意到的非财务报告内部控制重大缺陷，应在内部控制审计报告中增加非财务报告内部控制重大缺陷描述段，而非强调事项段，同时，无须对其发表审计意见；如果非财务报告内部控制缺陷为一般缺陷或重要缺陷，无须在内部控制审计报告中说明。

（7）有关在内部控制审计中需要以书面形式进行沟通的内容。第一，如果认为内部控制存在一项或多项重大缺陷，除非审计范围受到限制，否则注册会计师应当对内部控制发表否定意见。注册会计师应当就这些情况以书面形式与治理层沟通。第二，在因审计范围受到限制而无法表示意见时，注册会计师应当以书面形式与管理层和治理层沟通。第三，对于审计过程中注意到的非财务报告内部控制缺陷，如果确定该项非财务报告内部控制缺陷为重大缺陷的，注册会计师应当以书面形式与企业董事会和经理层沟通，提醒企业加以改进。

第八模块

质量管理

● 本模块考查主观题，在历年考试中的分值十分稳定，预计在2024年涉及5分。本模块总结了一系列与质量管理有关的内容，对应《打好基础》一书第二十一章的相关知识点。2024年2月，财政部印发指导意见，推动会计师事务所加强基础性标准体系建设，促进内部管理和服务标准化、规范化、一体化。本模块内容与之密切相关，属于实务和考试的双重热点，应予以重点关注。

生活不可能像你想象的那么好，但也不会像你想象的那么糟。我觉得人的脆弱和坚强都超乎自己想象，有时可能脆弱得一句话就泪流满面，有时也发现自己咬着牙走了很长的路。

本模块的知识结构如下图所示。

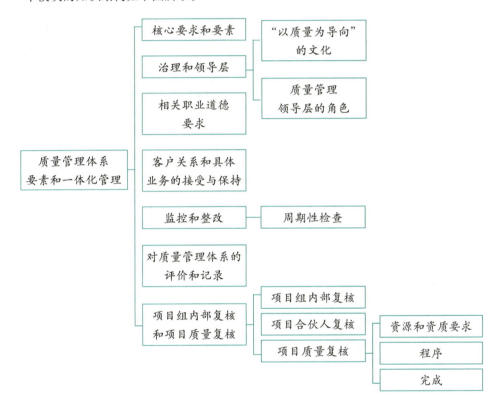

第81记 1分

质量管理体系的组成要素

飞越必刷题：166~167

会计师事务所应当实事求是，根据本事务所及其业务的性质和具体情况"量身定制"适合本事务所的质量管理体系，不应当机械执行会计师事务所质量管理准则，也不应当盲目地"照搬照抄"其他事务所的政策和程序。

具体而言，质量管理体系的组成要素包括：

（1）会计师事务所的风险评估程序；

（2）治理和领导层；

（3）相关职业道德要求；

（4）客户关系和具体业务的接受与保持；

（5）业务执行；

（6）资源；

（7）信息与沟通；

（8）监控和整改程序。

 第82记 1分 **会计师事务所一体化管理**

飞越必刷题：185

（一）一体化管理的总体要求

（1）**主要责任人**：会计师事务所领导层应当建立健全一体化管理制度体系并确保有效实施，在合伙协议中明确一体化管理要求。会计师事务所主要负责人应当对一体化管理负主要责任。

（2）**管理方面一体化**：会计师事务所应当在全所范围内设计、实施和运行统一的质量管理体系，包括人员管理、财务管理、业务管理、技术标准和质量管理、信息化建设五方面的统一管理。

（3）**机构运行一体化**：会计师事务所应当对设立的分支机构、内设部门、业务团队进行一体化管理。如果会计师事务所通过合并、新设等方式成立分所（或分部），应当将该分所（或分部）纳入质量管理体系中统一实施质量管理。

（二）其他重要落实方面

（1）**文化机制一体化**：在全所范围内营造"质量至上"的文化；在全所范围内进行合伙人收益分配，禁止"各自为政""分灶吃饭"。

（2）**人员管理一体化**：应当建立实施统一的人员管理制度，制定统一的人员聘用、定级、晋升、业绩考核、薪酬、培训等方面的政策与程序并确保有效执行。会计师事务所的人员业绩考核、晋升和薪酬政策应当坚持以质量为导向，将质量因素作为人员考评、晋升和薪酬的重要因素。

（3）**财务管理制度一体化**：应当实施统一的财务管理制度，制定统一的业务收费、预算管理、资金管理、费用和支出管理、会计核算、利润分配、职业风险补偿机制并确保有效执行。业务收费应当以项目工时预算和人员级差费率为基础，严禁不正当低价竞争。

（4）**利润分配一体化**：不得以承接和执行业务的收入或利润作为首要指标，不应直接或变相以分所、部门、合伙人所在团队作为利润中心进行收益分配。

（5）管理层委派一体化：应当对分所（或分部）的负责人、质量管理负责人、财务负责人等关键管理人员实施统一委派、监督和考核，在全所范围内实施统一的调度和配置。

（6）人员委派一体化：应当在全所范围内统一委派项目合伙人；在全所范围内统一委派项目质量复核人员；针对公众利益实体审计业务，会计师事务所应当每年对关键审计合伙人的轮换情况实施复核，并在全所范围内统一进行轮换；会计师事务所应当统一安排质量检查抽取的项目和执行检查工作的人员。

第83记 1分 治理和领导层

飞越必刷题：168～169、185

（一）质量管理领导层的角色

角色	职称（举例）	对质量管理体系的责任
主要负责人	首席合伙人、主任会计师	最终责任
专门的合伙人	质量管理主管合伙人	对运行承担责任
专门的合伙人	职业道德主管合伙人、监控与整改主管合伙人	对特定方面的运行承担责任

（二）合伙人管理

维度	阐述
合伙人管理原则	会计师事务所有必要加强对合伙人晋升、培训、考核、分配、转入、退出的管理，体现以质量为导向的文化，确保合伙人能够按照质量管理体系的要求，切实履行其在质量管理方面的责任，防范执业风险
晋升合伙人的管理	（1）应当综合考虑拟晋升人员的执业理念、职业价值观、职业道德、专业胜任能力和执业诚信记录，建立以质量为导向的晋升机制，不得以承接和执行业务的收入或利润作为晋升合伙人的首要指标。 （2）应当针对合伙人的晋升建立和实施质量一票否决制度。例如，会计师事务所可以制定政策和程序，要求在一定期间内执业有重大质量问题的人员，不得被提名晋升为合伙人，如果在经过适当的期间后，会计师事务所认为该人员的执业质量已经得到全面提升，能够满足晋升合伙人的标准，该人员可以恢复晋升机会。 （3）会计师事务所还可以建立与执业质量挂钩的合伙人奖惩机制

续表

维度	阐述
合伙人考核和收益分配	（1）会计师事务所应当在全所范围内统一进行合伙人考核和收益分配； （2）在进行考核和收益分配时，应当综合考虑合伙人的执业质量、管理能力、经营业绩、社会声誉等指标，不得以承接和执行业务的收入或利润作为首要指标，不应直接或变相以分所、部门、合伙人所在团队作为利润中心进行收益分配
关键管理人员的调度和配置	会计师事务所应当对分所（或分部）的负责人、质量管理负责人、财务负责人等关键管理人员实施统一委派、监督和考核，在全所范围内实施统一的调度和配置

 ## 相关职业道德要求 **第84记** 1分

（一）遵守独立性要求的书面确认机制

会计师事务所应当至少每年一次向所有需要按照相关职业道德要求保持独立性的人员获取其已遵守独立性要求的书面确认。

（二）关键审计合伙人轮换机制

（1）针对公众利益实体审计业务，会计师事务所应当对关键审计合伙人的轮换情况进行实时监控，通过建立关键审计合伙人服务年限清单等方式，管理关键审计合伙人相关信息，每年对轮换情况实施复核，并在全所范围内统一进行轮换。

（2）会计师事务所应当完善利益分配机制，保证全所的人力资源和客户资源实现一体化统筹管理。会计师事务所应当定期评价利益分配机制的设计和执行情况。

 ## 客户关系和具体业务的接受与保持 **第85记** 1分

（一）承接与保持客户关系和具体业务的决策

（1）应当建立在对客户及其管理层和治理层充分了解的基础之上。

（2）应当充分了解本所自己的专业胜任能力，包括遵守法律法规和相关职业道德要求的情况。

（3）应当优先考虑的是质量方面的因素，而非商业利益。

（二）在财务和运营方面对优先事项的安排的影响

（1）会计师事务所在运营方面的优先事项可能包括市场份额的增长、聚焦于特定行业或新业务拓展等；会计师事务所在财务方面的优先事项可能更多关注其盈利能力。

（2）如果会计师事务所过于强调经济利益优先，则可能为取得较高的业务收入而承接一些高风险客户，这些客户的风险可能超出会计师事务所的承受能力，从而可能给会计师事务所执业质量带来不利影响。

监控和整改程序

飞越必刷题：186

（一）周期性检查

会计师事务所的监控活动应当包括从会计师事务所已经完成的项目中周期性地选择部分项目进行检查。在每个周期内，对每个项目合伙人，至少选择一项已完成的项目进行检查。对承接上市实体审计业务的每个项目合伙人，检查周期最长不得超过三年。

（二）缺陷和整改措施

（1）针对识别出的缺陷的性质和影响程度，会计师事务所应当对相关人员进行问责。这种问责应当与相关责任人员的考核、晋升和薪酬挂钩。对执业中存在重大缺陷的项目合伙人，会计师事务所应当对其是否具备从事相关业务的职业道德水平和专业胜任能力作出评价。

（2）会计师事务所应当就监控的实施情况，发现的缺陷，评价、补救和改进措施、问责等形成监控报告，并针对存在的缺陷，及时修订完善质量管理体系。

项目组内部复核和项目质量复核

飞越必刷题：170、185～186

（一）相关概念

（1）项目合伙人，是指会计师事务所中负责某项业务及其执行，并代表会计师事务所在出具的报告上签字的合伙人。

（2）项目组，是指执行某项业务的所有合伙人和员工，以及为该项业务实施程序的所有其他人员，但不包括外部专家，也不包括为项目组提供直接协助的内部审计人员。

（3）项目质量复核人员，是指会计师事务所中实施项目质量复核的合伙人或其他类似职位的人员，或者由会计师事务所委派实施项目质量复核的外部人员。

（4）项目组内部复核，是指在项目组内部实施的复核。

（5）项目质量复核，是指在报告日或报告日之前，项目质量复核人员对项目组作出的重大判断及据此得出的结论作出的客观评价。

（二）项目质量复核

1.实施范围和要求

会计师事务所应当就项目质量复核制定政策和程序，并对下列业务实施项目质量复核：

（1）上市实体财务报表审计业务；

（2）法律法规要求实施项目质量复核的审计业务或其他业务；

（3）会计师事务所认为，为应对一项或多项质量风险，有必要实施项目质量复核的审计业务或其他业务。

2.意见分歧的解决

（1）明确要求项目合伙人和项目质量复核人员（如有）复核并评价项目组是否已就疑难问题或涉及意见分歧的事项进行适当咨询，以及咨询得出的结论是否得到执行。

（2）明确要求在业务工作底稿中适当记录意见分歧的解决过程和结论。如果项目质量复核人员（如有）、项目组成员以外的其他人员参与形成业务报告中的专业意见，也应当在业务工作底稿中作出适当记录。

（3）确保所执行的项目在意见分歧解决后才能出具业务报告。

（三）项目组内部复核与项目质量复核的辨析

角度	项目组内部复核	项目质量复核
复核的主体	项目组内部人员（通常包括多个复核层级）	独立于项目组的项目质量复核人员
适用的业务范围	所有业务项目	三类业务项目
复核的内容	项目组内部复核的内容比较宽泛，涉及项目的各个方面	主要聚焦于复核两个方面的内容： （1）项目组作出的重大判断； （2）根据重大判断得出的结论

（四）项目组合伙人与项目质量复核人的辨析

角度	项目合伙人	项目质量复核人
责任	对于项目的质量承担总体责任	对于项目质量复核的实施承担总体责任
相应团队成员	项目组成员	为项目质量复核提供协助的人员
来源	事务所内部	事务所内部或外部
任命	在全所范围内统一委派	在全所范围内统一委派
独立性	独立于被审计单位	独立于审计项目组
签署审计报告	是	否
工作底稿	纳入审计工作底稿	纳入审计工作底稿

对质量管理体系的评价和记录

（一）评价

（1）会计师事务所主要负责人应当代表会计师事务所对质量管理体系进行评价。这种评价应当以某一时点为基准，并且应当至少每年一次。

（2）会计师事务所应当定期对主要负责人、对质量管理体系承担运行责任的人员，以及对质量管理体系特定方面承担运行责任的人员进行业绩评价。在进行业绩评价时，会计师事务所应当考虑对质量管理体系的评价结果。

（二）记录

会计师事务所应当规定质量管理体系工作记录的保存期限，该期限应当涵盖足够长的期间，以使会计师事务所能够监控质量管理体系的设计、实施和运行情况。如果法律法规要求更长的期限，应当遵守法律法规的要求。

项目质量复核

飞越必刷题：185~186

（一）项目质量复核人员的委派和资质要求

（1）会计师事务所应当在全所范围内（包括分所或分部）统一委派项目质量复核人员，并确保负责实施委派工作的人员具有必要的胜任能力和权威性。

（2）负责委派项目质量复核人员的人员需要独立于项目组。因此，对于接受项目质量复核的项目，其项目组成员不能负责委派本项目的项目质量复核人员。

（3）为确保项目质量复核人员能够独立、客观、公正地实施项目质量复核，该人员的业绩考评、晋升与薪酬不应受到被复核的项目组的干预或影响。

（4）尽管在实施项目质量复核的过程中可以利用相关人员提供协助，项目质量复核人员仍然应当对项目质量复核的实施承担总体责任，并负责确定对协助人员进行指导、监督和复核的性质、时间安排和范围。

（二）项目质量复核的程序

（1）阅读并了解相关信息，这些信息包括：

①与项目组就项目和客户的性质和具体情况进行沟通获取的信息；

②与会计师事务所就监控和整改程序进行沟通获取的信息，特别是针对可能与项目组的重大判断相关或影响该重大判断的领域识别出的缺陷进行的沟通。

（2）与项目合伙人及项目组其他成员讨论重大事项，以及在项目计划、实施和报告时作出的重大判断。

（3）基于实施上述第（1）项和第（2）项程序获取的信息，选取部分与项目组作出的重大判断相关的业务工作底稿进行复核，并评价下列方面：

①作出这些重大判断的依据，包括项目组对职业怀疑的运用（如适用）；

②业务工作底稿能否支持得出的结论；

③得出的结论是否恰当。

（4）对于财务报表审计业务，评价项目合伙人确定独立性要求已得到遵守的依据。

（5）评价是否已就疑难问题或争议事项、涉及意见分歧的事项进行适当咨询，并评价咨询得出的结论。

（6）对于财务报表审计业务，评价项目合伙人得出下列结论的依据：

①项目合伙人对整个审计过程的参与程度是充分且适当的；

②项目合伙人能够确定作出的重大判断和得出的结论适合项目的性质和具体情况。

（7）针对下列方面实施复核：

①针对财务报表审计业务，复核被审计财务报表和审计报告，以及审计报告中对关键审计事项的描述（如适用）；

②针对财务报表审阅业务，复核被审阅财务报表或财务信息，以及拟出具的审阅报告；

③针对财务报表审计和审阅以外的其他鉴证业务或相关服务业务，复核业务报告和鉴证对象信息（如适用）。

（三）项目质量复核的完成

（1）如果项目质量复核人员确定项目质量复核已经完成，应当签字确认并通知项目合伙人。

（2）项目合伙人禁止在收到项目质量复核人员就已完成项目质量复核发出的通知之前签署业务报告。

（四）与项目质量复核有关的工作底稿

项目质量复核工作底稿应当包括下列方面的内容：

（1）项目质量复核人员及协助人员的姓名；

（2）已复核的业务工作底稿的识别特征；

（3）项目质量复核人员确定项目质量复核已经完成的依据；

（4）项目质量复核人员就无法完成项目质量复核或项目质量复核已完成所发出的通知；

（5）完成项目质量复核的日期。

通关绿卡

命题角度1：考查针对不同类型实体开展业务的质量管理要求。

解题时，着重关注题目涉及的公众利益实体、上市实体和上市公司等字眼。从涵盖范围来看，上述三者依次缩窄。因此，如果会计师事务所将质量管理准则的要求在更大范围实体的业务中适用，该做法妥当；反之，如果会计师事务所将质量管理准则的要求在更小范围实体的业务中适用，该做法不妥。具体总结如下表所示。

维度	具体要求	涉及实体类型
周期性检查	在每个周期内，对每个项目合伙人，至少选择一项已完成的项目进行检查。对承接上市实体审计业务的每个项目合伙人，检查周期最长不得超过三年	上市实体
项目质量复核	会计师事务所应当就项目质量复核制定政策和程序，对上市实体财务报表审计业务实施项目质量复核	上市实体
关键审计合伙人轮换	针对公众利益实体审计业务，会计师事务所应当每年对关键审计合伙人的轮换情况实施复核，并在全所范围内统一进行轮换	公众利益实体

命题角度2：考查会计师事务所主要负责人（主任会计师或首席合伙人）的职责。

如果题目将本应由主要负责人行使的职权或承担的责任，分包、授权、转嫁给其他合伙人行使或承担，该做法不妥。具体总结如下表所示。

维度	主要负责人的职权或责任
一体化管理	会计师事务所主要负责人应当对一体化管理负主要责任
质量管理体系的最终责任	会计师事务所主要负责人应当对质量管理体系承担最终责任
质量管理体系的评价	会计师事务所主要负责人应当代表会计师事务所对质量管理体系进行评价，这种评价应当以某一时点为基准，并且应当至少每年一次

命题角度3：考查质量管理体系中的若干年限要求。

解题时，着重关注会计师事务所的做法是否符合质量管理准则的最低要求，如果会计师事务所采用了更加严格的年限标准，该做法妥当。

维度	具体要求	关键年限
关键审计合伙人轮换	针对公众利益实体审计业务，会计师事务所应当每年对关键审计合伙人的轮换情况实施复核，并在全所范围内统一进行轮换	应当每年
独立性的书面确认	会计师事务所应当至少每年一次向所有需要按照相关职业道德要求保持独立性的人员获取其已遵守独立性要求的书面确认	应当至少每年一次
周期性检查	对承接上市实体审计业务的每个项目合伙人，检查周期最长不得超过三年	最长不超过三年
质量管理体系的评价	会计师事务所主要负责人应当代表会计师事务所对质量管理体系进行评价，这种评价应当以某一时点为基准，并且应当至少每年一次	应当至少每年一次

第九模块

职业道德和独立性

● **本模块考查主观题，在历年考试中的分值十分稳定，预计在2024年涉及6分。本模块总结了与职业道德和独立性有关的内容，对应《打好基础》一书第二十二章、二十三章的相关知识点，几乎每一记的内容都属于必考点。学习本模块时，需要重点掌握在不同类型的题目中的解题模型和措辞方法。**

在科学的探索上，没有平坦的大路可走，只有那在崎岖的小路上不畏艰险奋勇攀登的人，有希望到达光辉的顶点。

本模块的知识结构如下图所示。

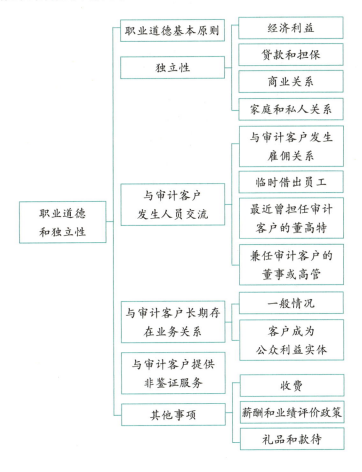

第90记 1分 **职业道德基本原则**

（一）职业道德基本原则

（1）诚信；

（2）客观公正；

（3）独立性；

（4）专业胜任能力和勤勉尽责；

（5）保密；

（6）良好职业行为。

（二）保密

会员在下列情况下可以披露涉密信息：

（1）法律法规允许披露，并且取得客户或工作单位的授权；

（2）根据法律法规的要求，为法律诉讼、仲裁准备文件或提供证据，以及向有关监管机构报告发现的违法行为；

（3）法律法规允许的情况下，在法律诉讼、仲裁中维护自己的合法权益；

（4）接受注册会计师协会或监管机构的执业质量检查，答复其询问和调查；

（5）法律法规、执业准则和职业道德规范规定的其他情形。

（三）良好职业行为

会员应当诚实、实事求是，不得有下列行为：

（1）夸大宣传提供的服务、拥有的资质或获得的经验；

（2）贬低或无根据地比较他人的工作。

（四）对遵循职业道德基本原则产生不利影响的因素

可能对职业道德基本原则产生不利影响的因素包括自身利益、自我评价、过度推介、密切关系和外在压力。

第91记 1分 **经济利益**

飞越必刷题：187～188

（一）经典模型

在审计客户中拥有经济利益，可能因自身利益导致不利影响。除例外情况外，下列各方不得在审计客户中拥有直接经济利益或重大间接经济利益：

（1）会计师事务所、审计项目团队成员及其主要近亲属。

（2）与执行审计业务的项目合伙人同处一个分部的其他合伙人及其主要近亲属。

（3）为审计客户提供非审计服务的其他合伙人、管理人员及其主要近亲属。

（二）经典模型的例外情况

上述第（2）项和第（3）项规定存在例外情况，该等主要近亲属同时满足下列条件，则该等主要近亲属可以在审计客户中拥有直接经济利益或重大间接经济利益：

（1）该主要近亲属作为审计客户的员工有权（例如通过退休金或股票期权计划）取得该经济利益，并且会计师事务所在必要时能够应对因该经济利益产生的不利影响；

（2）当该主要近亲属拥有或取得处置该经济利益的权利，或者在股票期权中，有权行使期权时，能够尽快处置或放弃该经济利益。

贷款和担保

业务类型	取得方	提供方	判断要点和结论
贷款或贷款担保	会计师事务所、审计项目团队成员或其主要近亲属	银行或类似金融机构等审计客户	不得这样做，除非该贷款或担保是按照正常的程序、条款和条件进行的
贷款	会计师事务所	银行或类似金融机构等审计客户	即使按照正常的程序、条款和条件取得贷款，如果该贷款对审计客户或取得贷款的会计师事务所是重要的，也可能因自身利益对独立性产生不利影响
贷款或贷款担保	会计师事务所、审计项目团队成员或其主要近亲属	不属于银行或类似金融机构的审计客户	不得这样做，否则将因自身利益产生非常严重的不利影响，导致没有防范措施能够将其降低至可接受的水平
贷款或贷款担保	审计客户	会计师事务所、审计项目团队成员或其主要近亲属	不得这样做，否则将因自身利益产生非常严重的不利影响，导致没有防范措施能够将其降低至可接受的水平
开立存款或经纪账户	会计师事务所、审计项目团队成员或其主要近亲属	银行或类似金融机构等审计客户	不得这样做，除非该存款或经纪账户是按照正常的商业条件开立的

商业关系、家庭和私人关系

飞越必刷题：187～188

（一）商业关系

会计师事务所、审计项目团队成员不得与审计客户或其高级管理人员建立密切的商业关系：

（1）与客户或其控股股东、董事、高级管理人员或其他为该客户执行高级管理活动的人员共同开办企业；

（2）按照协议，将会计师事务所的产品或服务与客户的产品或服务结合在一起，并以双方名义捆绑销售；

（3）按照协议，会计师事务所销售或推广客户的产品或服务，或者客户销售或推广会计师事务所的产品或服务。

（二）从审计客户购买商品或服务

会计师事务所、审计项目团队成员或其主要近亲属从审计客户购买商品或服务，如果按照正常的商业程序公平交易，通常不会对独立性产生不利影响。如果交易性质特殊或金额较大，可能因自身利益产生不利影响。

（三）家庭和私人关系

（1）如果审计项目团队成员的主要近亲属是审计客户的董事、高级管理人员或担任能够对被审计财务报表或会计记录的编制施加重大影响的职位的员工（以下简称"特定员工"），或者在业务期间或财务报表涵盖的期间曾担任上述职务，将对独立性产生非常严重的不利影响，导致没有防范措施能够消除该不利影响或将其降低至可接受的水平。拥有此类关系的人员不得成为审计项目团队成员。

（2）如果审计项目团队成员的主要近亲属在审计客户中所处职位能够对客户的财务状况、经营成果和现金流量施加重大影响，将可能因自身利益、密切关系或外在压力对独立性产生不利影响。

与审计客户发生人员交流

飞越必刷题：187

（一）与审计客户发生雇佣关系

（1）如果审计项目团队前任成员或会计师事务所前任合伙人加入审计客户，担任董事、高级管理人员或特定员工，会计师事务所应当确保上述人员与会计师事务所之间不再保持重要交往。

（2）如果某一关键审计合伙人加入属于公众利益实体的审计客户，担任董事、高级管理人员或特定员工，除非该合伙人不再担任该公众利益实体的关键审计合伙人后，该公众利益实体发布的已审计财务报表涵盖期间不少于12个月，并且该合伙人未参与该财务报表的审计，否则独立性将视为受到损害。

（3）如果会计师事务所前任高级合伙人（或管理合伙人，或同等职位的人员）加入属于公众利益实体的审计客户，担任董事、高级管理人员或特定员工，除非该高级合伙人不再担任该职位已超过12个月，否则独立性将被视为受到损害。

（二）临时借出员工

如果会计师事务所向审计客户借出员工，可能因自我评价、过度推介或密切关系产生不利影响。除非同时满足下列条件，否则会计师事务所不得向审计客户借出员工：

（1）仅在短期内向客户借出员工；

（2）借出的员工不参与注册会计师职业道德守则禁止提供的非鉴证服务；

（3）该员工不承担审计客户的管理层职责，且审计客户负责指导和监督该员工的活动。

会计师事务所应当评价借出员工产生不利影响的严重程度，并在必要时采取防范措施消除不利影响或将其降低至可接受的水平。

（三）最近曾担任审计客户的董事、高级管理人员或特定员工

1.在审计报告涵盖的期间

如果在审计报告涵盖的期间，审计项目团队成员曾担任审计客户的董事、高级管理人员或特定员工，将产生非常严重的不利影响，导致没有防范措施能够将其降低至可接受的水平。会计师事务所不得将此类人员分派到审计项目团队。

2.在审计报告涵盖的期间之前

如果在审计报告涵盖的期间之前，审计项目团队成员曾担任审计客户的董事、高级管理人员或特定员工，可能因自身利益、自我评价或密切关系产生不利影响。

（四）兼任审计客户的董事或高级管理人员

如果会计师事务所的合伙人或员工兼任审计客户的董事或高级管理人员，将因自我评价和自身利益产生非常严重的不利影响，导致没有防范措施能够将其降低至可接受的水平。会计师事务所的合伙人或员工不得兼任审计客户的董事或高级管理人员。

与审计客户长期存在业务关系

第95记 1分

飞越必刷题：188

（一）适用于一般情况下已成为公众利益实体的审计客户的机制

1.关于任职期

如果审计客户属于公众利益实体，会计师事务所任何人员担任下列一项或多项职务的累计时间不得超过五年：（1）项目合伙人和其他签字注册会计师；（2）项目质量复核人员；（3）其他属于关键审计合伙人的职务。

此外，在任期内，如果某人员继担任项目合伙人之后立即或短时间内担任项目质量复核人员，可能因自我评价对客观公正原则产生不利影响，该人员不得在二年内担任该审计

业务的项目质量复核人员。

2.关于任职期特殊情况

在极其特殊的情况下，会计师事务所可能因无法预见和控制的情形而不能按时轮换关键审计合伙人。如果关键审计合伙人的连任对审计质量特别重要，在获得审计客户治理层同意的前提下，并且通过采取防范措施能够消除对独立性的不利影响或将其降低至可接受的水平，则在法律法规允许的情况下，该人员担任关键审计合伙人的期限可以延长一年。

3.关于冷却期

（1）如果某人员担任项目合伙人或其他签字注册会计师累计达到五年，冷却期应当为连续五年；

（2）如果某人员担任项目质量复核人员累计达到五年，则冷却期应当为连续三年；

（3）如果某人员担任其他关键审计合伙人累计达到五年，则冷却期应当为连续二年。

4.关于担任多项职责的冷却期

如果某人员相继担任多项关键审计合伙人职责，冷却期应当按照以下规定：

（1）担任项目合伙人累计达到三年或以上，冷却期应当为连续五年；

（2）担任项目质量复核人员累计达到三年或以上，冷却期应为连续三年；

（3）担任项目合伙人和项目质量复核人员累计达到三年或以上，但累计担任项目合伙人未达到三年，冷却期应当为连续三年；

（4）担任多项关键审计合伙人职责，并且不符合上述各项情况，冷却期应当为连续二年。

5.关于冷却期内不得从事的行为

（1）成为审计项目组成员或为审计项目提供项目质量管理；

（2）就有关技术或行业特定问题、交易或事项向审计项目组或审计客户提供咨询（如果与审计项目组沟通仅限于该人员任职期间的最后一个年度所执行的工作或得出的结论，并且该工作和结论与审计业务仍然相关，则不违反本项规定）；

（3）负责领导或协调会计师事务所向审计客户提供的专业服务，或者监控会计师事务所与审计客户的关系；

（4）执行上述各项未提及的、涉及审计客户且导致该人员出现下列情况的职责或活动（包括提供非鉴证服务）：①与审计客户高级管理层或治理层进行重大或频繁的互动；②对审计业务的结果施加直接影响。

（二）适用于客户成为公众利益实体后的轮换机制

如果审计客户成为公众利益实体，在确定关键审计合伙人的任职时间时，会计师事务所应当考虑，在该客户成为公众利益实体之前，该合伙人作为关键审计合伙人已为该客户提供服务的时间：

（1）如果在审计客户成为公众利益实体之前，该合伙人作为关键审计合伙人已为该客户服务的时间不超过三年，则该人员还可以为该客户继续提供服务的年限为五年减去已经服务的年限。

（2）如果在审计客户成为公众利益实体之前，该合伙人作为关键审计合伙人已为该客户服务了四年或更长的时间，在取得客户治理层同意的前提下，该合伙人最多还可以继续服务二年。

（3）如果审计客户是首次公开发行证券的公司，关键审计合伙人在该公司上市后连续执行审计业务的期限，不得超过两个完整会计年度。

 为审计客户提供非鉴证服务

飞越必刷题：187~188

非鉴证 服务类型	相关规定
会计和 记账服务	（1）会计师事务所不得向属于公众利益实体的审计客户提供会计和记账服务，包括编制被审计财务报表（包括财务报表附注）或构成财务报表基础的财务信息； （2）不对独立性产生不利影响的活动：①提供会计咨询服务（不承担审计客户的管理层职责）；②日常性或机械性的会计和记账服务
行政事务 性服务	行政事务性服务包括协助客户执行正常经营过程中的日常性或机械性任务，向审计客户提供此类行政事务性服务通常不会对独立性产生不利影响
评估服务	（1）在审计客户属于公众利益实体的情况下，如果评估结果单独或累积起来对被审计财务报表具有重大影响，则会计师事务所不得向该审计客户提供这种评估服务； （2）如果审计客户要求会计师事务所提供评估服务，以帮助其履行纳税申报义务或满足税务筹划目的，并且评估的结果不对财务报表产生直接影响，且间接影响并不重大，或者评估服务经税务机关或类似监管机构外部复核，则通常不对独立性产生不利影响
税务服务	（1）由于纳税申报表须经税务机关审查或批准，如果管理层对纳税申报表承担责任，会计师事务所提供此类服务通常不对独立性产生不利影响； （2）在审计客户属于公众利益实体的情况下，会计师事务所不得计算当期所得税或递延所得税，以用于编制对被审计财务报表具有重大影响的会计分录； （3）提供税务筹划或其他税务咨询服务可能因自我评价或过度推介对独立性产生不利影响； （4）在提供税务服务时，如果该服务涉及在公开审理或仲裁的税务纠纷中担任审计客户的辩护人，并且所涉金额对被审计财务报表具有重大影响，会计师事务所不得向审计客户提供涉及协助解决税务纠纷的税务服务； （5）在公开审理或仲裁期间，会计师事务所可以继续为审计客户提供有关法庭裁决事项的咨询。例如，协助客户对具体问题作出回复，提供背景材料或证词，或分析税收问题

续表

非鉴证服务类型	相关规定
内部审计服务	在审计客户属于公众利益实体的情况下，会计师事务所不得提供与下列方面有关的内部审计服务： （1）财务报告内部控制的组成部分； （2）财务会计系统； （3）单独或累积起来对被审计财务报表具有重大影响的金额或披露
信息技术系统服务	如果存在下列情形之一时，会计师事务所不得向属于公众利益实体的审计客户提供或设计与实施信息技术系统相关的服务： （1）信息技术系统构成财务报告内部控制的重要组成部分； （2）信息技术系统生成的信息对会计记录或被审计财务报表影响重大
诉讼支持服务	会计师事务所向审计客户提供下列诉讼支持服务，可能因自我评价或过度推介产生不利影响： （1）担任证人，包括专家证人； （2）计算诉讼或其他法律纠纷涉及的估计损失或其他应收、应付的金额； （3）协助管理和检索文件
法律服务	（1）会计师事务所的合伙人或员工担任审计客户首席法律顾问，将对独立性产生非常严重的不利影响，导致没有防范措施能够将其降低至可接受的水平。会计师事务所人员不得担任审计客户的首席法律顾问； （2）在审计客户解决纠纷或进行法律诉讼时，如果会计师事务所人员担任辩护人，并且纠纷或法律诉讼所涉金额对被审计财务报表有重大影响，将产生非常严重的不利影响，导致没有防范措施能够将其降低至可接受的水平。会计师事务所不得为审计客户提供此类服务
招聘服务	（1）如果属于审计客户拟招聘董事、高级管理人员，或所处职位能够对客户会计记录或被审计财务报表的编制施加重大影响的高级管理人员，会计师事务所不得提供下列招聘服务：①寻找或筛选候选人；②对候选人实施背景调查； （2）当向审计客户提供下列招聘服务时，只要会计师事务所人员不承担管理层职责，通常不会对独立性产生不利影响：①对多名候选人的专业资格进行审核，并就其是否适合该职位提供咨询意见；②对候选人进行面试，并对候选人在财务会计、行政管理或内部控制等职位上的胜任能力提供咨询意见
公司财务服务	如果财务建议的有效性取决于某一特定会计处理或财务报表列报，并且同时存在下列情形，会计师事务所不得提供此类财务建议： （1）根据相关财务报告编制基础，审计项目团队对相关会计处理或列报的适当性存有疑问； （2）公司财务建议的结果将对被审计财务报表产生重大影响

收 费

第97记 1分

情形	阐述
收费水平	如果报价水平过低，以致注册会计师难以按照适用的职业准则执行业务，则可能因自身利益对专业胜任能力和勤勉尽责原则产生不利影响
或有收费	（1）鉴证业务：除法律法规允许外，注册会计师不得以或有收费方式提供鉴证服务，收费与否或收费多少不得以鉴证工作结果或实现特定目的为条件； （2）非鉴证业务：尽管某些非鉴证服务可以采用或有收费的形式，或有收费仍然可能对职业道德基本原则产生不利影响，特别是在某些情况下可能因自身利益对客观公正原则产生不利影响
介绍费或佣金	（1）注册会计师不得收取与客户相关的介绍费或佣金； （2）注册会计师不得向客户或其他方支付业务介绍费

薪酬和业绩评价政策

第98记 1分

（1）如果某一审计项目团队成员的薪酬或业绩评价与其向审计客户推销的非鉴证服务挂钩，将因自身利益产生不利影响。

（2）关键审计合伙人的薪酬或业绩评价不得与其向审计客户推销的非鉴证服务直接挂钩。职业道德守则并不禁止会计师事务所合伙人之间正常的利润分享安排。

礼品和款待

第99记 1分

飞越必刷题：187

（一）礼品

如果会计师事务所或审计项目团队成员接受审计客户的礼品，将产生非常严重的不利影响，导致没有防范措施能够将其降低至可接受的水平。会计师事务所或审计项目团队成员不得接受礼品。

（二）款待

会计师事务所或审计项目团队成员应当评价接受款待产生不利影响的严重程度，并在必要时采取防范措施消除不利影响或将其降低至可接受的水平。如果款待超出业务活动中的正常往来，会计师事务所或审计项目团队成员应当拒绝接受。注册会计师应当考虑款待是否具有不当影响注册会计师行为的意图，如果具有该意图，即使其从性质和金额上来说均明显不重要，会计师事务所或审计项目团队成员也不得接受该款待。

通关绿卡

命题角度：分析对独立性产生影响的情形。

（1）经济利益。

答题模板为：是谁[1]，从哪里[2]拥有了什么经济利益[3]，讲套话[4]。

答题要素	措辞要点
是谁[1]	（1）会计师事务所：指的是法人主体，而不是会计师事务所内的全体成员； （2）审计项目团队成员：注意这里不仅仅包括执行审计业务的合伙人和员工，还包括会计师事务所及网络事务所中能够直接影响审计业务结果的人员。例如：①项目质量复核人员；②对审计项目合伙人提出薪酬建议，以及直接指导、管理或监督的人员；③为审计业务提供专业技术、价值评估、税务等方面问题咨询的人员（可能属于审计项目组的内部专家）； （3）同处一个分部的其他合伙人：①分部既可以是事务所的地域分部，例如北京分部；也可以是事务所的业务分部，例如金融业务部。②所处的分部并不一定是行政隶属的分部，而是执行审计业务时所处的分部。例如，某一隶属于香港分部的项目合伙人因业务需要委派到北京分部执行工作，应认定为所处的分部为北京分部； （4）为审计客户提供非审计服务的其他合伙人：可能包括会计、行政、评估、税务、法务、内审、人力等方面的服务； （5）上述所涉人员的主要近亲属
从哪里[2]	（1）被审计单位； （2）被审计单位（上市公司）的关联实体
拥有什么经济利益[3]	（1）直接经济利益； （2）重大间接经济利益（按照一般生活经验判断是否重大）
讲套话[4]	将因自身利益对独立性产生不利影响

（2）开户、贷款和担保。

答题模板为：是谁[1]，从哪里/为了谁[2]做了什么[3]，讲套话[4]。

答题要素	措辞要点
是谁[1]	会计师事务所、审计项目团队成员及其主要近亲属
从哪里/为了谁[2]	（1）审计客户（银行或类似金融机构）； （2）审计客户（非银行或类似金融机构）
做了什么[3]	（1）不影响：按正常程序、条款和条件取得银行或类似金融机构的贷款或担保； （2）影响：按正常程序、条款和条件取得银行或类似金融机构的重要贷款或担保（注意：仅限于会计师事务所）； （3）影响：取得非银行或类似金融机构的贷款或担保； （4）不影响：按正常商业条件开立存款或经济账户
讲套话[4]	（1）影响：将因自身利益对独立性产生不利影响； （2）不影响：通常不会对独立性产生不利影响

（3）商业关系。

答题模板为：是谁[1]，什么关系[2]，讲套话[3]。

答题要素	措辞要点
是谁[1]	（1）会计师事务所、审计项目团队成员或其主要近亲属与审计客户或其高级管理人员（注意：非审计项目团队成员、审计客户的一般员工则不受限）； （2）高级管理人员一般包括总经理、副总经理、财务负责人和董事会秘书等
什么关系[2]	（1）共同开办：与客户或其控股股东、董事、高级管理人员或其他为该客户执行高级管理活动的人员共同开办企业； （2）捆绑销售：按照协议，将会计师事务所的产品或服务与客户的产品或服务结合在一起，并以双方名义捆绑销售； （3）互相推广：按照协议，会计师事务所销售或推广客户的产品或服务，或者客户销售或推广会计师事务所的产品或服务
讲套话[3]	属于职业道德守则禁止的商业关系，将因自身利益或外在压力对独立性产生严重不利影响

（4）购买商品或服务。

答题模板为：是谁[1]，怎么买[2]，讲套话[3]。

答题要素	措辞要点
是谁[1]	会计师事务所、审计项目团队成员或其主要近亲属
怎么买[2]	（1）不影响：按正常商业程序、公平价格购买； （2）影响：按非公平价格购买（如成本价、内部价、折扣价、大客户专享价等）； （3）影响：购买性质特殊或金额较大的商品或服务
讲套话[3]	（1）不影响：通常不会对独立性产生不利影响； （2）影响：将因自身利益对独立性产生不利影响

（5）家庭和私人关系。

答题模板为：是谁[1]，任什么职位[2]，讲套话[3]。

答题要素	措辞要点
是谁[1]	审计项目团队成员的主要近亲属、其他近亲属、密切关系人员
任什么职位[2]	担任审计客户的"董、高、特"（注意：如果担任审计客户的人力资源、培训、行政等对会计记录或财务报表无重大影响的职位则不受限）
讲套话[3]	将因自身利益、密切关系或外在压力对独立性产生不利影响

（6）关键审计合伙人加入审计客户担任重要职位。

答题模板为：是谁[1]，任职和定性[2]，讲套话[3]。

答题要素	措辞要点
是谁[1]	关键审计合伙人，包括： （1）项目合伙人； （2）项目质量复核人员； （3）审计项目组中负责对财务报表审计所涉及的重大事项作出关键决策或判断的其他审计合伙人（例如：负责审计重要子公司或分支机构的合伙人、利用的反舞弊专家等内部专家等）

续表

答题要素	措辞要点
任职和定性[2]	担任审计客户的"董、高、特"但不满足"卸任后发出一份与你无关的年报"： （1）"卸任后"：该合伙人不再担任关键审计合伙人（注意：并不要求该合伙人从事务所离职）； （2）"发出年报"：该公众利益实体发布已审计财务报表（涵盖期间不少于12个月，考试中通常体现为"年报"）； （3）"与你无关"：该合伙人未参与该财务报表的审计
讲套话[3]	尚在冷却期内，将因密切关系或外在压力对独立性产生严重不利影响

（7）关键审计合伙人的任职期和冷却期。

答题模板为：是谁[1]，在哪[2]任职多久[3]，讲套话[4]。

答题要素	措辞要点
是谁[1]	关键审计合伙人（包括签字注册会计师）
在哪[2]	（1）审计客户（已是公众利益实体）； （2）审计客户（因被并购、IPO等成为公众利益实体）
任职多久[3]	判断是否符合任职期、冷却期的规定
讲套话[4]	（1）符合规定：累计任职年限为几年，未超过几年的任期限制，还可以继续服务几年； （2）不符合规定：冷却期内不得对审计业务的结果施加直接影响

（8）非鉴证服务。

答题模板为：是谁[1]，为谁[2]提供了什么服务[3]，讲套话[4]。

答题要素	措辞要点
是谁[1]	（1）会计师事务所； （2）网络事务所
为谁[2]	审计客户（注意：如果向某实体提供服务，但该实体的财务信息并不构成被审计财务报表的组成部分，则不受限）
提供了什么服务[3]	提供了何种类型的服务、担任了何种类型的角色并且： （1）承担了管理层职责； （2）对会计记录或被审计财务报表有重大影响； （3）涉及财务会计系统或涉及与财务报告相关的内部控制
讲套话[4]	（1）会计和记账服务、内部审计服务：将因自我评价对独立性产生不利影响； （2）评估服务、税务服务、诉讼支持服务、法律服务、公司财务服务：将因自我评价或过度推介对独立性产生不利影响； （3）招聘服务：将因自身利益、密切关系或外在压力对独立性产生不利影响

（9）礼品。

答题模板为：收了什么[1]，讲套话[2]。

答题要素	措辞要点
收了什么[1]	任何形式的礼品，例如：礼物、纪念品、卡券等
讲套话[2]	二选一：（1）不得接受礼品；（2）因自身利益、密切关系或外在压力对独立性产生不利影响

必备清单

- -

主观题 50 金句

阶段	关键问题	金句
计划风险评估程序	对了解被审计单位的内部控制的考虑	金句1：了解被审计单位的内部控制是应当实施的程序。 金句2：对于与审计无关的控制，注册会计师无须对其加以考虑
	对项目组讨论的考虑	金句3：项目组关键成员应当出席项目组讨论，并由项目合伙人确定向未参与讨论的项目组成员通报哪些事项
计划进一步审计程序	运用实际执行的重要性，确定进一步审计程序的范围	金句4：对于存在低估风险或舞弊风险的项目，不能仅因为其金额低于实际执行的重要性而不实施进一步审计程序
	修改审计计划后，对原审计计划有关的工作底稿的处理	金句5：在审计过程中，注册会计师了解到的情况发生重大变化，进而修改了审计计划（例如，将原定的综合性方案调整为实质性方案），不应删除或废弃原审计计划有关的工作底稿
	收入的舞弊风险假定	金句6：注册会计师在识别和评估与收入确认相关的重大错报风险时，应当基于收入确认存在舞弊风险的假定，评价哪些类型的收入、收入交易或认定导致舞弊风险。 金句7：如果注册会计师认为收入确认存在舞弊风险的假定不适用于业务的具体情况，从而未将收入确认作为由于舞弊导致的重大错报风险领域，注册会计师应当在审计工作底稿中记录得出该结论的理由。 金句8：假定收入确认存在舞弊风险，并不意味着注册会计师应当将与收入确认相关的所有认定都假定为存在舞弊风险
	对自动化应用控制的考虑	金句9：如果计划信赖自动化信息处理控制，需要对信息技术的一般控制进行测试

续表

阶段	关键问题	金句
计划进一步审计程序	对于重大类别的交易、账户余额和披露的考虑	金句10：注册会计师应当在本期财务报表审计中对其实施实质性程序。 金句11：如相关项目存在特别风险，且计划仅实施实质性程序，则应当包括细节测试
计划其他审计程序	利用内部审计的工作或内部审计人员的直接协助	金句12：针对与财务报表审计有关的所有重大事项，注册会计师必须独立作出职业判断，而不应完全依赖内部审计工作或利用内部审计人员提供的直接协助。 金句13：涉及内部审计人员已经参与并报告的工作，不得利用内部审计人员提供直接协助
	利用专家的工作	金句14：外部专家无须遵循会计师事务所的质量管理政策和程序。 金句15：注册会计师应当评价专家的胜任能力、专业素质和客观性，了解专家的专长领域，与专家达成一致，并评价专家工作的恰当性
实施控制测试	询问和检查程序的要点	金句16：仅询问程序不足以证明控制运行有效。 金句17：仅检查签字不足以证明控制运行有效
	常见的职责分离要求	金句18：执行赊销信用检查时，销售部门应当与信用管理部门职责分离。 金句19：采购与验收应当职责分离。 金句20：出纳员不得兼任：编制银行存款余额调节表等稽核工作；会计档案保管工作；收入、支出、费用、债权债务的账目登记工作
	在控制测试中运用审计抽样方法	金句21：总体应具备适当性、完整性和同质性。 金句22：控制偏差是系统性控制偏差或由舞弊导致，扩大样本规模通常无效。 金句23：不应随意替换构成控制偏差的样本
	对穿行测试和重新执行的运用	金句24：穿行测试旨在评价控制的设计并确定其是否得到执行，重新执行旨在评价控制是否运行有效（即是否得到一贯执行）

续表

阶段	关键问题	金句
实施实质性程序	对被审计单位生成的信息的考虑	金句25：如果在实施进一步审计程序时，拟利用被审计单位信息系统生成的信息，注册会计师应当就信息的准确性和完整性获取审计证据
	对实质性分析程序发现的差异额的调查	金句26：注册会计师需要对全部差异额（而非超过可接受差异额的部分）进行调查
	对营业收入实施延伸检查	金句27：舞弊风险评估为高水平时，注册会计师可以对营业收入实施延伸检查，包括对相关供应商、客户进行实地走访；利用企业信息查询工具，查询主要供应商和客户的股权信息等
	对营业收入实施截止性测试	金句28：选取资产负债表日前后若干天的发运凭证，与主营业务收入明细账进行核对；同时，从应收账款和收入明细账选取在资产负债表日前后若干天的凭证，与发运凭证核对，以确定销售是否存在跨期现象
	查找未入账的应付账款	金句29：检查应付账款是否计入了正确的会计期间，是否存在未入账的应付账款，包括：①对本期发生的应付账款增减变动，检查至相关支持性文件，确认会计处理是否正确。②检查资产负债表日后应付账款明细账贷方发生额的相应凭证，关注其验收单、供应商发票的日期，确认其入账时间是否合理。③获取并检查被审计单位与其供应商之间的对账单以及被审计单位编制的差异调节表，确定应付账款金额的准确性。④针对资产负债表日后付款项目，检查银行对账单及有关付款凭证（银行汇款通知、供应商收据等），询问被审计单位内部或外部的知情人员，查找有无未及时入账的应付账款。⑤结合存货监盘程序，检查被审计单位在资产负债日前后的存货入库资料（验收报告或入库单），检查相关负债是否计入了正确的会计期间
	在细节测试中运用审计抽样方法	金句30：货币单元抽样不适用于测试总体的低估。 金句31：整群选样通常不适用于审计抽样。 金句32：错报金额与项目数量、项目金额密切相关时，分别适用传统变量抽样中的差额法和比率法
	实质性程序结果对控制测试结果的影响	金句33：实施实质性程序未发现错报，并不能说明相关的控制运行有效

续表

阶段	关键问题	金句
审计沟通	沟通累积的所有错报	金句34：注册会计师应当将审计过程中累积的所有错报与适当层级的管理层进行沟通，并要求管理层更正这些错报。 金句35：金额低于明显微小错报临界值的错报，可以不累积
	沟通舞弊的相关情况	金句36：当注册会计师已获取的证据表明存在或可能存在舞弊时，尽快提请适当层级的管理层关注，即使该事项可能被认为不重要；适当层级的管理层至少要比涉嫌舞弊人员高出一个级别。 金句37：如果确定或怀疑舞弊涉及管理层，注册会计师应当尽早就此类事项与治理层沟通
	沟通识别出的或怀疑存在的违反法律法规行为	金句38：除非治理层全部成员参与管理被审计单位，注册会计师应当与治理层沟通审计过程中注意到的有关违反法律法规的事项，但不必沟通明显不重要的事项。 金句39：通常采用书面形式，注册会计师将沟通文件副本作为审计工作底稿；如果采用口头沟通方式，应形成沟通记录并作为审计工作底稿保存。 金句40：如果怀疑违反法律法规行为涉及管理层或治理层，注册会计师应当向被审计单位审计委员会或监事会等更高层级的机构通报
	沟通可能导致对持续经营能力产生重大疑虑的事项或情况	金句41：注册会计师应当与治理层就识别出的可能导致对被审计单位持续经营能力产生重大疑虑的事项或情况进行沟通，除非治理层全部成员参与管理被审计单位

续表

阶段	关键问题	金句
评价错报和重大发现	对重要性作出修改	金句42：在评价未更正错报的影响之前，注册会计师可能有必要依据实际的财务结果对重要性作出修改，如果对重要性或重要性水平的重新评价导致需要确定较低的金额，则应重新考虑：①实际执行的重要性；②进一步审计程序的性质、时间安排和范围的适当性
	评价未更正错报	金句43：注册会计师需要考虑每一单项错报，以评价其对相关交易类别、账户余额或披露的影响，包括是否超过特定交易类别、账户余额或披露的重要性水平（如适用）。 金句44：如果注册会计师认为某一单项错报是重大的，则该项错报不太可能被其他错报抵销。 金句45：确定一项分类错报是否重大，需要进行定性评估。例如，分类错报对负债或其他合同条款的影响，对单个财务报表项目或小计数的影响，以及对关键比率的影响。 金句46：如果识别出某项错报是由于舞弊导致的，且涉及管理层，无论该项错报在金额上是否重大，注册会计师都应当重新评价对由于舞弊导致的重大错报风险的评估结果，以及该结果对旨在应对评估的风险的审计程序的性质、时间安排和范围的影响
	评价资产负债表日后事项的影响	金句47：资产负债表日后至财务报告批准报出日之间发生的，为资产负债表日已经存在的情况提供了新的或进一步证据，有助于对资产负债表日存在情况有关的金额做出重新估计的事项，应作为调整事项。 金句48：非调整事项是指资产负债表日该事项并不存在，而是期后才发生或存在的事项
	评价年度报告的获取情况	金句49：未能在审计报告日前获取年度报告的最终版本，应当要求管理层提供书面声明。 金句50：注册会计师应当在公布前获取年度报告的最终版本

飞越必刷题篇

必刷客观题

第一模块　审计基本概念

一、单项选择题

1 下列有关内部审计和注册会计师审计的说法中，正确的是（　　　）。

A.审计方式上，均为接受委托进行

B.审计程序上，均需要严格执行执业准则的规定程序

C.审计职责上，均需要对被审计单位负责

D.审计作用上，均起鉴证作用

第1记 **99记** 知识链接

2 下列有关审计准则的要求与审计总体目标之间关系的说法中，错误的是（　　　）。

A.审计准则的要求有助于注册会计师实现审计总体目标

B.注册会计师恰当执行审计准则的要求有助于为实现审计总体目标提供基础

C.注册会计师有责任确定必要的审计程序，以满足审计准则的要求和实现审计总体目标

D.注册会计师无须为实现审计总体目标而实施审计准则要求之外的审计程序

第3记 **99记** 知识链接

3 下列有关重大错报风险的说法中，正确的是（　　　）。

A.重大错报风险独立于财务报表审计而存在

B.会计师事务所可接受的审计风险水平影响重大错报风险的评估结果

C.重大错报风险应当定量评估

D.注册会计师运用职业判断确定是否应当分别评估固有风险和控制风险

第6记 **99记** 知识链接

4 下列有关认定的说法中，错误的是（　　　）。

A.认定是确定具体审计目标的基础

B.认定可以由管理层通过明确或暗含的意思表达作出

C.注册会计师应当分别运用关于各类交易、事项及相关披露的认定与关于账户余额及相关披露的认定

D.注册会计师的基本职责是确定管理层对财务报表的认定是否恰当

第6记 **99记** 知识链接

5 下列有关审计证据的相关性的说法中，错误的是（　　）。

A.审计证据的相关性是审计证据适当性的核心内容之一

B.审计证据的相关性影响审计证据的充分性

C.审计证据的可靠性影响审计证据的相关性

D.审计证据的相关性可能受测试方向的影响

第8记 **99记** 知识链接

6 下列有关审计证据的说法中，错误的是（　　）。

A.不同来源获取的审计证据不一致时，表明某项审计证据可能不可靠

B.纸质的审计证据比电子形式存在的审计证据更可靠

C.注册会计师可以权衡获取审计证据的成本与所获信息的有用性之间的关系

D.审计证据质量越高，需要的审计证据数量可能越少

第8记 **99记** 知识链接

7 下列有关审计证据的说法中，错误的是（　　）。

A.审计证据可能包括被审计单位聘请的专家编制的信息

B.审计证据可能包括与管理层认定相矛盾的信息

C.信息的缺乏本身不构成审计证据

D.审计证据可能包括以前审计中获取的信息

第8记 **99记** 知识链接

8 下列各项中，注册会计师在实施穿行测试、控制测试和细节测试时均可以运用的是（　　）。

A.分析程序

B.重新执行

C.函证

D.观察

第9记 **99记** 知识链接

二、多项选择题

9 下列有关政府审计与注册会计师审计的说法中，正确的有（　　）。

A.国有金融机构和企事业单位需要同时进行政府审计和注册会计师审计

B.政府审计和注册会计师审计都属于强化经济监督的有效手段

C.政府审计和注册会计师审计都需要依据《中华人民共和国审计法》和国家审计准则

D.政府审计具有行政强制力，注册会计师审计不具有行政强制力

第1记 **99记** 知识链接

10　下列有关审计业务和审阅业务的相同点的说法中，正确的有（　　　）。

A.二者均需要合理确定重要性水平

B.二者均需要遵守中国注册会计师审计准则

C.二者均要求注册会计师具有形式上和实质上的独立性

D.二者均要求注册会计师保持职业怀疑态度

第2记　**99记**　知识链接

11　下列各项业务中，所提供的保证水平可能低于高水平的有（　　　）。

A.财务报表审计业务　　　　　　　　B.企业内部控制审计业务

C.财务报表审阅业务　　　　　　　　D.审计和审阅以外的其他鉴证业务

第2记　**99记**　知识链接

12　下列有关被审计单位管理层的说法中，正确的有（　　　）。

A.在某些被审计单位，管理层包括部分或全部的治理层成员

B.财务报表审计并不减轻管理层对财务报表编制的责任

C.管理层是审计报告的预期使用者之一

D.被审计单位管理层、治理层和注册会计师共同构成审计业务的三方关系人

第3记　**99记**　知识链接

13　下列各项中，属于注册会计师执行财务报表审计的总体目标的有（　　　）。

A.对财务报表是否在所有重大方面按照适用的财务报告编制基础编制发表审计意见

B.根据审计结果对财务报表出具审计报告，并与管理层和治理层沟通

C.对财务报告内部控制的有效性发表审计意见

D.确保管理层更正审计过程中累积的所有错报

第3记　**99记**　知识链接

14　下列有关审计报告的预期使用者的说法中，正确的有（　　　）。

A.不同的预期使用者可能对财务报表存在不同的利益需求

B.上市公司财务报表审计的预期使用者主要是上市公司的控股股东

C.预期使用者可能是审计报告收件人之外的组织或人员

D.管理层必然属于预期使用者

第3记　**99记**　知识链接

15　下列各项因素中，通常影响注册会计师保持职业怀疑的有（　　　）。

A.所在会计师事务所的文化和机制　　B.职业道德基本原则的遵循情况

C.个人专业胜任能力　　　　　　　　D.被审计单位管理层的配合意愿

第4记　**99记**　知识链接

16 下列有关注册会计师运用职业判断的说法中，正确的有（　　　）。

A.职业判断需要在审计准则、财务报告编制基础和职业道德要求的框架下作出

B.仅机械性地执行审计程序不满足运用职业判断的审计基本要求

C.识别、评估和应对影响职业道德基本原则的不利因素时需要运用职业判断

D.对职业判断作出书面记录有利于提高职业判断的可辩护性

第5记 99记 知识链接

17 下列各项中，通常属于审计固有限制的来源的有（　　　）。

A.审计准则并不要求注册会计师评价管理层判断是否存在偏向

B.注册会计师不具备文件真伪鉴定方面的能力

C.注册会计师将审计资源投向最可能导致重大错报风险的领域

D.注册会计师的有关决策缺乏充分、适当的审计证据

第6记 99记 知识链接

18 下列各项中，通常属于固有风险因素的有（　　　）。

A.事项或情况的主观性

B.事项或情况的复杂性

C.注册会计师的专业性

D.管理层偏向

第6记 99记 知识链接

19 下列有关固有风险和控制风险的说法中，错误的有（　　　）。

A.审计准则对固有风险和控制风险分别评估还是合并评估作出了规定

B.固有风险始终存在而控制风险可以被降低为零

C.固有风险和控制风险可以定量或定性描述

D.固有风险和控制风险是彼此独立和互不影响的

第6记 99记 知识链接

20 下列各项中，属于判断错报的有（　　　）。

A.管理层对事实的误解和忽略

B.管理层作出的会计估计超出了注册会计师确定的合理范围

C.管理层选用了错误的会计政策

D.注册会计师根据样本推断的总体错报

第7记 99记 知识链接

21　下列各项做法中，通常能够提高审计证据质量的有（　　）。

　　A.确定更大的样本规模

　　B.合理确定测试的方向

　　C.从外部独立来源获取审计证据

　　D.审慎评价审计证据

第8记　99记　知识链接

22　下列各项因素中，影响注册会计师需要获取审计证据的数量的有（　　）。

　　A.评估的重大错报风险

　　B.获取的审计证据与审计目的的相关程度

　　C.审计证据的来源

　　D.获取审计证据的具体环境

第8记　99记　知识链接

第二模块 审计基本流程

一、单项选择题

23 下列各项中，不属于注册会计师开展初步业务活动的目的是（　　　）。

A.确定注册会计师是否具备执行业务所需的独立性和专业胜任能力

B.初步识别可能存在较高的重大错报风险的领域

C.确保不存在因管理层诚信问题而影响注册会计师保持该业务的意愿的情况

D.避免注册会计师和被审计单位双方对审计业务的理解产生分歧

第10记 **99记** 知识链接

24 下列各项中，不属于审计业务约定书应当包括的内容的是（　　　）。

A.财务报表审计的目标与范围

B.适用于审计业务的独立性要求

C.注册会计师和管理层的责任

D.注册会计师拟出具的审计报告的预期形式和内容

第11记 **99记** 知识链接

25 下列各项中，通常属于变更审计业务条款的合理理由的是（　　　）。

A.管理层在提供审计所需信息时出现严重拖延

B.管理层对原审计业务的性质存在误解

C.因不可抗力引起的审计范围受限

D.收费的计算基础发生变更

第11记 **99记** 知识链接

26 下列各项中，属于具体审计计划活动的是（　　　）。

A.确定向高风险领域分派的项目组成员和分配的审计时间预算

B.确定组成部分的重要性水平且与组成部分注册会计师沟通

C.确定项目组成员之间沟通的预期性质和时间安排

D.确定进一步审计程序的总体方案

第12记 **99记** 知识链接

27　注册会计师通常先选定一个基准，再乘以某一百分比作为财务报表整体的重要性。下列说法中，错误的是（　　）。

　　A.在选择基准时，需要考虑基准的相对波动性

　　B.注册会计师可以根据行业状况对基准作出调整

　　C.选定的基准也会影响注册会计师对百分比的选择

　　D.被审计单位的经营规模没有重大变化时，不应使用替代性基准

第13记 99记 知识链接

28　下列有关实际执行的重要性的说法中，错误的是（　　）。

　　A.实际执行的重要性用以判断错报是否影响财务报表使用者的经济决策

　　B.注册会计师可以通过将财务报表整体的重要性按比例分配至各个报表项目来确定实际执行的重要性

　　C.注册会计师可以对不同的财务报表项目确定不同的实际执行的重要性

　　D.可容忍错报可以看作实际执行重要性在审计抽样中的运用

第13记 99记 知识链接

29　下列各项中，注册会计师确定明显微小错报的临界值时，通常无须考虑的是（　　）。

　　A.以前年度审计中识别出的错报的数量和金额

　　B.被审计单位管理层对注册会计师与其沟通错报的期望

　　C.被审计单位的财务指标是否勉强达到监管机构的要求

　　D.被审计单位的性质、所处的生命周期阶段以及所处行业和经济环境

第13记 99记 知识链接

30　下列各项中，注册会计师在确定特定交易类别、账户余额或披露的重要性水平时，通常无须考虑的是（　　）。

　　A.与被审计单位所处行业相关的关键性披露

　　B.财务报表使用者是否特别关注财务报表中单独披露的业务的特定方面

　　C.法律法规是否影响财务报表使用者对特定项目计量或披露的预期

　　D.根据前期识别出的错报对本期错报作出的预期

第13记 99记 知识链接

31　下列各项中，属于注册会计师了解被审计单位财务业绩的衡量标准的是（　　）。

　　A.被审计单位与竞争对手的业绩比较

　　B.被审计单位变更会计政策的原因

　　C.被审计单位适用的财务报告编制基础

　　D.被审计单位的经营活动

第14记 99记 知识链接

32 下列有关控制对评估重大错报风险的影响的说法中，错误的是（　　）。

A.上年度审计中是否发现控制缺陷会影响注册会计师对重大错报风险的评估结果

B.控制是否得到执行不会影响注册会计师对重大错报风险的评估结果

C.控制运行有效性的测试结果会影响注册会计师对重大错报风险的评估结果

D.控制在所审计期间内是否发生变化会影响注册会计师对重大错报风险的评估结果

第14记 **99记** 知识链接

33 下列有关注册会计师了解被审计单位业务模式的说法中，错误的是（　　）。

A.注册会计师无须了解被审计单位业务模式的所有方面

B.了解被审计单位业务模式有助于了解影响财务报告的重要会计政策、交易或事项

C.了解被审计单位业务模式有助于识别与被审计单位所处行业相关的重大错报风险

D.了解被审计单位业务模式包括了解经营活动、投资活动和筹资活动

第14记 **99记** 知识链接

34 下列有关注册会计师了解被审计单位内部控制的说法中，错误的是（　　）。

A.注册会计师应当在业务承接阶段对内部环境作出初步了解和评价

B.内部环境本身不能防止或发现并纠正认定层次的重大错报风险

C.注册会计师应当评价被审计单位的业务流程是否与财务报告相关的信息系统相适应

D.注册会计师通常仅针对每一年的变化修改记录重要交易流程的工作底稿

第15记 **99记** 知识链接

35 下列各项程序中，通常无法应对财务报表层次重大错报风险的是（　　）。

A.提高具有相关行业审计经验的审计项目组成员的比例

B.调整项目组成员之间复核工作的性质、时间安排和范围

C.提高审计程序的不可预见性

D.调整总体审计策略和具体审计计划

第17记 **99记** 知识链接

36 由于控制环境存在缺陷，注册会计师对拟实施审计程序的性质、时间安排和范围作出总体修改。下列做法中，正确的是（　　）。

A.在期中实施更多的审计程序

B.扩大控制测试的范围

C.将进一步审计程序的总体方案由实质性方案改为综合性方案

D.增加纳入审计范围的经营地点的数量

第17记 **99记** 知识链接

37 下列有关进一步审计程序的范围的说法中，错误的是（　　　）。

A.确定的重要性水平越低，实施进一步审计程序的范围越广

B.计划从控制测试中获取的保证程度越高，控制测试的范围越广

C.对控制测试结果不满意时，注册会计师应当考虑扩大实质性程序的范围

D.可容忍的差异额越大，实质性分析程序的进一步调查的范围越广

38 如果注册会计师获取了有关控制在期中运行有效性的审计证据，下列说法中，正确的是（　　　）。

A.如果在期末实施实质性程序未发现某项认定存在错报，说明与该项认定相关的控制是有效的

B.如果某一控制在剩余期间内发生变动，在评价整个期间的控制运行有效性时，无须考虑期中测试的结果

C.对某些自动化运行的控制，通过测试信息技术一般控制的有效性可以获取控制在剩余期间运行有效的审计证据

D.如果某一控制在剩余期间内未发生变动，无须针对剩余期间补充控制运行有效性的审计证据

39 下列有关实质性程序的说法中，错误的是（　　　）。

A.注册会计师实施的实质性程序应当包括检查财务报表编制过程中作出的重大会计分录和其他调整

B.如果拟将期中测试得出的结论合理延伸至期末，注册会计师应当针对剩余期间将实质性程序和控制测试结合使用

C.无论评估的重大错报风险结果如何，注册会计师都应当针对所有重大交易类别、账户余额和披露实施实质性程序

D.确定实质性程序的范围时，注册会计师应当考虑评估的认定层次重大错报风险和实施控制测试的结果

40 下列有关信息技术一般控制和信息处理控制的说法中，错误的是（　　　）。

A.信息处理控制包括程序开发、程序变更、程序和数据访问以及计算机运行

B.信息技术一般控制可能对实现信息处理目标和财务报表认定作出直接贡献

C.公司层面信息技术控制决定了信息技术一般控制和信息处理控制的风险基调

D.注册会计师计划依赖信息处理控制，需要对信息技术一般控制进行测试

41 下列各项中，不受被审计单位信息系统的设计和运行直接影响的是（   ）。

A.财务报表审计目标的制定

B.审计风险的评估

C.注册会计师对被审计单位业务流程的了解

D.需要收集的审计证据的性质

第23记 99记 知识链接

42 下列有关审计抽样的样本代表性的说法中，错误的是（   ）。

A.样本代表性与样本规模相关

B.样本代表性与如何选取样本相关

C.样本代表性与整个样本而非样本中的单个项目相关

D.样本代表性通常与错报的发生率相关

第24记 99记 知识链接

43 下列有关审计抽样的相关概念的说法中，正确的是（   ）。

A.使用审计抽样时，注册会计师更应予以关注信赖不足风险和误拒风险

B.在细节测试中使用审计抽样时，注册会计师需要确定相关账户余额的初始金额

C.对总体中所有的项目都实施检查时，审计风险完全由非抽样风险产生

D.注册会计师通常在非统计抽样中使用随意选样和整群选样

第24记 99记 知识链接

44 下列有关统计抽样和非统计抽样的共同点的说法中，错误的是（   ）。

A.统计抽样和非统计抽样都需要注册会计师运用职业判断

B.统计抽样和非统计抽样都能客观计量抽样风险

C.统计抽样和非统计抽样都难以量化非抽样风险

D.如果设计得当，非统计抽样能够提供与统计抽样同样有效的结果

第24记 99记 知识链接

45 在运用审计抽样实施控制测试时，下列各项因素中，不影响样本规模的是（   ）。

A.选取样本的方法

B.控制的类型

C.可容忍偏差率

D.可接受的信赖不足风险

第25记 99记 知识链接

46　下列有关货币单元抽样的优点的说法中，错误的是（　　　）。

A.货币单元抽样以属性抽样原理为基础，通常比传统变量抽样更易于使用

B.货币单元抽样无须通过分层减少总体的变异性

C.货币单元抽样的样本更容易设计，且可在能够获得完整的最终总体之前开始选取样本

D.货币单元抽样的样本规模小于传统变量抽样所需的规模

第26记 99记 知识链接

47　下列各项沟通中，注册会计师应当采用书面形式的是（　　　）。

A.在上市公司审计中，与治理层沟通识别出的值得关注的内部控制缺陷

B.在接受委托后，与前任注册会计师进行沟通

C.在上市公司审计中，与治理层沟通注册会计师对涉密信息的保密性

D.在接受委托前，与前任注册会计师进行沟通

第27记 99记 知识链接

48　下列有关注册会计师与治理层沟通补充事项的做法中，错误的是（　　　）。

A.注册会计师将与治理层监督财务报告流程无关但与监督被审计单位战略方向有关的事项，作为与治理层沟通的补充事项

B.注册会计师将识别出的值得关注的内部控制缺陷，作为与治理层书面通报的补充事项

C.注册会计师向治理层说明除已沟通的补充事项之外，没有实施程序来确定是否还存在其他同类事项

D.注册会计师就补充事项与治理层沟通之前，应当与适当层级的管理层进行讨论

第27记 99记 知识链接

49　在确定与治理层沟通的形式时，下列各项因素中，注册会计师通常无须考虑的是（　　　）。

A.管理层是否已事先就该事项进行沟通

B.被审计单位的规模

C.治理层期望的沟通安排

D.注册会计师识别出特定事项的时间

第27记 99记 知识链接

50　在确定是否能够利用内部审计的工作以实现审计目的时，下列各项中，注册会计师应当评价的因素不包括（　　　）。

A.内部审计在被审计单位中的地位

B.内部审计人员的胜任能力

C.内部审计是否采用系统、规范化的方法

D.内部审计的工作对注册会计师审计程序的性质、时间安排和范围产生的预期影响

第28记 99记 知识链接

51　在利用内部审计人员为审计提供直接协助时，下列各项中，注册会计师通常无须在审计工作底稿中记录的是（　　）。

　　A.对直接提供协助的内部审计人员的胜任能力的评价

　　B.对内部审计人员执行的工作作出复核的人员和日期

　　C.从治理层获取的允许内部审计人员为审计提供直接协助的书面协议

　　D.提供直接协助的内部审计人员编制的审计工作底稿

第28记 99记 知识链接

52　下列人员中，应当遵守注册会计师所在会计师事务所的质量管理政策和程序的是（　　）。

　　A.为财务报表审计提供直接协助的被审计单位内部审计人员

　　B.注册会计师利用的内部专家

　　C.来自其他会计师事务所的组成部分注册会计师

　　D.其工作被用作审计证据的被审计单位管理层的专家

第30记 99记 知识链接

53　下列各项中，通常不属于编制审计工作底稿的目的的是（　　）。

　　A.便于会计师事务所实施质量管理体系中的监控活动

　　B.作为注册会计师出具无保留意见的审计报告的基础

　　C.为注册会计师职业判断的可辩护性提供证据

　　D.便于监管机构对会计师事务所实施执业质量检查

第31记 99记 知识链接

54　会计师事务所应当针对审计工作底稿设计和实施适当的控制。下列各项中，通常不属于控制目的的是（　　）。

　　A.在审计业务的所有阶段保护信息的完整性和安全性

　　B.使审计工作底稿清晰显示其生成、修改及复核的时间和人员

　　C.允许项目组以外的经授权的人员为适当履行职责而接触审计工作底稿

　　D.防止在审计工作底稿归档后未经授权删除或增加审计工作底稿

第31记 99记 知识链接

55　下列各项因素中，注册会计师在确定审计工作底稿的要素和范围时通常无须考虑的是（　　）。

　　A.审计方法

　　B.审计工作底稿的保存期限

　　C.已获取的审计证据的重要程度

　　D.识别出的例外事项的性质

第31记 99记 知识链接

56　下列有关保存审计工作底稿的做法中，错误的是（　　）。

A.自审计报告日起保存10年

B.自审计工作底稿归档日起保存10年

C.自所审计财务报表的财务报表日起保存12年

D.无限期保存所有审计工作底稿

第32记 99记 知识链接

57　下列有关审计工作底稿归档期限的说法中，正确的是（　　）。

A.注册会计师应当自财务报表报出日起60天内将审计工作底稿归档

B.注册会计师应当自财务报表批准日起60天内将审计工作底稿归档

C.如对同一财务信息出具两份日期相近的审计报告，注册会计师应当在较早的审计报告日后60天内将审计工作底稿归档

D.如注册会计师未能完成审计业务，应当自审计业务中止后的60天内将审计工作底稿归档

第32记 99记 知识链接

58　在执行项目组内部复核时，下列各项中，通常不属于复核人员需要考虑的事项的是（　　）。

A.审计程序的目标是否已实现　　　　　B.相关事项是否已进行适当咨询

C.审计工作是否已按照职业准则执行　　D.项目质量复核是否有必要实施

第33记 99记 知识链接

59　下列有关期后事项的说法中，正确的是（　　）。

A.注册会计师应当设计和实施审计程序，以确定所有在财务报表日至审计报告日之间发生的事项均已得到识别

B.针对期后事项的专门审计程序，其实施时间越接近审计报告日越好

C.在财务报表报出后，如果被审计单位管理层修改了财务报表，且注册会计师提供了新的审计报告或修改了原审计报告，注册会计师应当在新的或经修改的审计报告中增加强调事项段

D.如果组成部分注册会计师对某组成部分实施审计，集团项目组应当要求组成部分注册会计师实施审计程序，以识别可能需要在集团财务报表中调整或披露的期后事项

第34记 99记 知识链接

60　下列有关书面声明的作用的说法中，错误的是（　　）。

A.书面声明是审计证据的重要来源

B.要求管理层提供书面声明而非口头声明，可以提高管理层声明的质量

C.在某些情况下，书面声明可能可以为相关事项提供充分、适当的审计证据

D.书面声明可能影响注册会计师需要获取的审计证据的性质和范围

第35记 99记 知识链接

61 下列有关书面声明的说法中，正确的是（　　　）。

A.书面声明的日期应当为注册会计师对财务报表出具审计报告的日期，不得在审计报告日后

B.注册会计师应当在审计过程中获取有关财务报表特定认定的书面声明

C.即使在审计报告中提及的相关期间尚未就任，现任管理层也可以根据实际情况更新以前期间所作的书面声明

D.由于在审计报告中提及的相关期间尚未就任，现任管理层不提供针对管理层责任的书面声明，注册会计师应当对财务报表发表保留意见或无法表示意见

第35记 **99记** 知识链接

二、多项选择题

62 下列各项中，属于审计的前提条件的有（　　　）。

A.管理层采用可接受的财务报告编制基础

B.管理层认可注册会计师执行审计工作的前提

C.管理层承诺提供注册会计师要求的书面声明

D.管理层同意接受非无保留意见的审计报告

第10记 **99记** 知识链接

63 下列有关审计业务约定书的说法中，错误的有（　　　）。

A.会计师事务所承接任何审计业务，都应当与被审计单位签订审计业务约定书

B.审计业务约定书应当指出用于编制财务报表所适用的财务报告编制基础

C.对于连续审计，注册会计师应当在每期致送新的审计业务约定书

D.对于集团财务报表审计，注册会计师应当向组成部分单独致送审计业务约定书

第11记 **99记** 知识链接

64 下列有关总体审计策略和具体审计计划的说法中，正确的有（　　　）。

A.制定总体审计策略通常在具体审计计划之前

B.制定总体审计策略和具体审计计划时需要运用职业判断

C.具体审计计划的调整可能导致总体审计策略的调整

D.总体审计策略用以指导具体审计计划的制定

第12记 **99记** 知识链接

65 下列各项中，注册会计师在所有审计业务中均需要确定的有（　　　）。

A.财务报表整体重要性

B.组成部分重要性

C.特定交易类别、账户余额或披露的重要性水平

D.明显微小错报临界值

第13记 **99记** 知识链接

66　在确定财务报表整体重要性时，下列各项中，通常适合作为基准的有（　　　）。

A.公益组织的捐赠支出　　　　　　　　B.开放式基金的净资产

C.成长期企业的非经常性收益　　　　　D.新兴行业企业的税前利润

第13记　99记　知识链接

67　下列各项中，注册会计师在确定财务报表整体重要性时，通常无须考虑的有（　　　）。

A.财务报表是否含有高度不确定性的具体项目

B.是否存在个别财务报表使用者特别关注的项目

C.被审计单位是否为公众利益实体

D.被审计单位治理层对沟通错报的预期

第13记　99记　知识链接

68　下列情形中，注册会计师通常考虑选择较低的百分比确定实际执行的重要性的有（　　　）。

A.被审计单位是面临业绩压力的拟上市公司

B.被审计单位是连续两年亏损的上市公司

C.被审计单位被前任注册会计师出具了否定意见的内部控制审计报告

D.被审计单位本期的销售费用显著增长

第13记　99记　知识链接

69　下列有关实际执行的重要性的说法中，正确的有（　　　）。

A.实施分析程序时，确定的可接受的差异额通常不超过实际执行的重要性

B.实施审计抽样时，运用实际执行的重要性可以确定细节测试中的可容忍错报

C.制定审计计划时，无须将低于实际执行的重要性的账户纳入进一步审计程序的范围

D.计划审计工作时，对于连续审计业务使用较高百分比确定实际执行的重要性

第13记　99记　知识链接

70　下列情形中，注册会计师通常需要运用重要性概念的有（　　　）。

A.评价识别出的错报对审计的影响　　　B.评价未更正错报对审计意见的影响

C.计划审计工作　　　　　　　　　　　D.执行审计工作

第13记　99记　知识链接

71　下列各项中，通常属于项目组内部讨论的目的的有（　　　）。

A.使经验丰富的项目组成员分享见解

B.使项目组成员讨论被审计单位面临的经营风险

C.帮助项目组成员了解各自实施的审计程序如何影响审计的其他方面

D.帮助项目组成员识别对职业道德基本原则的不利影响

第14记　99记　知识链接

72 下列有关项目组内部的讨论的说法中，正确的有（   ）。
    A.项目组内部的讨论仅在风险评估阶段进行
    B.项目合伙人应当亲自向未参与讨论的项目组成员通报必要的事项
    C.项目组应当讨论由于舞弊导致重大错报的可能性
    D.注册会计师应当运用职业判断确定参与项目组讨论的人员

第14记 99记 知识链接

73 下列有关特别风险的说法中，正确的有（   ）。
    A.在判断哪些风险是特别风险时，注册会计师需要考虑识别出的控制对相关风险的抵销效果
    B.如果注册会计师拟信赖针对特别风险的控制，所有关于该控制运行有效性的审计证据必须来自当年
    C.如果认为评估的认定层次重大错报风险是特别风险，注册会计师实施的实质性程序应当包括细节测试
    D.注册会计师应当将识别出的、超出被审计单位正常经营过程的重大关联方交易导致的风险确定为特别风险

第16记 99记 知识链接

74 下列各项中，注册会计师应当将其评估为存在特别风险的有（   ）。
    A.收入确认导致的舞弊风险
    B.超出被审计单位正常经营过程的关联方交易
    C.具有高度估计不确定性的会计估计
    D.管理层凌驾于控制之上的风险

第16记 99记 知识链接

75 下列各项中，通常表明存在财务报表层次重大错报风险的有（   ）。
    A.被审计单位的管理层或治理层缺乏诚信
    B.被审计单位因监管要求需要淘汰一批原有设备
    C.被审计单位的某项联营投资涉及复杂的业绩对赌安排
    D.被审计单位的管理层没有建立必要的内部控制

第16记 99记 知识链接

76 关于针对特别风险实施的进一步审计程序，下列做法中，正确的有（   ）。
    A.控制测试和实质性分析程序
    B.控制测试和细节测试
    C.仅实施细节测试
    D.仅实施实质性分析程序

第16记 99记 知识链接

77　下列有关注册会计师识别和评估重大错报风险的说法中，正确的有（　　　）。

A.注册会计师需要考虑初步业务活动中获取的信息

B.注册会计师应当分成两个层次识别重大错报风险

C.注册会计师应当将识别的风险与某项认定相联系

D.注册会计师应当考虑相关控制对评估结果的影响

第16记　99记　知识链接

78　下列各项中，注册会计师在评估固有风险等级时，通常需要考虑的有（　　　）。

A.错报发生的概率　　　　　　　　B.错报的金额大小

C.错报的性质或情况　　　　　　　D.错报的更正情况

第16记　99记　知识链接

79　下列各项中，注册会计师在确定特别风险时，通常需要考虑的有（　　　）。

A.审计准则的规定　　　　　　　　B.错报的严重程度

C.控制对风险的抵销效果　　　　　D.错报发生的可能性

第16记　99记　知识链接

80　下列各项因素中，注册会计师在确定实施进一步审计程序的时间时需要考虑的有（　　　）。

A.被审计单位的控制环境　　　　　B.何时能得到相关信息

C.错报风险的性质　　　　　　　　D.审计证据适用的期间

第17记　99记　知识链接

81　下列各项中，注册会计师不得依赖以前审计所获取的控制运行有效性的审计证据的有（　　　）。

A.该控制在本期发生实质性变化

B.该控制在最近两年未被测试过

C.该控制针对特别风险

D.该控制属于稳定性较差的人工控制

第20记　99记　知识链接

82　下列各项中，与控制测试的范围呈同向变动的有（　　　）。

A.控制执行的频率

B.拟信赖的期间长度

C.控制的预期偏差率

D.拟获取有关审计证据的相关性和可靠性

第21记　99记　知识链接

83 下列有关数据分析的说法中，错误的有（　　　）。

A.数据分析是注册会计师对被审计单位内部数据进行分析、建模或可视化处理的获取审计证据的一种手段

B.校验数据的准确性和完整性是运用数据分析的基本步骤的起点

C.制定注册会计师审计数据标准有助于促进数据分析的实务运用

D.注册会计师了解和测试被审计单位内部控制时通常不运用数据分析

第23记 99记 知识链接

84 下列各项中，属于审计抽样的特征的有（　　　）。

A.注册会计师对具有审计相关性的总体中低于百分之百的项目实施审计程序

B.注册会计师挑选具备某一特征的项目进行测试

C.注册会计师根据样本项目的测试结果推断出有关总体的结论

D.注册会计师根据样本测试结果推断的错报与总体中的错报完全相同

第24记 99记 知识链接

85 注册会计师运用审计抽样实施控制测试时，下列各项中，属于界定总体时需要考虑的因素的有（　　　）。

A.适当性 　　　　　　　　　　B.完整性

C.变异性 　　　　　　　　　　D.同质性

第25记 99记 知识链接

86 下列有关在控制测试和细节测试中运用审计抽样的说法中，错误的有（　　　）。

A.在控制测试中，与细节测试中设定的可容忍错报相比，注册会计师通常为控制测试设定相对较高的可容忍偏差率

B.在控制测试中，评价样本结果时，注册会计师无须考虑已识别偏差导致财务报表金额错报的可能性

C.在细节测试中，注册会计师确定的可容忍错报应当低于实际执行的重要性

D.在细节测试中，使用货币单元抽样时，注册会计师推断的总体错报小于可容忍错报，则样本结果支持总体的账面金额

第25记 99记 知识链接

87 在控制测试中运用审计抽样时，下列各项情形中，注册会计师无法直接得出总体可以接受的结论的有（　　　）。

A.使用统计抽样方法，总体偏差率上限低于可容忍偏差率

B.使用统计抽样方法，总体偏差率高于可容忍偏差率

C.使用非统计抽样方法，总体偏差率低于可容忍偏差率

D.使用非统计抽样方法，总体偏差率低于但接近可容忍偏差率

第25记 99记 知识链接

88　下列各项中，注册会计师在控制测试中使用统计抽样时，通常应在审计工作底稿中作出恰当记录的有（　　　）。

A.对偏差的构成条件的定义

B.对整群选样的运用过程

C.对如何实施抽样程序的描述

D.将总体偏差率与可容忍偏差率对比而形成的总体结论

第25记 99记 知识链接

89　下列有关注册会计师与治理层沟通的说法中，正确的有（　　　）。

A.注册会计师应当与治理层沟通计划的审计范围和时间安排的总体情况，包括识别的特别风险

B.注册会计师应当以书面形式向治理层通报审计过程中识别出的值得关注的内部控制缺陷

C.注册会计师应当设计专门程序以支持其对与治理层之间的双向沟通的评价

D.如果治理层全部参与管理，注册会计师应当记录对沟通的充分性进行考虑的过程

第27记 99记 知识链接

90　下列情形中，注册会计师不得利用内部审计的工作的有（　　　）。

A.内部审计在被审计单位的地位不足以支持内部审计人员的客观性

B.内部审计人员缺乏足够的胜任能力

C.内部审计缺乏质量控制

D.计划和实施的审计程序涉及较多判断

第28记 99记 知识链接

91　下列有关注册会计师利用专家工作的说法中，正确的有（　　　）。

A.注册会计师应当询问可能对专家客观性产生不利影响的利益和关系

B.注册会计师应当了解和评价专家工作涉及的所有假设和方法的相关性和合理性

C.外部专家不是项目组成员，不受会计师事务所质量管理政策和程序的约束

D.外部专家的工作底稿通常属于外部专家，不是审计工作底稿的一部分

第30记 99记 知识链接

92　下列各项中，注册会计师评价专家工作的结果或结论的相关性和合理性时，通常需要考虑的有（　　　）。

A.专家提交工作结果或结论的方式是否符合注册会计师所在行业的标准

B.专家的工作结果或结论是否基于适当的期间

C.专家的工作结果或结论在使用方面是否有任何限制

D.专家的工作结果或结论是否经专家所在单位完成质量复核

第30记 99记 知识链接

93 下列各项因素中，注册会计师在评价专家的工作是否足以实现审计目的时，影响注册会计师实施相关审计程序的性质、时间安排和范围的有（　　　）。

A.注册会计师对专家以往工作的了解

B.专家是否需要遵守会计师事务所的质量管理体系

C.与专家工作相关的重大错报风险

D.专家的工作在审计中的重要程度

第30记 99记 知识链接

94 下列人员中，注册会计师应当将其编制的工作底稿归入审计工作底稿的有（　　　）。

A.注册会计师利用的外部专家

B.项目质量复核人员

C.来自其他会计师事务所的组成部分注册会计师

D.项目合伙人

第30记 99记 知识链接

95 针对审计工作底稿中有关重大事项的记录，下列说法中，正确的有（　　　）。

A.重大事项通常包括可能导致在审计报告中增加其他事项段的事项

B.注册会计师应当记录与管理层对重大事项的讨论

C.注册会计师应当编制重大事项概要

D.涉及重大事项时，注册会计师需要编制与运用职业判断相关的审计工作底稿

第31记 99记 知识链接

96 下列有关期后事项审计的说法中，正确的有（　　　）。

A.注册会计师应当要求管理层提供书面声明，确认所有在财务报表日后发生的、按照适用的财务报告编制基础的规定应予调整或披露的事项均已得到调整或披露

B.注册会计师应当设计和实施审计程序，获取充分、适当的审计证据，以确定所有在财务报表日至财务报表报出日之间发生的、需要在财务报表中调整或披露的事项均已得到识别

C.审计报告日后，如果注册会计师知悉某项若在审计报告日知悉将导致修改审计报告的事实，且管理层已就此修改了财务报表，应当对修改后的财务报表实施必要的审计程序，出具新的或经修改的审计报告

D.在财务报表报出后，即使知悉可能对财务报表产生重大影响的事实，注册会计师没有责任采取措施

第34记 99记 知识链接

97　下列有关书面声明的说法中，正确的有（　　　）。

A.书面声明不包括财务报表及其认定、支持性账簿和相关记录

B.书面声明应当包括被审计单位管理层已向注册会计师披露全部已知的关联方名称和特征、关联方关系及其交易

C.书面声明应当包括被审计单位管理层已向注册会计师通报其注意到的所有内部控制缺陷

D.管理层签署书面声明前，注册会计师不能发表审计意见，也不能签署审计报告

第35记　**99记**　知识链接

第三模块　审计程序的实务运用

一、单项选择题

98　确定数据的可靠性是否能够满足实质性分析程序的需要时，下列各项中，注册会计师通常无须考虑的因素是（　　）。

A.数据的来源

B.数据的可分解程度

C.数据与被审计单位所处行业的相关性

D.与数据编制相关的控制

第36记　99记　知识链接

99　下列有关分析程序的说法中，错误的是（　　）。

A.分析程序所使用的信息可能包括非财务数据

B.注册会计师不需要在所有审计业务中运用分析程序

C.对某些重大错报风险，分析程序可能比细节测试更有效

D.分析程序并不适用于所有财务报表认定

第36记　99记　知识链接

100　下列各项中，通常不属于函证可靠性的考虑因素的是（　　）。

A.对询证函发出和收回的控制情况

B.被询证者的胜任能力

C.回函中的限制性条款

D.函证程序所针对的认定

第39记　99记　知识链接

101　下列有关现金监盘的做法中，错误的是（　　）。

A.观察执行现金盘点的人员对盘点计划的遵循情况

B.将现金监盘同时用作控制测试和实质性程序

C.对两处以上的库存现金存放部门同时实施监盘

D.查看被审计单位制定的盘点计划并协商确定监盘时间

第45记　99记　知识链接

102 下列有关注册会计师对银行存款余额调节表实施的审计程序中，错误的是（　　　）。

A.了解并评价银行存款余额调节表的编制和复核过程

B.核对被审计单位银行存款日记账与银行对账单余额是否调节一致

C.核对银行存款余额调节表中银行对账单余额是否与银行询证函回函一致

D.检查被审计单位已收而银行未收的大额款项在资产负债表日后银行存款日记账上的相关记录

第46记 **99记** 知识链接

103 下列审计程序中，通常不能为定期存款的存在认定提供可靠的审计证据的是（　　　）。

A.函证定期存款的相关信息

B.实地观察被审计单位登录网银系统查询定期存款信息

C.对于已质押的定期存款，检查定期存单复印件

D.对于在资产负债表日后已到期的定期存款，核对兑付凭证

第46记 **99记** 知识链接

二、多项选择题

104 下列有关分析程序说法中，错误的有（　　　）。

A.分析程序是指注册会计师通过分析不同的财务数据之间的内在关系对财务信息作出评价

B.细节测试比实质性分析程序更能有效地将认定层次的检查风险降至可接受的水平

C.注册会计师无须在了解被审计单位及其环境的各个方面实施分析程序

D.用于总体复核的分析程序的主要目的在于识别那些可能表明财务报表存在重大错报风险的异常变化

第36记 **99记** 知识链接

105 在作出是否有必要实施函证的决策时，下列各项因素中，注册会计师应当考虑的有（　　　）。

A.评估的认定层次重大错报风险

B.函证程序针对的认定

C.被审计单位管理层协助注册会计师实施函证程序的能力或意愿

D.实施除函证以外的其他审计程序获取的审计证据

第37记 **99记** 知识链接

106 下列有关函证的说法中，正确的有（　　　）。

A.函证应收账款时，询证函中不列明账户余额而是要求被询证者提供余额信息，有助于发现低估错报

B.函证应付账款时，根据供应商明细表而非应付账款明细表选择被询证者，有助于发现低估错报

C.被询证者的回函中存在免责或其他限制条款，会使得回函失去可靠性

D.被询证者将回函寄至被审计单位，被审计单位将其转交注册会计师，会使得回函失去可靠性

第38记 99记 知识链接

107 下列有关注册会计师对函证的全过程保持控制的说法中，正确的有（ ）。

A.询证函经被审计单位盖章后，应当由注册会计师直接发出

B.在询证函发出前，注册会计师需要恰当地设计询证函，并对询证函上的各项资料进行充分核对

C.注册会计师采取跟函方式发送并收回询证函时，需要在整个过程中保持对询证函的控制，对被审计单位和被询证者之间串通舞弊的风险保持警觉

D.注册会计师需要在询证函中填列回函地址，要求被询证者直接向注册会计师回函

第38记 99记 知识链接

108 下列有关注册会计师实施电子函证的说法中，错误的有（ ）。

A.第三方电子询证函平台可能存在独立性和安全性风险

B.评估第三方电子询证函平台可靠性的工作通常由审计项目组完成

C.注册会计师可以通过评估第三方电子询证函平台聘请的专业人员的胜任能力和专业素质得出是否存在安全可靠性风险的结论

D.注册会计师可以使用被审计单位自身的电子询证函平台实施电子函证

第38记 99记 知识链接

109 下列有关存货监盘的说法中，正确的有（ ）。

A.如果认为被审计单位的存货盘点程序存在缺陷，注册会计师应当提请被审计单位调整

B.在获取完整的存货存放地点清单的基础上，注册会计师应当根据不同地点存放存货的重要性选择适当的监盘地点

C.如果认为被审计单位内部控制设计良好且有效实施，注册会计师可以缩小实施检查程序的范围

D.由于不可预见的情况无法在存货盘点现场实施监盘，注册会计师应当实施替代审计程序

第42记 99记 知识链接

110 下列各项审计程序中，注册会计师在被审计单位存货盘点现场执行监盘时应当实施的有（ ）。

A.评价注册会计师参与存货盘点过程的充分性

B.观察管理层制定的盘点程序的执行情况

C.检查存货

D.执行双向抽盘

第43记 99记 知识链接

111 下列有关存货监盘的说法中，正确的有（　　　）。

A.对所有权不属于被审计单位的存货，注册会计师在监盘过程中无须执行工作

B.注册会计师需要于监盘时获取盘点日前最后的出、入库单据编号，用于执行截止测试

C.如果存货在盘点过程中未停止流动，注册会计师需要观察被审计单位有关存货移动的控制程序是否得到执行

D.在监盘过程中，注册会计师需要将所有过时、毁损或陈旧存货的详细情况记录下来，为测试存货跌价准备提供证据

第43记 99记 知识链接

第四模块　集团审计

一、单项选择题

112 对于集团审计，下列有关组成部分重要性的说法中，正确的是（　　　）。

A.组成部分重要性应当不超过集团财务报表整体的重要性

B.不同组成部分的组成部分重要性可以相同

C.集团项目组应当评价组成部分注册会计师确定的组成部分重要性是否适当

D.集团项目组应当为所有重要组成部分确定组成部分重要性

第49记　知识链接

113 下列各项中，集团项目组不能通过对组成部分财务信息实施追加审计程序消除其不利影响的是（　　　）。

A.组成部分注册会计师不符合与集团审计相关的独立性要求

B.对组成部分注册会计师的专业胜任能力存在并非重大的疑虑

C.组成部分注册会计师未处于积极有效的监管环境中

D.组成部分注册会计师的工作不充分

第50记　知识链接

114 对于集团审计，下列有关集团项目组参与重要组成部分审计工作的说法中，错误的是（　　　）。

A.集团项目组应当与组成部分注册会计师或组成部分管理层讨论对集团而言重要的组成部分业务活动

B.集团项目组应当参与组成部分注册会计师实施的风险评估程序

C.集团项目组应当参与组成部分注册会计师针对导致集团财务报表发生重大错报的特别风险实施的进一步审计程序

D.集团项目组应当复核组成部分注册会计师对识别出的导致集团财务报表发生重大错报的特别风险形成的审计工作底稿

第51记　知识链接

115 下列各项中，属于组成部分注册会计师应当向集团项目组通报的内容的是（　　　）。

A.组成部分财务信息中未更正错报的清单

B.低于集团项目组通报的明显微小错报临界值的错报

C.对组成部分实施审计时的重要性水平

D.集团管理层编制的关联方清单

第52记 99记 知识链接

二、多项选择题

116 在审计集团财务报表时，下列各项工作类型中，适用于重要组成部分的有（   ）。

A.财务信息审阅　　　　　　　　　　B.财务信息审计

C.实施特定审计程序　　　　　　　　D.特定项目审计

第47记 99记 知识链接

117 下列有关组成部分重要性的说法中，正确的有（   ）。

A.组成部分重要性的汇总数可以高于集团财务报表整体的重要性

B.组成部分重要性可以由集团项目组或组成部分注册会计师确定

C.如果仅计划在集团层面对某组成部分实施分析程序，则无须为该组成部分确定重要性

D.集团财务报表整体的重要性应当不低于组成部分重要性

第49记 99记 知识链接

118 下列各项中，属于影响集团项目组参与组成部分注册会计师工作的因素的有（   ）。

A.组成部分的重要程度

B.组成部分信息的受限程度

C.集团项目组对组成部分注册会计师的了解

D.识别出的导致集团财务报表发生重大错报的特别风险

第50记 99记 知识链接

119 在审计集团财务报表时，下列各项工作中，应当由集团项目组负责执行的有（   ）。

A.了解合并过程

B.对重要组成部分实施风险评估程序

C.对不重要的组成部分在集团层面实施分析程序

D.确定对组成部分执行的工作类型

第50记 99记 知识链接

120 下列各项中，属于集团项目组或组成部分注册会计师对重要组成部分执行的工作的有（   ）。

A.使用组成部分的重要性对组成部分财务信息实施审计

B.对一个或多个账户余额、一类或多类交易或披露实施审计

C.使用组成部分的重要性对组成部分财务信息实施审阅

D.在集团层面实施分析程序

第51记 **99记** 知识链接

121 集团项目组确定对所选择的每个组成部分财务信息执行工作的类型时，下列各项中，通常需要考虑的因素有（　　）。

A.集团层面控制运行的有效性

B.组成部分是否发生重大变化

C.法律法规是否要求对组成部分执行审计

D.集团审计的归档期限

第51记 **99记** 知识链接

第五模块　对特殊事项的考虑

一、单项选择题

122 下列舞弊风险因素中，与编制虚假财务报告的态度或借口相关的是（　　）。

A.管理层过于关注保持或提高被审计单位的股票价格

B.管理层为被审计单位的债务提供了担保

C.管理层由少数人控制且缺乏补偿性控制

D.管理层容忍小额盗窃资产的行为

第53记 **99记** 知识链接

123 下列各项中，通常不属于注册会计师对其继续执行审计业务的能力产生怀疑的异常情形的是（　　）。

A.被审计单位存在重大的舞弊风险

B.注册会计师对管理层的胜任能力产生重大疑虑

C.注册会计师对治理层的诚信产生重大疑虑

D.被审计单位没有针对非重大舞弊事实采取必要的措施

第53记 **99记** 知识链接

124 下列做法中，通常无法应对舞弊导致的认定层次重大错报风险的是（　　）。

A.改变审计程序的性质　　　　　　　B.改变控制测试的时间

C.改变实质性程序的时间　　　　　　D.改变审计程序的范围

第54记 **99记** 知识链接

125 下列有关财务报表审计中对法律法规的考虑的说法中，错误的是（　　）。

A.注册会计师没有责任防止被审计单位违反法律法规

B.注册会计师有责任实施特定的审计程序，以识别和应对可能对财务报表产生重大影响的违反法律法规行为

C.注册会计师通常采用书面形式与被审计单位治理层沟通审计过程中注意到的有关违反法律法规的事项

D.如果被审计单位存在对财务报表有重大影响的违反法律法规行为，且未能在财务报表中得到充分反映，注册会计师应当发表保留意见或否定意见

第55记 **99记** 知识链接

126 下列与会计估计审计相关的程序中，注册会计师应当在风险评估阶段实施的是（   ）。

A.复核上期财务报表中会计估计的结果

B.确定管理层作出会计估计的方法是否恰当并得到一贯运用

C.评价管理层作出会计估计所依据的假设

D.确定管理层是否恰当运用与会计估计相关的财务报告编制基础

第56记 99记 知识链接

127 下列有关注册会计师对识别出被审计单位超出正常经营过程的重大交易所实施的程序的说法中，错误的是（   ）。

A.注册会计师应当向管理层询问这些交易的性质以及是否涉及关联方

B.具有异常大额折扣或退货的销售业务属于超出正常经营过程的交易

C.注册会计师对超出正常经营过程的交易获取信息有助于评价是否存在舞弊风险因素

D.注册会计师应当将关联方参与超出正常经营过程的交易的情况评估为存在特别风险

第58记 99记 知识链接

128 在确定是否存在管理层以前未识别或未向注册会计师披露的关联方关系或交易时，下列文件中，注册会计师应当检查的不包括（   ）。

A.实施审计程序时获取的银行回函   B.实施审计程序时获取的律师回函

C.股东会和治理层会议的纪要   D.被审计单位在报告期内重新商定的重要合同

第59记 99记 知识链接

129 下列各项中，最有可能导致注册会计师对持续经营假设产生重大疑虑的是（   ）。

A.被审计单位的定期借款即将在一年内到期

B.被审计单位的关键管理人员即将在一年内离职

C.被审计单位无法获得开发必要的新产品所需的资金

D.被审计单位针对意外灾害的保额不足

第60记 99记 知识链接

130 下列有关首次接受委托时，对期初余额的审计的说法中，正确的是（   ）。

A.注册会计师无论在接受委托前、接受委托后，还是在发现前任注册会计师审计的财务报表可能存在重大错报时，均应当与前任注册会计师沟通

B.对非流动资产和非流动负债，注册会计师应当通过检查形成期初余额的会计记录获取审计证据

C.如果期初余额存在对本期财务报表产生重大影响的错报，注册会计师应当与适当层级的管理层和治理层进行沟通

D.如果会计政策的变更未能得到恰当的会计处理或适当的列报与披露，注册会计师应当对财务报表发表保留意见或无法表示意见

第63记 99记 知识链接

131　下列有关期初余额审计的说法中，正确的是（　　　）。

A.如果发现被审计单位会计政策发生变更，则应当提请被审计单位对期初余额进行调整

B.如果认为前任注册会计师具有独立性，则可以通过查阅其审计工作底稿获取有关期初余额充分、适当的审计证据

C.对流动资产和流动负债，注册会计师可以通过本期实施的审计程序获取有关期初余额充分、适当的审计证据

D.对非流动资产和非流动负债，注册会计师可以通过检查形成期初余额的会计记录和其他信息获取审计证据

第63记　**99记** 知识链接

二、多项选择题

132　针对管理层凌驾于控制之上的风险，下列各项中，注册会计师应当设计和实施的审计程序有（　　　）。

A.向参与财务报告过程的人员询问与处理会计分录和其他调整相关的不恰当或异常的活动

B.测试整个会计期间的会计分录和其他调整

C.追溯复核与以前年度财务报表反映的重大会计估计相关的管理层判断和假设

D.评价超出被审计单位正常经营过程的重大交易的商业理由

第54记　**99记** 知识链接

133　下列各项中，属于识别、选择和测试会计分录和其他调整时的考虑因素的有（　　　）。

A.舞弊导致的重大错报风险的评估结果

B.会计分录和其他调整已实施的内部控制

C.被审计单位的财务报告过程以及所能获取的证据的性质

D.账户的性质和复杂程度

第54记　**99记** 知识链接

134　下列审计程序中，通常可以识别被审计单位违反法律法规行为的有（　　　）。

A.阅读董事会和管理层的会议纪要

B.向管理层、内部或外部法律顾问询问诉讼、索赔及评估情况

C.获取来自管理层关于被审计单位不存在违反法律法规行为的书面声明

D.对营业外支出中的罚款及滞纳金支出实施细节测试

第55记　**99记** 知识链接

135　下列各项审计工作中，可以应对与会计估计相关的重大错报风险的有（　　　）。

A.测试管理层作出会计估计所使用的数据

B.测试与管理层作出会计估计相关的控制的运行有效性

C.作出注册会计师的点估计或区间估计，以评价管理层的点估计

D.确定截至审计报告日发生的事项是否提供有关会计估计的审计证据

第57记 99记 知识链接

136 审计证据支持的点估计或区间估计不同于或不包括管理层的点估计。在确定管理层的点估计是否存在错报时，下列说法中，正确的有（　　　）。

A.注册会计师的点估计与管理层的点估计之间的差异构成错报

B.注册会计师的点估计与管理层的点估计之间的差异可能不构成错报

C.管理层的点估计与注册会计师的区间估计之间的最小差异构成错报

D.管理层的点估计与注册会计师的区间估计之间的最小差异可能不构成错报

第57记 99记 知识链接

137 下列有关会计估计和相关披露的事项中，注册会计师应当要求管理层提供书面声明的有（　　　）。

A.使用的方法的适当性

B.使用的重大假设的适当性

C.使用的数据的适当性

D.利用的管理层专家工作的适当性

第57记 99记 知识链接

138 下列各项中，属于关联方施加的支配性影响的情形的有（　　　）。

A.重大交易需经关联方的最终批准

B.关联方关注重大会计估计的作出

C.对涉及与关联方关系密切的家庭成员的交易极少进行复核

D.管理层和治理层未曾讨论即通过关联方提出的业务建议

第58记 99记 知识链接

139 下列有关关联方审计的说法中，错误的有（　　　）。

A.关联方交易比非关联方交易具有更高的财务报表重大错报风险

B.如果识别出管理层未向注册会计师披露的重大关联方交易，注册会计师应当出具非无保留意见的审计报告

C.如果适用的财务报告编制基础未对关联方作出规定，注册会计师无须对关联方关系及其交易实施审计程序

D.如果与被审计单位存在担保关系的其他方不在管理层提供的关联方清单上，注册会计师需要对是否存在管理层未向注册会计师披露的关联方关系和交易保持警觉

第58记 99记 知识链接

140 针对超出被审计单位正常经营过程的重大关联方交易，下列各项中，属于注册会计师应当实施的审计程序的有（　　）。

A.检查相关合同或协议

B.评价交易的商业理由

C.获取交易已经恰当授权和批准的审计证据

D.获取治理层批准该项交易的书面声明

第59记 **99记** 知识链接

141 下列有关考虑持续经营假设的说法中，正确的有（　　）。

A.注册会计师应当考虑管理层作出的评估是否已考虑所有相关信息，其中不包括注册会计师实施审计程序获取的信息

B.除询问管理层外，注册会计师没有责任实施其他任何审计程序，以识别超出管理层评估期间并可能导致对被审计单位持续经营能力产生重大疑虑的事项或情况

C.注册会计师未在审计报告中提及持续经营的不确定性，不能被视为对被审计单位持续经营能力的保证

D.如果注册会计师运用职业判断认为管理层运用持续经营假设不适当，则无论财务报表中是否作出披露，注册会计师均应发表否定意见

第61记 **99记** 知识链接

142 如果识别出可能导致对被审计单位持续经营能力产生重大疑虑的事项或情况，注册会计师应当实施追加的审计程序，以确定是否存在重大不确定性。下列各项审计程序中，注册会计师应当实施的有（　　）。

A.要求管理层提供有关未来应对计划及其可行性的书面声明

B.评价与管理层评估持续经营能力相关的内部控制是否运行有效

C.考虑自管理层作出评估后是否存在其他可获得的事实或信息

D.如果管理层未对被审计单位持续经营能力作出评估，提请管理层进行评估

第61记 **99记** 知识链接

143 下列各项中，在查阅前任注册会计师的工作底稿时，通常需要查阅的内容有（　　）。

A.前任注册会计师发表的审计意见类型

B.前任注册会计师工作底稿中的所有重要审计领域

C.前任注册会计师是否已实施审计程序，获取充分、适当的审计证据

D.前任注册会计师的未更正错报汇总表

第62记 **99记** 知识链接

144 下列有关前后任注册会计师沟通的说法中，错误的有（　　　）。

A.如果发现前任注册会计师已审计财务报表可能存在重大错报，后任注册会计师应当直接告知前任注册会计师

B.如果发现前任注册会计师已审计财务报表可能存在重大错报，且前任注册会计师拒绝参加三方会谈，后任注册会计师应当考虑向法律顾问咨询

C.当会计师事务所通过投标方式承接审计业务时，前任注册会计师应当对所有参与投标的会计师事务所的询问进行答复

D.接受委托后，前任注册会计师可自主决定是否允许后任注册会计师摘录部分审计工作底稿

第62记 99记 知识链接

145 下列有关与前任注册会计师沟通的说法中，错误的有（　　　）。

A.无论是接受委托前还是接受委托后，注册会计师都应当与前任注册会计师进行必要沟通

B.无论是接受委托前还是接受委托后，注册会计师与前任注册会计师沟通都应当征得被审计单位同意

C.无论是接受委托前还是接受委托后，注册会计师与前任注册会计师沟通都应当采用书面形式

D.无论是接受委托前还是接受委托后，注册会计师都应当考虑查阅前任注册会计师的工作底稿

第62记 99记 知识链接

146 下列有关首次审计业务的期初余额审计的说法中，正确的有（　　　）。

A.如果前任注册会计师对上期财务报表发表了非无保留意见，注册会计师在评估本期财务报表重大错报风险时，应当评价导致对上期财务报表发表非无保留意见的事项的影响

B.为确定期初余额是否含有对本期财务报表产生重大影响的错报，注册会计师应当确定适用于期初余额的重要性水平

C.查阅前任注册会计师审计工作底稿获取的信息可能影响后任注册会计师对期初余额实施审计程序的范围

D.即使上期财务报表未经审计，注册会计师也无须专门对期初余额发表审计意见

第63记 99记 知识链接

第六模块　审计报告

一、单项选择题

147 下列有关审计报告日的说法中，错误的是（　　　）。

A.在整合审计中，注册会计师应当分别对内部控制和财务报表出具审计报告，并签署相同的日期

B.注册会计师签署审计报告的日期应当与管理层签署已审计财务报表的日期为同一天

C.在特殊情况下，注册会计师可以出具双重日期的审计报告

D.审计报告日不应早于注册会计师获取充分、适当的审计证据并在此基础上对财务报表形成审计意见的日期

第64记　99记　知识链接

148 下列有关注册会计师对其他信息的责任的说法中，正确的是（　　　）。

A.其他信息是指在被审计单位年度报告中，除包含财务报表和审计报告外的其他财务信息

B.注册会计师无须阅读与财务报表或注册会计师在审计中了解到的情况不相关的其他信息

C.当其他信息和财务报表之间存在重大不一致时，注册会计师应当要求管理层更正其他信息

D.注册会计师对财务报表发表的审计意见不涵盖其他信息

第70记　99记　知识链接

二、多项选择题

149 下列各项中，属于审计报告的作用的有（　　　）。

A.公证作用

B.保护作用

C.证明作用

D.鉴证作用

第64记　99记　知识链接

150 下列有关在审计报告中沟通关键审计事项的说法中，错误的有（　　　）。

A.在审计报告中包含的关键审计事项的数量受被审计单位规模和复杂程度、业务和经营环境的性质，以及审计业务具体事实和情况的影响

B.由于导致非无保留意见的事项不符合关键审计事项的定义，因此不应在关键审计事项部分披露

C.在描述关键审计事项时，注册会计师应当运用职业判断确定是否将其索引至财务报表的相关披露

D.注册会计师应当更新上期审计报告中的关键审计事项并考虑其对本期财务报表审计而言是否仍为关键审计事项

第65记 **99记** 知识链接

151 下列各项中，注册会计师通常不应在审计报告的关键审计事项部分进行描述的有（   ）。

A.被审计单位的原始信息

B.被审计单位持续经营能力产生重大疑虑的事项或情况不存在重大不确定性

C.满足强调事项段定义的事项

D.合理预期在审计报告中沟通后造成的负面后果超过产生的公众利益方面益处的事项

第65记 **99记** 知识链接

152 下列各项中，属于注册会计师可能认为需要增加强调事项段的情形的有（   ）。

A.异常诉讼的未来结果存在不确定性

B.提前应用对财务报表有重大影响的新会计准则

C.在财务报表日至审计报告日之间发生的重大期后事项

D.对两套以上财务报表出具审计报告

第67记 **99记** 知识链接

153 下列有关在审计报告中提及相关人员的说法中，正确的有（   ）。

A.如果上期财务报表已由前任注册会计师审计，注册会计师不应在无保留意见审计报告中提及前任注册会计师的相关工作，除非法律法规另有规定

B.注册会计师不应在无保留意见的审计报告中提及专家的相关工作，除非法律法规另有规定

C.注册会计师不应在无保留意见的审计报告中提及服务机构注册会计师的相关工作，除非法律法规另有规定

D.注册会计师对集团财务报表出具的审计报告不应提及组成部分注册会计师，除非法律法规另有规定

第69记 **99记** 知识链接

154 上期财务报表已由前任注册会计师审计时，下列各项中，注册会计师可以在审计报告的其他事项段中说明的有（   ）。

A.本期审计报告的意见类型受到前任注册会计师出具审计报告的影响

B.前任注册会计师出具审计报告的日期

C.前任注册会计师发表非无保留意见的理由

D.前任注册会计师认为导致变更会计师事务所的原因

第69记 **99记** 知识链接

155 下列有关持续经营对审计报告的影响的说法中，错误的有（　　）。

A.如果运用持续经营假设是不适当的，而管理层采用在具体情况下可接受的其他编制基础编制财务报表并对此作出充分披露，注册会计师可以发表无保留意见并增加强调事项段

B.如果运用持续经营假设是适当的，已识别的可能导致对被审计单位的持续经营能力产生重大疑虑的事项或情况不存在重大不确定性，注册会计师应当发表无保留意见

C.如果运用持续经营假设是适当的，但存在多项对财务报表整体具有重要影响的重大不确定性，即使财务报表已对此作出充分披露，注册会计师也可能发表无法表示意见

D.如果运用持续经营假设是适当的，但存在重大不确定性，财务报表未对此作出充分披露，注册会计师应当发表保留意见或否定意见，并增加"与持续经营相关的重大不确定性"部分，提醒财务报表使用者予以关注

第71记 **99记** 知识链接

156 下列有关注册会计师在审计报告中提及专家的说法中，正确的有（　　）。

A.除非法律法规要求提及，注册会计师不应在无保留意见的审计报告中提及专家的工作

B.即使法律法规要求提及，注册会计师对审计意见承担的责任也不因利用专家的工作而减轻

C.注册会计师可以运用职业判断确定是否提及专家的工作，以便预期使用者更好地理解审计报告的非无保留意见

D.注册会计师与专家达成一致意见时，需要考虑在审计报告中提及专家的工作的需要

第71记 **99记** 知识链接

第七模块　企业内部控制审计

一、单项选择题

157 下列有关内部控制审计和财务报表审计的说法中，错误的是（　　　）。

A.对于同一财务报表，在内部控制审计和财务报表审计中运用的重要性水平应当相同

B.在财务报表审计和内部控制审计中，注册会计师都需要了解并测试与审计相关的内部控制

C.在整合审计中，控制测试的时间安排尽量同时满足内部控制审计和财务报表审计的要求

D.实施内部控制审计时，注册会计师需要重点考虑财务报表审计中发现的财务报表错报，并考虑这些错报对评价内控有效性的影响

第72记 **99记** 知识链接

158 下列与企业层面控制相关说法中，正确的是（　　　）。

A.企业层面控制通常不局限于某个具体认定，因此无法及时防止或发现一个或多个相关认定中存在的重大错报

B.如果一项企业层面控制足以应对已评估的重大错报风险，注册会计师可能可以不必测试与该风险相关的其他控制

C.注册会计师无须考虑对重大错报是否能够被及时防止或发现的可能性有间接影响的企业层面控制

D.注册会计师对企业层面控制的评价，将减少本应对其他控制所进行的测试

第74记 **99记** 知识链接

159 在执行内部控制审计时，下列有关注册会计师识别重要账户、列报及其相关认定的说法中，正确的是（　　　）。

A.注册会计师应当将金额超过财务报表整体重要性的账户或列报认定为重要账户或列报

B.在识别重要账户、列报及其相关认定时，注册会计师应当考虑控制的影响

C.注册会计师在内部控制审计中识别的重要账户、列报及其相关认定，与财务报表审计中可以不同

D.在识别重要账户、列报及其相关认定时，注册会计师应当确定重大错报的可能来源

第75记 **99记** 知识链接

160 下列有关内部控制审计的说法中，正确的是（　　　）。

A.实施内部控制审计时，注册会计师对企业内部控制评价报告发表审计意见

B.注册会计师通常仅测试基准日的内部控制，以对特定基准日内部控制的有效性发表意见

C.注册会计师应当对财务报告内部控制的有效性发表审计意见，而无须考虑除财务报告内部控制之外的其他控制

D.在整合审计中，注册会计师控制测试所涵盖的期间应尽量与财务报表审计中拟信赖内部控制的期间保持一致

第79记　99记　知识链接

二、多项选择题

161　在执行内部控制审计时，下列有关内部控制缺陷评价的说法中，错误的有（　　　）。

A.控制缺陷的严重程度与错报是否发生无关，而取决于控制不能防止或发现并纠正错报的可能性的大小

B.评价控制缺陷是否可能导致错报时，注册会计师应当将错报发生的概率量化为某特定的百分比或区间

C.在评价控制缺陷导致的潜在错报的金额大小时，注册会计师应当考虑预计的未来期间受控制缺陷影响的账户余额或交易量

D.在评价控制缺陷是否构成重大缺陷时，注册会计师不应考虑补偿性控制的影响

第72记　99记　知识链接

162　在执行内部控制审计时，下列有关控制偏差的说法中，正确的有（　　　）。

A.如果发现的控制偏差是系统性偏差，注册会计师应当考虑对审计方案的影响

B.如果发现的控制偏差是系统性偏差，注册会计师应当扩大样本规模进行测试

C.如果发现控制偏差，注册会计师应当确定偏差对与所测试控制相关的风险评估的影响

D.如果发现的控制偏差是人为有意造成的，注册会计师应当考虑舞弊的可能迹象

第79记　99记　知识链接

163　在执行内部控制审计时，下列有关财务报告内部控制的说法中，正确的有（　　　）。

A.财务报告内部控制是与企业的财务报告的可靠性目标相关的内部控制

B.财务报告内部控制不包括保护资产安全的内部控制

C.注册会计师应当对其有效性发表审计意见

D.注册会计师应当在基准日前足够长的时间获取其有效性的审计证据

第80记　99记　知识链接

164　下列各项中，注册会计师应当考虑在内部控制审计报告中增加强调事项段的有（　　　）。

A.注册会计师注意到非财务报告内部控制重大缺陷

B.注册会计师根据法律法规的豁免规定未将被审计单位的某些实体纳入内部控制审计的范围

C.注册会计师知悉在基准日并不存在的重大期后事项

D.注册会计师认为企业内部控制评价报告对要素的列报不完整

第80记　99记　知识链接

165 在执行内部控制审计时，下列有关审计范围受到限制时相关处理的说法中，错误的有（　　）。

A.注册会计师应当出具保留意见或无法表示意见的内部控制审计报告

B.注册会计师不应在内部控制审计报告中指明所执行的程序

C.注册会计师无须在内部控制审计报告中详细说明在已执行的有限程序中发现的内部控制重大缺陷

D.注册会计师应当就未能完成整个内部控制审计工作的情况以书面形式与管理层和治理层沟通

第80记 99记 知识链接

第八模块　质量管理

一、多项选择题

166　下列各项中，属于会计师事务所质量管理体系的组成要素的有（　　　）。

　　A.治理和领导层　　　　　　　　　B.被审计单位的风险评估过程

　　C.资源　　　　　　　　　　　　　D.监控和整改程序

第81记　99记 知识链接

167　在会计师事务所质量管理体系中，下列各项中，属于会计师事务所的资源的有（　　　）。

　　A.合伙人、员工和实习生　　　　　B.信息技术系统

　　C.客户资源　　　　　　　　　　　D.审计技术指引

第81记　99记 知识链接

168　下列有关会计师事务所质量管理领导层的说法中，正确的有（　　　）。

　　A.会计师事务所的首席合伙人应当对质量管理体系承担最终责任

　　B.会计师事务所指定的专门合伙人可以对质量管理体系承担最终责任

　　C.会计师事务所应当指定的专门合伙人对质量管理体系的运行承担责任

　　D.会计师事务所的首席合伙人可以对监控质量管理体系的运行承担责任

第83记　99记 知识链接

169　下列有关合伙人晋升制度的说法中，正确的有（　　　）。

　　A.会计师事务所应当建立质量一票否决制度

　　B.会计师事务所应当严禁曾有执业质量问题记录的人员晋升合伙人

　　C.会计师事务所可以将承接和执行业务的收入作为晋升合伙人重要指标

　　D.会计师事务所可以根据不同团队的利润指标达成情况分配合伙人晋升名额

第83记　99记 知识链接

170　下列情形中，可能损害项目质量复核人员客观性的有（　　　）。

　　A.项目质量复核人员担任所复核项目的签字注册会计师

　　B.项目质量复核人员由项目合伙人推荐

　　C.项目合伙人就审计意见类型向项目质量复核人员进行咨询

　　D.项目质量复核人员在会计师事务所担任高级领导职务

第87记　99记 知识链接

必刷主观题

专题一　函证和监盘

171 ABC会计师事务所的A注册会计师负责审计多家上市公司2023年度财务报表，遇到下列与函证有关的事项：

（1）A注册会计师对甲公司的一项大额应收账款实施了函证，回函结果显示不符，并与甲公司管理层沟通该事项。甲公司管理层在与被询证者沟通后，向注册会计师解释称不符是被询证者财务系统数据未及时更新所致，要求注册会计师再次发送函证。A注册会计师随即取得结果相符的回函，结果满意。

（2）A注册会计师在乙公司采购经理的陪同下，前往乙公司某供应商处实地走访。A注册会计师与供应商访谈时，乙公司采购经理前往供应商的财务部门取回了此前寄至乙公司的函证，并交于A注册会计师，结果满意。

（3）A注册会计师拟对丙公司的一项应付账款实施函证，丙公司管理层认为与该供应商存在债务纠纷，因此拒绝将其作为函证对象。A注册会计师对该应付账款实施了替代程序，结果满意。

（4）丁公司采用财务系统管理应收账款，通过该系统可以实时查询应收账款的未收款余额。A注册会计师拟将系统显示的截至资产负债表日应收账款的未收款余额作为抽样总体，从中选取样本实施函证。

（5）审计项目组对戊公司银行账户实施函证，银行函证的回函注明该银行函证不保证包含客户的全部信息，如有问题请与客户经理联系。A注册会计师致电该银行客户经理，得到答复称该条款为银行通用的格式化条款，不影响回函的可靠性，A注册会计师据此认为结果满意。

针对上述第（1）至（5）项，逐项指出A注册会计师的做法是否恰当。如不恰当，简要说明理由。

第38、40记　**99记** 知识链接

172 ABC会计师事务所的A注册会计师负责审计甲公司2023年度财务报表。与货币资金审计相关的部分事项如下：

（1）A注册会计师在测试甲公司与银行账户开立、变更和注销相关的内部控制时，获取了出纳编制的2023年度银行账户开立、变更和注销清单，从中选取样本进行测试，结果满意，据此认为该控制运行有效。

（2）A注册会计师在向某银行乙分行函证前，从甲公司获悉，因面临银行网点整合，乙分行暂时无法接收函证，由该银行丙分行代为接收和处理函证。A注册会计师因此根据该银行官网公布的丙分行地址，向丙分行进行函证，回函相符，据此认可了函证结果。

（3）甲公司银行余额调节表中存在一笔大额的企付银未付款项。A注册会计师检查了该笔付款入账的原始凭证，结果满意，据此认可了该调节事项。

（4）A注册会计师评估认为甲公司存在隐瞒关联方资金占用的风险。在了解了甲公司与关联方资金占用相关的内部控制后，A注册会计师认为内部控制设计有效并得到执行，因此该风险不构成特别风险。

（5）为核实甲公司是否存在未被记录的借款及与金融机构往来的其他重要信息，A注册会计师亲自前往金融机构获取了加盖该金融机构公章的甲公司信用记录，并与甲公司会计记录、银行回函信息核对，结果满意。

要求：

针对上述第（1）至（5）项，逐项指出A注册会计师的做法是否恰当。如不恰当，简要说明理由。

第38、46记 99记 知识链接

173 ABC会计师事务所的A注册会计师负责审计甲公司2023年度财务报表，与存货和应收账款审计相关的部分事项如下：

（1）A注册会计师通过电子邮件对某海外客户发函，接收人的邮箱域名为个人邮箱。A注册会计师在邮件正文中向接收人确认身份信息，回函无差异，据此认可了回函结果。

（2）某客户应收账款回函存在大额差异，回函载明的原因为对方适用与甲公司不同的会计准则，A注册会计师在审计工作底稿中注明该差异源自"会计准则不一致"，认可了该应收账款余额。

（3）某客户应收账款回函中包含如下注释"我方没有义务必须提供本信息，不承担任何明示或暗示的责任、义务和担保"，A注册会计师认为不会影响回函的可靠性，据此认可了回函结果。

（4）A注册会计师在对某批次袋装原材料进行抽盘时，确认袋数后，根据包装袋上标示的重量计算得出原材料总重量，并与账面记录进行了核对，未发现差异。

（5）因未收到供应商开具的发票，也未安排付款，甲公司未将相应原材料计入存货账簿记录和纳入盘点范围，A注册会计师检查了期后的发票和入账记录，认可了年末存货数量。

（6）因天气恶劣，A注册会计师无法在2023年12月31日到达甲公司某外地仓库现场对存货实施监盘，通过检查了甲公司的相关存货盘点报告和进销存记录，认可了年末存货数量。

要求：

针对上述第（1）至（6）项，逐项指出A注册会计师的做法是否恰当。如不恰当，简要说明理由。

第39、40、43记 99记 知识链接

174 ABC会计师事务所的A注册会计师负责审计甲公司等多家上市公司2023年度财务报表，遇到下列与存货审计相关的事项：

（1）在对甲公司实施存货监盘时，A注册会计师根据某一批次产品外包装载明的有效期，计算了其中超过有效期的部分产品应计提的存货跌价准备，与管理层计提的存货跌价准备金额相一致，结果满意。

（2）A注册会计师前往乙公司仓库实施存货监盘，针对一批袋装存货，A注册会计师清点了袋数，并使用仓库的磅秤逐袋进行了重新称量，由此计算的总重量与乙公司台账记录相一致，结果满意。

（3）为提高抽盘效率，A注册会计师提前向丙公司管理层沟通了抽盘的范围、拟抽取的存货样本等情况，并提请管理层要求仓库工作人员和参与盘点的财务人员配合抽盘工作，但不得向其透露本次沟通的内容。

（4）丁公司一批大额存货存放于第三方仓库，A注册会计师取得并检查了丁公司提供的仓储协议和仓储单，使用丁公司提供的地址和联系方式向该第三方发送了函证，结果显示相符，结果满意。

（5）A注册会计师取得了戊公司编制的存货盘点计划，评价了管理层记录和控制存货盘点结果的指令和程序，在现场观察了管理层的盘点过程、检查了存货并实施了双向抽盘，据此认可了戊公司账面记录的存货期末余额。

针对上述第（1）至（5）项，逐项指出A注册会计师的做法是否恰当。如不恰当，简要说明理由。

第41～43记 **99记** 知识链接

专题二　集团审计和整合审计

175　ABC会计师事务所的A注册会计师负责审计上市公司甲公司2023年度财务报表和2023年末财务报告内部控制，采用整合审计方法执行审计。与内部控制审计相关的部分事项摘录如下：

（1）因甲公司与成本核算相关的内部控制自2023年1月1日起发生了重大变化，A注册会计师获取了甲公司更新后的内部控制手册，直接从中选取与成本核算相关的关键控制，测试了其运行有效性。

（2）A注册会计师采用审计抽样随机选取25个样本项目，对每日发生多次的原材料采购验收控制进行测试，发现1个样本项目存在偏差。经调查，该偏差不属于系统性偏差，也非人为有意造成，A注册会计师另外选取1个样本项目进行了测试，结果满意，据此认为该控制运行有效。

（3）A注册会计师测试了截至2023年11月30日甲公司与计提借款利息相关的关键控制，结果满意。A注册会计师在期末审计时询问了相关会计人员，了解到该控制在剩余期间得到一贯执行，且无异常，考虑到甲公司控制环境良好，且该控制不复杂，执行时不需要作出重大判断，未再实施其他前推程序，据此认为该控制在2023年末仍然运行有效。

（4）甲公司财务经理每月将仓储部门编制的产成品收发存明细表中的产成品出库记录与当月确认收入对应的产品信息进行核对，记录核对情况，调查识别出的任何不符事项，并记录差异调查和解决的过程及结果。A注册会计师选取3个月的样本项目，核对了产成品收发存明细表中的出库记录与当月确认收入对应的产品信息，结果相符，据此认为该项控制运行有效。

（5）应甲公司管理层的要求，A注册会计师向其提供了内部控制审计的部分工作底稿，作为管理层对甲公司内部控制进行自我评价的基础。

要求：

针对上述第（1）至（5）项，逐项指出A注册会计师的做法是否恰当。如不恰当，简要说明理由。

第25、73、74记 ⟪记⟫ 知识链接

176　ABC会计师事务所的A注册会计师负责审计甲集团公司2023年度财务报表。与集团审计相关的部分事项如下：

（1）A注册会计师了解了集团财务报表的合并过程，评价后认为合并过程中作出抵销调整的内部控制运行有效，据此认可了集团管理层编制的合并财务报表。

（2）A注册会计师注意到某重要组成部分的采购副总经理存在舞弊行为，立即与组成部分治理层和集团管理层进行了沟通，并将视该人员的整改情况决定是否进一步与集团治理层进行沟通。

（3）某组成部分对外投资金额占集团对外投资总金额的比例超过30%，由于该组成部分无其他对外经营业务，并非是集团的利润中心，A注册会计师拟对该组成部分实施集团层面分析程序。

（4）针对某不重要的组成部分，集团项目组获取了该组成部分财务报表，识别了财务报表中的重大事项并检查了管理层提供的相关资料，据此认为获取了对该组成部分充分、适当的审计证据。

（5）甲集团的各个子公司分别负责编制银行存款余额调节表，并由集团财务主管负责独立复核。A注册会计师将集团范围内所有的银行存款余额调节表作为总体进行了抽样，并对样本进行检查，结果满意。

针对上述第（1）至（5）项，逐项指出A注册会计师的做法是否恰当。如不恰当，简要说明理由。

第49、51记　**99记** 知识链接

专题三 对特殊事项的考虑

177 甲公司是ABC事务所的常年审计客户。A注册会计师负责审计甲公司2023年度财务报表。与审计会计估计相关的部分事项如下：

（1）针对甲公司管理层作出的两项金融资产公允价值的点估计，其中一项位于注册会计师的区间估计之内，另一项超过注册会计师的区间估计的最大值。A注册会计师分别计算了管理层的两项点估计与注册会计师区间估计端点的最小差异，其汇总金额低于明显微小错报临界值，A注册会计师同意管理层不予调整。

（2）A注册会计师实施审计程序后，认为管理层作出的与商誉减值相关的会计估计存在明显偏向，由此确定甲公司相关的内部控制存在值得关注的重大缺陷。A注册会计师就该事项与甲公司治理层进行了口头沟通，治理层书面通知管理层和相关人员在年审结束前整改完毕，结果满意。

（3）甲公司管理层在2023年底计提了年终奖金。审计报告日前，A注册会计师获取了年终奖实际发放的明细表，据此要求管理层将此前计提的年终奖金额调整为实际发放的金额，结果满意。

（4）A注册会计师测试了管理层在作出金融资产预期信用损失时所使用的数据后，采用了有别于管理层的方法作出会计估计，并与管理层会计估计的结果进行比较，无明显差异，结果满意。

（5）管理层编制盈利预测以评价递延所得税资产的可回收性。A注册会计师向管理层询问并取得了盈利预测中使用的假设的依据和原始数据，并对盈利预测实施了重新计算，结果满意，据此认可了管理层的评价。

要求：

针对上述第（1）至（5）项，逐项指出A注册会计师的做法是否恰当。如不恰当，简要说明理由。

第56～57记 99记 知识链接

178 ABC会计师事务所首次接受委托审计甲公司2023年度财务报表。A注册会计师担任项目合伙人，确定的财务报表整体的重要性为400万元，实际执行的重要性为200万元。审计工作底稿中与会计估计审计相关的部分事项摘录如下：

（1）A注册会计师对甲公司2022年度管理层预测进行追溯复核，注意到实际的2022年度销售额和税前利润均未实现预测目标，这是由于在预测时点无法预期的竞争对手冲击所致。A注册会计师据此认为2022年度管理层估计存在偏向，要求管理层更正2023年度财务报表的对应数据。

（2）甲公司对自有金融产品的公允价值作出估计和验证的部门进行职责分离，A注册会计师评估认为该项控制设计合理且得到执行，据此减少了对金融产品的公允价值进行检查程序的样本量。

（3）甲公司聘请专家对其持有的油气储量作出测定。A注册会计师评估认为专家具备胜任能力和专业素质，取得了专家的工作底稿和报告，据此认可了管理层的测定结果。

（4）甲公司年末与业绩对赌相关的金融负债余额为300万元。由于可用于作出估计的数据有限，A注册会计师作出了200万元到700万元之间较大金额幅度的区间估计，直接据此认可了管理层的估计结果。

（5）甲公司编制盈利预测以评价商誉的减值情况。A注册会计师向事务所的内部估值专家提供了管理层使用的预测数据、折现率和流动性折扣，内部专家使用重新搭建的估值模型进行了重新计算，结果满意。

要求：

针对上述第（1）至（5）项，逐项指出A注册会计师的做法是否恰当。如不恰当，简要说明理由。

第57记 99记 知识链接

179　ABC会计师事务所的A注册会计师负责审计甲公司2023年度财务报表。与关联方审计相关的部分事项如下：

（1）A注册会计师通过询问关联方名称、关联方自上期以来发生的变化、是否与关联方发生交易以及交易的类型、定价政策和目的，向管理层了解了关联方关系及其交易，并在审计工作底稿中记录了询问情况。

（2）甲公司与关联方乙公司签订协议，向其转让一幢办公楼并售后回租。A注册会计师认为该项交易影响重大，查阅了相关协议，评价了交易的商业合理性和交易价格的公允性，向管理层询问核实了交易条款，检查了收款记录和过户文件，结果满意，据此认可了该交易的会计处理和披露。

（3）甲公司管理层在财务报表附注中披露，其向控股股东控制的集团财务公司的借款为公平交易。A注册会计师将该借款的利率与同期银行借款利率进行了比较，未发现差异，据此认可了管理层的披露。

（4）因会计人员疏忽，甲公司将与关联方丙公司的交易误披露为与关联方丁公司的交易。A注册会计师要求管理层作出调整，并检查了其他关联方交易的披露是否存在类似情况，结果满意，因而未与治理层沟通该事项。

（5）A注册会计师怀疑甲公司2023年末新增的大客户戊公司是甲公司的关联方。管理层解释戊公司是甲公司为开拓某地市场而签约的总经销商，并非关联方。A注册会计师查阅了相关的经销合同，向戊公司函证了销售金额和应收账款余额，检查了出库物流单据和签收记录，结果满意，认可了管理层的解释。

要求：

针对上述第（1）至（5）项，逐项指出A注册会计师的做法是否恰当。如不恰当，简要说明理由。

第58～59记 99记 知识链接

180　ABC会计师事务所的A注册会计师负责审计甲公司2023年度财务报表。与关联方审计相关的部分事项摘录如下：

（1）甲公司以高于公允市价的价格向其子公司出售机器设备，并确认处置利得，A注册会计师评价后认为该设备属于子公司处理季节性订单高峰的必需投入，据此认可了管理层的处理。

（2）为确定甲公司是否存在以前未识别或未披露的关联方关系或交易，A注册会计师检查了银行和律师的询证函回函、股东登记名册和内部审计人员的报告，结果满意。

（3）甲公司向其联营企业提供厂房租赁服务，租金均于本期收回，年末无应收款项余额，因此未在财务报表附注中做出任何披露，A注册会计师检查了租金的银行入账单，认可了管理层的处理。

（4）甲公司的合营企业与第三方签订维修服务合同，第三方向甲公司提供劳务，考虑到劳务发票向合营企业开具，且每月末由合营企业支付款项，A注册会计师检查了合同副本，未实施进一步审计程序。

（5）甲公司将能够自母公司获取资金支持作为保证持续经营能力的重大假设，A注册会计师检查了母公司认可该资金支持计划的书面确认函，据此认可了管理层的假设。

（6）甲公司的部分现金流量来自境外子公司的投资分红，某项外汇管制措施将于2025年起生效，考虑到该事项对持续经营能力产生的影响并不重大，除询问管理层外，A注册会计师未实施进一步审计程序。

要求：

针对上述第（1）项至第（6）项，逐项指出A注册会计师的做法是否恰当。如不恰当，简要说明理由。

第58~59记 **99记** 知识链接

---

181 ABC会计师事务所首次接受委托审计甲公司2023年度财务报表，委派A注册会计师担任项目合伙人。与首次承接审计业务相关的部分事项如下：

（1）A注册会计师在征得甲公司管理层同意后，通过微信视频与前任注册会计师进行了接受委托前的沟通，未发现影响其接受委托的事项，并将沟通情况记入审计工作底稿。

（2）A注册会计师评估认为前任注册会计师具有独立性和专业胜任能力，经授权取得了前任注册会计师的审计工作底稿副本，并直接将其纳入审计工作底稿，未再对非流动资产期初余额实施其他专门的审计程序。

（3）A注册会计师在对年末存货实施监盘的基础上，对期初存货项目的计价实施了审计程序，据此获取了有关存货期初余额的充分、适当的审计证据。

（4）甲公司2022年度财务报表报出后，某客户因改变经营范围，与甲公司协商后将大批产品退回，因这些退回均与2022年度销售相关，A注册会计师要求管理层调整2023年度的对应数据。

（5）2023年10月，甲公司向银行归还一笔已到期的重大长期借款。A注册会计师检查了借款合同和银行回单，结果满意，不再向银行函证该笔借款的期初余额。

（6）A注册会计师发现甲公司2022年度财务报表存在某项重大错报。管理层对2023年度财务报表的对应数据进行了适当重述，并在财务报表附注中作出了充分披露。A注册会计师在2023年度审计报告中增加其他事项段说明了这一情况，并指出前任注册会计师对对应数据出具的审计报告。

要求：

针对上述第（1）至（6）项，逐项指出A注册会计师的做法是否恰当。如不恰当，简要说明理由。

第62~63记 **99记** 知识链接

专题四　审计报告

182　ABC会计师事务所的A注册会计师负责审计多家上市公司2023年度财务报表，遇到下列与审计报告相关的事项：

（1）A注册会计师在审计报告日后获取并阅读了甲公司2023年年度报告的最终版本，发现其他信息存在重大错报。因与管理层和治理层沟通后该错报未得到更正，A注册会计师拟在甲公司股东大会上通报该事项，但不重新出具审计报告。

（2）因受当地局势影响，A注册会计师无法对乙公司某海外重要子公司执行审计工作，拟对乙公司财务报表发表无法表示意见。管理层在财务报表中充分披露了乙公司持续经营能力存在的重大不确定性和未来应对计划。A注册会计师拟在无法表示意见的审计报告中增加与持续经营相关的重大不确定性部分，提醒报表使用者关注这一情况。

（3）丙公司管理层以无法作出准确估计为由未对2023年末的长期股权投资、固定资产和无形资产计提减值准备。A注册会计师实施审计程序获取充分、适当审计证据后，认为上述事项导致的错报对财务报表具有重大且广泛的影响，拟对财务报表发表无法表示意见。

（4）丁公司2023年度营业收入和毛利率均大幅增长，A注册会计师评估认为存在较高的舞弊风险，将收入确认作为审计中最为重要的事项与治理层进行了沟通。A注册会计师实施审计程序后未发现收入确认存在重大错报，拟将收入确认作为审计报告中的关键审计事项，并在审计应对部分说明，丁公司的收入确认符合企业会计准则的规定，在所有重大方面公允反映了丁公司2023年度的营业收入。

（5）戊公司管理层在2023年度财务报表附注中充分披露了与持续经营相关的多项重大不确定性。因无法判断管理层采用持续经营假设编制财务报表是否适当，A注册会计师拟发表无法表示意见，并在审计报告中增加强调事项段，提醒报表使用者关注戊公司因连续亏损已触发证券交易所退市标准的风险提示公告。

要求：

针对上述第（1）至（5）项，逐项指出A注册会计师的做法是否恰当。如不恰当，简要说明理由。

第65～67、70～71记

183　ABC会计师事务所的A注册会计师负责审计甲公司等多家被审计单位2023年度财务报表，遇到下列审计报告相关的事项：

（1）甲公司的某重要子公司将于2024年清算，其2023年度财务报表以非持续经营为基础编制，甲公司管理层在合并财务报表附注中披露了该情况，A注册会计师拟在对甲公司合并财务报表出具的审计报告中增加强调事项段，提醒财务报表使用者关注该事项。

（2）乙集团公司的某联营企业为重要组成部分，A注册会计师已就其2023年度财务报表获取了与集团审计相关的充分、适当的审计证据，截至乙集团公司审计报告日，该联营企业财务报表未经其董事会批准，A注册会计师拟就此对乙集团公司财务报表发表保留意见。

（3）丙公司为ABC会计师事务所2023年度承接的新客户，其公章、财务专用章和法定代表人名单由总经理一人保管，A注册会计师认为无法就财务报表是否存在由于舞弊导致的重大错报获取充分、适当的审计证据，拟发表保留意见。

（4）2023年8月，丁公司取得境外戊公司60%的股权并对其实施控制，受当地局势影响，截至年末，丁公司尚未完成股权变更登记，因此管理层在编制2023年度合并财务报表时未将戊公司纳入合并范围，并在财务报表附注中披露了这一重大事项。A注册会计师拟在审计报告中增加强调事项段，提醒财务报表使用者关注该事项。

（5）己公司管理层在2023年度财务报表中确认与披露了年内收购庚公司的交易。A注册会计师将其作为审计中最为重要的事项与治理层进行了沟通。拟在审计报告的关键审计事项部分沟通该事项。同时，因该事项对财务报表使用者管理财务报表至关重要，A注册会计师拟在审计报告中增加强调事项段予以说明。

要求：

针对上述第（1）至（5）项，逐项指出A注册会计师的做法是否恰当。如不恰当，简要说明理由。

第66～67记 99记 知识链接

专题五　审计工作底稿和质量管理

184　ABC会计师事务所的A注册会计师负责审计甲公司2023年度财务报表。与审计工作底稿相关的部分事项如下：

（1）因在测试材料采购相关控制时发现控制未得到有效执行，A注册会计师将材料采购的审计由综合性方案改为实质性方案，并重新编制审计计划工作底稿，删除了被取代的原审计计划的工作底稿。

（2）A注册会计师在对甲公司的原材料采购业务选取采购订单实施细节测试时，以单笔订单作为抽样单元，将供应商名称作为测试订单的识别特征记录于审计工作底稿中。

（3）A注册会计师在审计工作底稿归档期间，对审计工作底稿进行交叉索引，并对审计档案归档工作的完成核对表签字认可。

（4）A注册会计师在审计工作底稿归档期间收到一份应付账款询证函回函，回函结果与审计报告日前对该项目实施替代程序得出的审计结论一致。A注册会计师将该回函归入审计工作底稿中，并删除了记录替代程序的审计工作底稿。

（5）A注册会计师根据所内质量检查的要求，在归档后的审计工作底稿中补充记录了审计报告日前项目组讨论的情况。对该事务性变动，A注册会计师将修改审计工作底稿的理由，以及修改的时间和人员记录于档案变动登记表后，归还了审计档案。

要求：

针对上述第（1）至（5）项，逐项指出A注册会计师的做法是否恰当。如不恰当，简要说明理由。

第31～33记 **9.9记** 知识链接

185　ABC会计师事务所的质量管理制度部分内容摘录如下：

（1）在需要保持独立性的所有人员之中，事务所应当至少每年一次向合伙人级别的人员获取其已遵守独立性要求的书面声明。

（2）项目质量复核人员由高级审计合伙人或高级审计经理担任，并由全所统一委派。高级审计合伙人复核上市公司的高风险项目，高级审计经理复核其他项目。

（3）从连续两年业绩排名前10%的高级经理中选取晋升的候选人，并抽取其已完成的项目进行质量检查。如果存在重大质量问题，则取消其晋升资格。

（4）针对承接上市实体审计业务的每个项目合伙人，事务所以两年为周期，每个周期内至少选择一项已完成的项目进行检查。

（5）事务所指定专门的合伙人，至少每年一次代表会计师事务所对质量管理体系进行评价。

要求：

针对上述第（1）至（5）项，逐项指出ABC会计师事务所的质量管理制度的内容是否违反《会计师事务所质量管理准则第5101号——业务质量管理》和《会计师事务所质量管理准则第5102号——项目质量复核》的相关规定。如违反，简要说明理由。

第32、82、83、87、89记 **99记** 知识链接

186 ABC会计师事务所的质量管理制度部分内容摘录如下：

（1）项目质量复核未完成时，项目合伙人不得签发业务报告，因违规签发业务报告而对委托人造成负面影响或损失的，项目合伙人承担主要责任，项目质量复核人员承担次要责任。

（2）执行鉴证业务和相关服务业务时，均应当由项目组内经验较多的人员复核经验较少的人员执行的工作。

（3）除内部专家外，项目组成员应当在执行业务过程中严格遵守会计师事务所的质量管理政策和程序。

（4）质量管理部对新晋升的上市实体审计合伙人每年选取一项已完成的业务进行检查，连续检查三年，对晋升三年以上的合伙人，每五年选取一项已完成的业务进行检查。

（5）业务工作底稿可以采用纸质、电子或其他介质，如将纸质工作底稿的电子扫描件存入业务档案，应当将纸质工作底稿一并归档。

（6）职业道德主管合伙人、监控与整改合伙人对质量管理体系特定方面的运行承担责任，并定期与质量管理主管合伙人沟通，由质量管理主管合伙人统一向首席合伙人进行报告。

要求：

针对上述第（1）至第（6）项，逐项指出ABC会计师事务所的质量管理制度的内容是否违反《会计师事务所质量管理准则第5101号——业务质量管理》和《会计师事务所质量管理准则第5102号——项目质量复核》的相关规定。如违反，简要说明理由。

第86、87、89记 **99记** 知识链接

专题六　独立性

187　上市公司甲公司是ABC会计师事务所的常年审计客户。XYZ公司和ABC会计师事务所处于同一网络。乙公司为制造型企业，是甲公司的重要子公司。审计项目组在甲公司2023年度财务报表审计中遇到下列事项：

（1）项目合伙人A注册会计师的女儿认购了一项200万元定向资产管理计划，根据说明书，该计划运用募集的资金委托商业银行向乙公司发放贷款。

（2）审计项目组成员B注册会计师的母亲是乙公司董事长的研究生导师，自乙公司处取得100万元借款，并按照市场利率和条款签订借款协议。

（3）XYZ公司合伙人C注册会计师作为技术顾问，负责对甲公司2023年度适用新租赁准则后的会计政策进行复核，C注册会计师预计将于2025年12月退休并受聘担任甲公司董事。

（4）甲公司2022年末收购私营企业丙公司，丙公司成为甲公司的重要组成部分。D注册会计师自2018年度起担任丙公司财务报表审计的项目合伙人，收购完成后，继续担任丙公司2022年度财务报表审计的项目合伙人。

（5）XYZ公司合伙人E注册会计师在甲公司税务纠纷的公开审理期间，为其提供有关法庭裁决事项的咨询，包括提供背景材料和分析税收问题。

（6）项目合伙人A注册会计师受邀参加由甲公司赞助主办的行业峰会，会议结束后获赠本次峰会的光盘资料和纪念品。

要求：

针对上述第（1）项至第（6）项，逐项指出是否可能存在违反中国注册会计师职业道德守则有关独立性规定的情况，并简要说明理由。将答案直接填入答题区相应的表格内。

事项序号	是否违反（违反/不违反）	理由
（1）		
（2）		
（3）		
（4）		
（5）		
（6）		

第91、93、94、96、99记　99记 知识链接

188　上市公司甲公司是ABC会计师事务所的常年审计客户，A注册会计师为项目合伙人。XYZ公司和ABC会计师事务所处于同一网络。审计项目组在甲公司2023年度财务报表审计中遇到下列事项：

（1）合伙人C注册会计师与A注册会计师处于同一分部，C注册会计师的母亲是甲公司全资子公司乙公司的董事，持有乙公司股票期权5 000股，该期权自2023年11月1日起可以行权。C注册会计师的母亲于2023年11月20日处置了全部股票期权。

（2）丙公司是甲公司的子公司，主营业务为养老家政服务。ABC会计师事务所在年会上向员工介绍了丙公司拥有的服务资质、团队、口碑、专业经验及好评等情况，同时鼓励员工帮助宣传丙公司的相关服务。

（3）A注册会计师曾担任甲公司2019年度至2022年度项目质量复核合伙人。

（4）2023年11月，丁公司被甲公司收购成为其重要子公司。2024年1月1日，甲公司审计项目组成员D注册会计师的妻子加入丁公司并担任财务总监。

（5）戊公司是甲公司的重要子公司，从事连锁经营的健康体检服务。2023年8月，戊公司聘请XYZ公司为其提供收费结算信息系统的设计及运营服务。

（6）合伙人B注册会计师和A注册会计师处于不同分部，B注册会计师未参与甲公司的审计项目，己公司是甲公司的子公司。B注册会计师的母亲和己公司董事长的妻子，共同开办了一家专为高薪人员进行个人所得税税收筹划的P公司，P公司不是ABC会计师事务所的客户。

要求：

针对上述第（1）至（6）项，逐项指出是否存在违反中国注册会计师职业道德守则有关独立性规定的情况，并简要说明理由。

事项序号	是否违反（违反/不违反）	理由
（1）		
（2）		
（3）		
（4）		
（5）		
（6）		

第91、93、95、96记 99记 知识链接

专题七　综合题

189 ABC会计师事务所首次接受委托，审计上市公司甲公司2023年度财务报表，委派A注册会计师担任项目合伙人。甲公司主要从事医疗设备制造和销售业务。

资料一：

A注册会计师在审计工作底稿中记录了所了解的甲公司情况及其环境，部分内容摘录如下：

（1）2023年1月，在不提高售价的情况下，甲公司向购买M型设备的客户额外提供两年期延保计划。一年期延保计划的单独售价约为设备价款的2%。2023年度甲公司M型设备的销量增长25%，未实际发生保修费。

（2）2023年7月，甲公司与客户签订总价为6 000万元的N型设备定制合同，建造期一年。每季度末定期等额支付各期款项，如果客户终止合同，甲公司无须退回已收取的款项。

（3）2023年1月，甲公司授予高级管理人员股票期权，公允价值合计1 500万元。行权条件为连续服务2年，且公司2023年净利润增长20%以上。授予后无高级管理人员离职。

（4）2023年7月，甲公司外购科研设备并取得专项补贴1 200万元，采用总额法核算。该设备预计可使用5年。

（5）2023年1月，甲公司支付800万元购入乙公司5%的股票，指定为其他权益工具投资。2023年12月，因特殊原因，甲公司以公允价值550万元将其中2.5%的部分转让。

资料二：

A注册会计师在审计工作底稿中记录了甲公司的财务数据，部分内容摘录如下：

金额单位：万元

项目	未审数	已审数
	2023年	2022年
营业收入——M型设备	50 000	40 000
营业收入——N型设备	3 000	0
管理费用——期权激励计划	750	750
销售费用——延保计划	2 000	0
投资收益——乙公司	150	0
营业外收入——政府补助	120	10
净利润	12 050	10 000
其他权益工具投资——乙公司	550	0
预计负债——延保计划	2 000	0

资料三：

A注册会计师在审计工作底稿中记录了审计计划，部分内容摘录如下：

（1）A注册会计师拟利用信息技术专家测试甲公司ERP系统，因该专家为内部专家，日常沟通充分，A注册会计师未要求该专家参与项目组讨论，由其向该专家通报讨论的内容。

（2）A注册会计师拟利用外部专家对甲公司精密设备的完工进度进行测试。由专家负责测试从甲公司外部获得的原始数据，A注册会计师仅负责测试来源于内部的原始数据。

（3）丙公司是甲公司本期新设立的分销机构，尚未开展业务，A注册会计师认为收入确认存在舞弊风险的假定不适用于丙公司，未将收入确认作为由于舞弊导致的重大错报风险领域。

（4）甲公司本期新建了与销售佣金计提相关的信息系统模块，因新系统尚未调试完毕，仍存在设计缺陷，A注册会计师拟不测试其运行有效性，直接实施细节测试。

资料四：

A注册会计师在审计工作底稿中记录了实施进一步审计程序的情况，部分内容摘录如下：

（1）2023年12月31日，银行代为支付本月电费50万元，甲公司未收到付款通知，在银行存款余额调节表中将其列示为"银付企未付"项目。A注册会计师检查了期后入账记录，结果满意，未再实施其他审计程序。

（2）甲公司10万元以下的采购由采购经理审批，超过10万元由采购总监审批。A注册会计师在实施控制测试时，发现一笔30万元的采购申请被拆分为三笔由采购经理审批后办理。采购经理解释由于采购总监出差而车间急需采购原材料。A注册会计师询问了车间人员，结果满意。

（3）生产工人根据加班工时填写加班单，人事经理审核后签字，作为薪酬依据。采用审计抽样实施控制测试时，A注册会计师选中的单据号码代表一张尚未使用的加班单，使用额外的样本将其代替后实施检查，结果满意。

（4）销售部负责向医院开展市场推广活动，A注册会计师认为销售费用的发生认定存在重大错报风险，从销售费用明细账中选取样本，追查至发票并查验真伪，将发票日期、商品规格、数量和金额记录于审计工作底稿，结果满意。

资料五：

A注册会计师在审计工作底稿中记录了错报及重大事项的处理情况，部分内容摘录如下：

（1）A注册会计师发现甲公司负责销售的副总经理为赢得销售竞赛，在客户订购单中填写的订购数量远超出实际需求，竞赛结束后以填写有误为由进行修改。A注册会计师检查后未发现因此导致重大错报，未再实施其他审计程序。

（2）甲公司本年外购大额设备，产生增值税留抵税额，应交税费科目出现重大借方余额，预计在未来两年内抵扣完毕。A注册会计师认为该错报不影响甲公司净资产和经营业绩，同意管理层不予调整。

（3）2024年1月，甲公司股东大会批准了董事会于2023年12月做出的决议，对外转让某重要子公司100%股权。管理层因此在2023年合并财务报表中将该股权重分类至持有待售资产，A注册会计师检查了交易协议，认可了管理层的处理。

（4）A注册会计师就确定的关键审计事项与甲公司治理层沟通，由于甲公司编制的沟通纪要未能全面反映所有重大事项，A注册会计师另行编制后将其纳入审计工作底稿。

要求：

(1) 针对资料一第（1）至（5）项，结合资料二，假定不考虑其他条件，逐项指出资料一所列事项是否可能表明存在重大错报风险。如果认为可能表明存在重大错报风险，简要说明理由。如果认为该风险为认定层次重大错报风险，说明该风险主要与哪些财务报表项目（仅限于营业收入、管理费用、销售费用、其他收益、投资收益、营业外收入、应收账款、合同资产、其他权益工具投资、合同负债、预计负债、资本公积、盈余公积、未分配利润）的哪些认定相关（不考虑税务影响）。

事项序号	是否可能表明存在重大错报风险（是／否）	理由	财务报表项目名称及认定
(1)			
(2)			
(3)			
(4)			
(5)			

(2) 针对资料三第（1）至（4）项，假定不考虑其他条件，逐项指出审计计划的内容是否恰当。如不恰当，简要说明理由。

事项序号	是否恰当（是/否）	理由
(1)		
(2)		
(3)		
(4)		

(3) 针对资料四第（1）至（4）项，假定不考虑其他条件，逐项指出A注册会计师的做法是否恰当。如不恰当，简要说明理由。

事项序号	是否恰当（是/否）	理由
(1)		
(2)		
(3)		
(4)		

(4) 针对资料五第（1）至（4）项，假定不考虑其他条件，逐项指出A注册会计师的做法是否恰当。如不恰当，简要说明理由。

事项序号	是否恰当（是/否）	理由
（1）		
（2）		
（3）		
（4）		

第25、30、31、46、52、54、78记 99记 知识链接

190 甲集团公司是ABC会计师事务所的常年审计客户，主要从事化妆品的生产、批发和零售业务的非上市公司。A注册会计师负责审计甲集团公司2023年度财务报表，确定集团财务报表整体的重要性为600万元。

资料一：

A注册会计师在审计工作底稿中记录了审计计划，部分内容摘录如下：

（1）子公司乙公司从事新产品研发，2023年度新增无形资产1 000万元，为自行研发的产品专利，A注册会计师拟仅针对乙公司的研发支出实施审计程序。

（2）子公司丙公司负责生产，产品全部在集团内销售，A注册会计师认为丙公司的成本核算存在可能导致集团财务报表发生重大错报的特别风险，拟仅针对与成本结算相关的财务报表项目实施审计。

（3）甲集团公司的零售收入来自40家子公司，每家子公司的主要财务报表项目金额占集团的比例均低于3%，A注册会计师认为这些子公司均不重要，拟实施集团层面分析程序。

（4）DFE会计师事务所作为组成部分注册会计师负责审计联营企业丁公司的财务信息，其审计项目组按丁公司利润总额的3%确定组成部分重要性为300万元，实际执行的重要性为150万元。

（5）子公司戊公司负责甲集团公司主要原材料的进口业务，通过外汇掉期交易管理外汇风险，A注册会计师拟使用50万元的组成部分重要性对戊公司财务信息实施审阅。

资料二：

A注册会计师在审计工作底稿中记录了甲集团公司的财务数据，部分内容摘录如下：

金额单位：万元

集团/组成部分	2023年（未审数）		
	资产总额	营业收入	利润总额
甲集团公司（合并）	80 000	60 000 其中：批发收入　38 000 零售收入　20 000 其他　2 000	12 000

续表

集团/组成部分	2023年（未审数）		
	资产总额	营业收入	利润总额
乙公司	1 900	200	（300）
丙公司	60 000	40 000	8 000
丁公司	20 000	50 000	10 000
戊公司	2 000	200	50

资料三：

A注册会计师在审计工作底稿中记录了风险应对的情况，部分内容摘录如下：

（1）A注册会计师在实施会计分录测试时，将甲集团公司全年的标准会计分录和非标准会计分录作为待测试总体，在测试其完整性后，对选取的样本实施了细节测试，未发现异常。

（2）A注册会计师认为甲集团公司存在低估负债的特别风险，在了解相关控制后，未信赖这些控制，直接实施了细节测试。

（3）甲集团公司使用存货库龄等信息测算产成品的可变现净值，A注册会计师拟信赖与库龄记录相关的内部控制，通过穿行测试确定了相关内部控制运行有效。

（4）甲集团公司的存货存放在多个地点，A注册会计师基于管理层提供的存货存放地点清单，并根据不同地点所存放存货的重要性及评估的重大错报风险确定了监盘地点。

资料四：

A注册会计师在审计工作底稿中记录了重大事项的处理情况，部分内容的摘录如下：

（1）因审计中利用的外部专家并非注册会计师，A注册会计师未要求其遵守注册会计师职业道德守则的相关规定。

（2）化妆品行业将于2025年执行更严格的化学成分限量标准。经评估，甲集团公司的主要产品可能因此被全面淘汰。管理层提供了其对该事项的评估及相关书面声明，A注册会计师据此认为该事项不影响甲集团公司的持续经营能力。

（3）在审计过程中，A注册会计师与甲集团公司管理层讨论了识别出的值得管理层关注的内部控制缺陷，并在审计报告日后、审计工作底稿归档日前以书面形式向甲集团管理层和治理层通报了识别出的值得关注的内部控制缺陷。

资料五：

A注册会计师在审计工作底稿中记录了处理错报的相关情况，部分内容摘录如下：

（1）2023年，甲集团公司推出销售返利制度，并在ERP系统中开发了返利管理模块，A注册会计师在对某组成部分执行审计时发现，因系统参数设置有误，导致选取的测试项目少计返利2万元，A注册会计师认为该错报低于集团财务报表明显微小错报的临界值，可忽略不计。

（2）A注册会计师发现甲集团公司销售副总经理挪用客户回款50万元，就该事项与总经理和治理层进行了沟通，因管理层已同意调整该错报并对相关内部控制缺陷进行整改，A注册会计师未再执行其他审计工作。

（3）A注册会计师使用审计抽样对管理费用进行了测试，发现测试样本存在20万元错报，A注册会计师认为该错报不重大，同意管理层不予调整。

（4）2023年10月，甲集团公司账面余额1 200万元的一条新建生产线达到预定可使用状态，截至2023年末，因未办理竣工决策，该生产线而未转入固定资产，A注册会计师认为该错报为分类错误，涉及折旧金额很小，不构成重大错报，同意管理层不予调整。

要求：

（1）针对资料一第（1）至（5）项，结合资料二，假定不考虑其他条件，逐项指出资料一所列审计计划是否恰当。如不恰当，简要说明理由。将答案直接填入答题区的相应表格内。

事项序号	是否恰当（是/否）	理由
（1）		
（2）		
（3）		
（4）		
（5）		

（2）针对资料三第（1）至（4）项，假定不考虑其他条件，逐项指出A注册会计师的做法是否恰当。如不恰当，简要说明理由。将答案直接填入答题区的相应表格内。

事项序号	是否恰当（是/否）	理由
（1）		
（2）		
（3）		
（4）		

（3）针对资料四第（1）至（3）项，假定不考虑其他条件，逐项指出A注册会计师的做法是否恰当。如不恰当，简要说明理由。将答案直接填入答题区的相应表格内。

事项序号	是否恰当（是/否）	理由
（1）		
（2）		
（3）		

（**4**）针对资料五第（1）至（4）项，假定不考虑其他条件，逐项指出A注册会计师的做法是否恰当。如不恰当，简要说明理由并提出改进建议。将答案直接填入答题区的相应表格内。

事项序号	是否恰当（是/否）	理由
（1）		
（2）		
（3）		
（4）		

第13、26、30、42、60记 99记 知识链接

番外篇

毕业那年，我打算尝试拼一下考取注册会计师的证书。我并不是严格意义上的财会专业学员，初学时也很难迅速理解"有借必有贷、借贷必相等"那些奇奇怪怪的会计分录，更完全谈不上能做到熟稔运用。身边有朋友笑谈，哪怕是科班出身，我们都觉得困难至极，你就别试了吧。母亲一如往常地鼓励我，其他人做不到，并不代表你做不到，我相信你，努力去试试，但你也要有个平和的心态，当作学习的过程就好。

那一年的冲刺阶段，也如今时一样是个酷暑天，我习惯于午睡一小时再开始下午的学习。醒来时，发现母亲已去单位工作，但事先在我摊开的书本上写了一句"加油"，又在一旁我定好的学习计划表上写下了"飞越计划"。后来她说，每天看到我从早到晚地学习、看书、做题，觉得我辛苦，也相信这些努力绝不会白费，成绩一定会实现飞越，于是便写了这四个字。这也是在斯尔教育成立之后，我们始终把冲刺阶段的课程和图书命名以"飞越"二字最初的渊源。十多年过去，如今看到"飞越"二字，依然会想起那段只争朝夕的时光以及母亲静水流深的支持和陪伴。

那年的考场在一个边陲小镇的校园。我其实从小早已习惯一人在外读书，但那次考试母亲执意陪我同去。上午考试后的午休，她来到考场附近，我们在小路转角之处的一家小店点了鱼香肉丝和宫保鸡丁，我说想吃些甜的，她又多点了一份拔丝红薯。最后一场考试前，母亲需要先行乘车赶回去工作，而我需要乘飞机去北京，即将开始我毕业后的第一份工作。结束后，我在考场的大学校园里溜达，发短消息给她，考试一切顺利，让她放心。如今也还能记得小镇的湛蓝天空、空气与泥土的气味还有大学校园里的夕阳。

这份番外篇写于去年的母亲节，2024年本书再版，我还是想继续收录这篇随笔。其实不仅是工作、成家之后，哪怕是在学生时代，相信也有许多人与我一样，与母亲离多聚少。谁言寸草心，报得三春晖。我们对于母亲的爱，往往会随着人生经历和见识的增长而越发地清晰和深刻，甚至是一些时隔多年、朴实无华的细节也会猛然地想起，彼时也许无意，此时却上心头。

愿同学们在考证和事业中取得辉煌的成绩，在家庭和亲人中享有平淡的幸福。

金鑫松

2024 CPA

审 计

注册会计师考试辅导用书·冲刺飞越（全 2 册·下册）

斯尔教育 组编

答案与解析

北京理工大学出版社

BEIJING INSTITUTE OF TECHNOLOGY PRESS

·北 京·

版权专有　侵权必究

图书在版编目（CIP）数据

冲刺飞越. 审计 : 全2册 / 斯尔教育组编. -- 北京:
北京理工大学出版社, 2024.5
注册会计师考试辅导用书
ISBN 978-7-5763-4025-9

Ⅰ.①冲… Ⅱ.①斯… Ⅲ.①审计—资格考试—自学
参考资料 Ⅳ.①F23

中国国家版本馆CIP数据核字(2024)第101066号

| 责任编辑：多海鹏 | 文案编辑：多海鹏 |
| 责任校对：刘亚男 | 责任印制：边心超 |

出版发行 / 北京理工大学出版社有限责任公司

社　　址 / 北京市丰台区四合庄路6号

邮　　编 / 100070

电　　话 / （010）68944451（大众售后服务热线）
　　　　　（010）68912824（大众售后服务热线）

网　　址 / http://www.bitpress.com.cn

版 印 次 / 2024年5月第1版第1次印刷

印　　刷 / 三河市中晟雅豪印务有限公司

开　　本 / 787mm×1092mm　1/16

印　　张 / 21

字　　数 / 520千字

定　　价 / 45.30元（全2册）

图书出现印装质量问题，请拨打售后服务热线，负责调换

目录

必刷客观题　答案与解析

第一模块　审计基本概念 …………………………………………… 1

第二模块　审计基本流程 …………………………………………… 7

第三模块　审计程序的实务运用 ………………………………… 23

第四模块　集团审计 ……………………………………………… 27

第五模块　对特殊事项的考虑 …………………………………… 31

第六模块　审计报告 ……………………………………………… 37

第七模块　企业内部控制审计 …………………………………… 40

第八模块　质量管理 ……………………………………………… 43

必刷主观题　答案与解析

专题一　函证和监盘 ……………………………………………… 45

专题二　集团审计和整合审计 …………………………………… 48

专题三　对特殊事项的考虑 ……………………………………… 50

专题四　审计报告 ………………………………………………… 54

专题五　审计工作底稿和质量管理 ……………………………… 56

专题六　独立性 …………………………………………………… 58

专题七　综合题 …………………………………………………… 61

第一模块　审计基本概念

一、单项选择题

1	C	2	D	3	A	4	C	5	C
6	B	7	C	8	D				

二、多项选择题

9	BD	10	ACD	11	CD	12	ABC	13	AB
14	AC	15	ABC	16	ABC	17	BC	18	ABD
19	ABD	20	BC	21	BCD	22	ABCD		

一、单项选择题

1　斯尔解析▶　C　本题考查内部审计和注册会计师审计的辨析。在审计职责上，无论是内部审计还是注册会计师审计，均需要对被审计单位负责，而区别在于，内部审计只对本单位负责，其审计质量基本与外界无直接关系，但注册会计师审计不仅对被审计单位负责，而且对社会负责，其审计质量对广大财务信息使用者做出相关决策有直接影响，选项C当选；在审计方式上，内部审计是单位根据自身经营管理的需要安排进行的，注册会计师审计则是接受委托进行的，选项A不当选。在审计程序上，内部审计可以根据所执行业务的目的和需要选择并实施必要的程序，而注册会计师审计则需要严格按照执业准则的规定程序进行，选项B不当选。在审计作用上，内部审计的结论只作为本单位改善工作的参考，对外不起鉴证作用，并对外保密；注册会计师审计结论则要对外公开并起鉴证作用，选项D不当选。

2　斯尔解析▶　D　本题考查审计总体目标与审计准则的要求之间的关系辨析。注册会计师在执行业务的过程中，可能存在特定事项，使得其为了实现审计总体目标而实施审计准则要求之外的审计程序，选项D当选。

3 斯尔解析▶ **A** 本题考查重大错报风险的概念和评估要求。重大错报风险是客观存在的风险，不受财务报表审计的影响，选项A当选。在既定的审计风险水平下（该水平通常是会计师事务所根据质量管理要求而确定的一个可接受的低水平），可接受的检查风险与认定层次重大错报风险的评估结果呈反向变动，由此可见，并不是可接受的审计风险水平影响重大错报风险的评估结果，选项B逻辑表述有误，不当选。重大错报风险既可以定性评估，也可以定量评估，选项C不当选。对于认定层次的重大错报风险，注册会计师应当分别评估固有风险和控制风险，此时无法依据职业判断作出其他决策，选项D不当选。

4 斯尔解析▶ **C** 本题考查认定的基本概念。认定是指管理层针对财务报表要素的确认、计量和列报（包括披露）作出一系列明确或暗含的意思表达（选项B不当选），其也是确定具体审计目标的基础，注册会计师通常将认定转化为能够通过审计程序予以实现的审计目标，选项A不当选。注册会计师可以考虑分别或综合运用关于各类交易、事项及相关披露的认定与关于账户余额及相关披露的认定，选项C当选。除此之外，认定与具体审计目标密切相关，注册会计师的基本职责就是确定被审计单位管理层对财务报表的认定是否恰当（即是否存在重大错报），选项D不当选。

5 斯尔解析▶ **C** 本题考查审计证据的相关性及其影响因素。相关性和可靠性衡量的是审计证据"质量"的不同方面，二者不存在必然的相互影响关系，选项C当选。

 **应试攻略**

拓展如下解题思路：（1）审计证据性质包括两点，其一为充分性，其二为适当性；审计证据的适当性又包含两个核心内容，其一为相关性，其二为可靠性。上述层次应梳理清晰，切勿以偏概全。（2）审计证据的质量会影响审计证据的数量，即适当性（包括相关性和可靠性）会影响充分性；需注意，反之并不成立。（3）无论是充分性还是适当性，都无法弥补对方的缺陷。

6 斯尔解析▶ **B** 本题考查审计证据的性质评价。选项B中，纸质的审计证据和电子形式存在的审计证据均属于存在于介质中的审计证据，这一类审计证据的可靠性高于口头证据，但彼此间没有绝对意义上的可靠性高低之分，选项B当选。

应试攻略

一方面，对于审计证据的可靠性，注意掌握"绝对性"和"相对性"的辨析：

（1）通常，审计证据的可靠性是相对而言的概念，不应绝对地认为某一来源的审计证据必然可靠或不可靠。

（2）需注意在某些特定情形下，审计证据将被直接判定为不可靠，例如，由被审计单位转交的回函、被询证者对函证的口头答复等。

　　另一方面，需要关注考试中常见的"不一致"的解决思路，包括：（1）不同来源的审计证据之间存在矛盾；（2）书面声明与其他审计证据不一致；（3）回函显示不相符；（4）其他信息和财务报表之间存在重大不一致等。对于上述若干问题，解决思路是相同的，即注册会计师不应直接判定某一证据、某一信息可信或不可信，而是应实施程序，设法调查和解决这些"不一致"。

7 　**斯尔解析▶　C**　本题考查审计证据的含义。某些情况下，信息的缺乏也可能构成审计证据，例如管理层拒不提供注册会计师要求的书面声明，这一情况为评估管理层的诚信提供了部分证据，选项C当选。

应试攻略

　　本题可进一步结合实务情景考查。例如，在选项中列示不同的文件，要求判断该等文件是否构成审计证据。需关注，审计证据的概念贯穿注册会计师工作的始终，从接受业务委托而形成的审计业务约定书，直至最终出具的审计报告，都需要作为审计证据和审计工作底稿予以归档。

8 　**斯尔解析▶　D**　本题考查审计程序在风险评估和风险应对中的适用性。询问、观察、检查程序均可以运用于穿行测试、控制测试以及细节测试中，选项D当选；选项AC，函证和分析程序不运用于穿行测试和控制测试，故不当选；选项B，重新执行不运用于穿行测试和细节测试，故不当选。

二、多项选择题

9 　**斯尔解析▶　BD**　本题考查注册会计师审计与政府审计的辨析。对于部分国有金融机构和企事业单位，可能同时进行政府审计和注册会计师审计，选项A不当选。注册会计师审计和政府审计共同发挥作用，是维护市场经济秩序、强化经济监督的有效手段，两者都是国家治理体系及治理能力现代化建设的重要方面，选项B当选。政府审计依据《中华人民共和国审计法》和审计署制定的国家审计准则等，而注册会计师审计的依据则是《中华人民共和国注册会计师法》和财政部发布的注册会计师审计准则等，选项C不当选。政府审计和注册会计师审计都需要获取审计证据，被审计单位都有责任配合，但是政府审计具有更大的强制力，而注册会计师审计受市场行为的局限，在获取审计证据时，很大程度上依赖于企业及相关单位配合和协助，对企业及相关单位没有行政强制力，选项D当选。

10 　**斯尔解析▶　ACD**　本题考查审计业务和审阅业务的辨析。无论是审计还是审阅业务，注册会计师均需要确保与客户独立，合理运用职业判断，并保持职业怀疑的态度，在具体执行业务过程中，注册会计师还应当确定合理的重要性水平，以对所审计或审阅的财务报表发表恰当的意见，提供保证，选项ACD当选；注册会计师执行审计业务需要遵循中国注册会计师审计准则，而执行审阅业务应遵循中国注册会计师审阅准则，选项B不当选。

11　斯尔解析▶　**CD**　本题考查注册会计师的业务类型及其保证程度。鉴证业务包括审计、审阅和其他鉴证业务。其中，审计业务（包括财务报表审计和企业内部控制审计）提供高水平的合理保证，故选项AB不当选；审阅业务提供有限保证（低于高水平），选项C当选；其他鉴证业务既可能提供合理保证，也可能提供有限保证，选项D当选。

📣 应试攻略

　　（1）在注册会计师的业务类型中，绝对保证"压根儿"不存在；（2）针对选项D，以预测性财务信息审核为例，在该业务中，注册会计师需要对预测性财务信息是否依据这些假设恰当编制，并按照适用的会计准则和相关会计制度的规定进行列报发表意见，通常提供合理保证；而在此项业务中，当对管理层采用的假设的合理性发表意见时，注册会计师仅提供有限保证。

12　斯尔解析▶　**ABC**　本题考查被审计单位管理层的概念和责任。选项D，审计业务的三方关系人分别是注册会计师、被审计单位管理层和预期使用者，不应将预期使用者与治理层混为一谈，故不当选。

📣 应试攻略

　　针对选项A，解题时应联系前后章节，根据"审计沟通"的相关内容，治理层和管理层的成员可能部分或全部地重合，进而对注册会计师与治理层的沟通提出了相应的要求，推理可知选项A当选。

13　斯尔解析▶　**AB**　本题考查财务报表审计的总体目标。包括：（1）对财务报表整体是否不存在由于舞弊或错误导致的重大错报获取合理保证，使注册会计师能够对财务报表是否在所有重大方面按照适用的财务报告编制基础编制发表审计意见（选项A当选）；（2）按照审计准则的规定，根据审计结果对财务报表出具审计报告，并与管理层和治理层沟通（选项B当选）。

14　斯尔解析▶　**AC**　本题考查预期使用者的概念。预期使用者是指对财务报表存在不同利益需求的主要利益相关者，选项A当选。在上市公司财务报表审计中，预期使用者主要是指上市公司的股东（而非仅指控股股东），选项B不当选。理论上，审计报告的收件人应当尽可能地明确为所有的预期使用者，但实务中往往很难做到，因为有时审计报告并不向某些特定组织或人员提供，但他们也有可能使用审计报告，选项C当选。由于审计意见有利于提高财务报表的可信性，有可能对管理层有用，在此情况下，管理层可能（而非必然）成为预期使用者，选项D不当选。

15　斯尔解析▶　**ABC**　本题考查影响保持职业怀疑的因素。会计师事务所的文化和机制会促进或削弱审计实务中对职业怀疑的保持程度，例如，是否宣扬"质量至上"，执行何种的业绩评价、薪酬和晋升机制等，选项A当选；职业怀疑与职业道德基本原则相互关联，例如，注册会计师保持独立性可以增强注册会计师在审计中保持职业怀疑的能力，选项B当选；会计师事务所人员是否能够保持职业怀疑，很大程度上取决于其胜任能力，选项C当选；职业怀疑是注册会计师执行业务所需秉持的态度和思维方式，保持职业怀疑是审计的基本要求，不受被审计单位管理层是否配合的影响，选项D不当选。

16　斯尔解析▶　**ABC**　本题考查运用职业判断的基本要求和质量衡量标准。职业判断是指在审计准则、财务报告编制基础和职业道德要求的框架下，注册会计师综合运用相关知识、技能和经验，作出适合审计业务具体情况、有根据的行动决策，而非仅机械性地执行审计程序，选项AB当选。职业判断对于运用职业道德概念框架识别、评估和应对影响职业道德基本原则的不利因素尤为重要，选项C当选。注册会计师对职业判断作出适当的（注意切勿遗漏这一关键表述）书面记录有利于提高职业判断的可辩护性，选项D不当选。

17　斯尔解析▶　**BC**　本题考查审计的固有限制的来源。具体而言：（1）财务报告的性质；（2）审计程序的性质（选项B当选）；（3）在合理的时间内以合理的成本完成审计的需要（选项C当选）。进一步提示，注册会计师没有接受文件真伪鉴定方面的培训，不应被期望成为鉴定文件真伪的专家，为了在合理的时间内以合理的成本对财务报表形成审计意见，注册会计师有必要将审计资源投向最可能存在重大错报风险的领域，并相应地在其他领域减少审计资源；虽然许多财务报表项目涉及主观决策、评估或一定程度的不确定性，但审计准则要求注册会计师特别考虑在适用的财务报告编制基础下会计估计是否合理，相关披露是否充分，会计实务的质量是否良好（包括管理层判断是否可能存在偏向），选项A不当选。注册会计师的决策缺乏充分、适当的审计证据的支持，可能源于决策不当等人为因素，而非审计的固有限制，选项D不当选。

18　斯尔解析▶　**ABD**　本题考查固有风险因素。固有风险因素包括事项或情况的复杂性、主观性、变化、不确定性，以及管理层偏向或其他舞弊风险因素，选项ABD当选。注册会计师的专业性是财务报表审计的基础之一，专业性的高低影响注册会计师的胜任能力，进而也会影响对固有风险因素识别和评估的能力，但并不影响固有风险本身，选项C不当选。

19　斯尔解析▶　**ABD**　本题考查固有风险和控制风险的概念和评估要求。固有风险和控制风险有时难以分割地交织在一起，但审计准则规定，对于识别出的认定层次重大错报风险，注册会计师应当分别评估固有风险和控制风险。对于识别出的财务报表层次重大错报风险，审计准则未明确规定，是应当分别评估固有风险和控制风险，还是合并评估，选项AD当选。控制风险取决于与财务报表编制有关的内部控制的设计和运行的有效性。由于控制的固有局限性，某种程度的控制风险始终存在，因而不能被降低为零，选项B当选。固有风险和控制风险可以定量或定性描述，选项C不当选。

20　斯尔解析▶　**BC**　本题考查判断错报的定义。判断错报产生于两种情况：（1）管理层和注册会计师对会计估计值的判断差异（选项B当选）；（2）管理层和注册会计师对选择和运用会计政策的判断差异，由于注册会计师认为管理层选用会计政策造成错报，管理层却认为选用会计政策适当，导致出现判断差异（选项C当选）。选项A为事实错报，不当选；选项D，根据样本推断的总体错报，减去在样本中发现的事实错报的部分为推断错报，不当选。

 **应试攻略**

解题时，避免将判断错报的定义理解得过窄。事实上，无论是会计政策还是会计估计，当管理层的判断与注册会计师作出的合理判断不一致时，均构成判断错报。

21 斯尔解析▶ **BCD** 本题考查审计证据质量的影响因素。审计证据的质量取决于审计证据的相关性和可靠性，合理确定测试方向有助于提高审计证据的相关性，选项B当选；从外部独立来源获取的审计证据未经被审计单位内部流转、加工，通常比其他来源获取的审计证据更可靠，选项C当选；注册会计师审慎评价审计证据，是保持职业怀疑的重要体现，可以提高用作审计证据的信息的可信程度，选项D当选，注册会计师确定的样本规模影响审计证据的充分性，与审计证据的数量有关，而非审计证据的质量，选项A不当选。

22 斯尔解析▶ **ABCD** 本题考查审计证据数量的影响因素。评估的重大错报风险越高，则需要获取越多审计证据用于得出适当的审计结论，选项A当选。选项B属于审计证据的相关性，相关性是适当性的核心内容之一，而适当性影响充分性，故当选。审计证据的可靠性受其来源和性质的影响，并取决于获取审计证据的具体环境；与选项A类似，可靠性也是适当性的核心内容之一，进而影响充分性，选项CD当选。

第二模块　审计基本流程

一、单项选择题

23	B	24	B	25	B	26	D	27	D
28	A	29	D	30	D	31	A	32	B
33	C	34	C	35	B	36	D	37	D
38	C	39	B	40	A	41	A	42	A
43	C	44	B	45	A	46	D	47	A
48	D	49	D	50	D	51	C	52	B
53	B	54	D	55	B	56	C	57	D
58	D	59	B	60	C	61	C		

二、多项选择题

62	AB	63	CD	64	ABCD	65	AD	66	AB
67	ABD	68	ABC	69	AB	70	ABCD	71	ABC
72	CD	73	BD	74	AD	75	AD	76	ABC
77	ABD	78	ABC	79	ABD	80	ABCD	81	ABC
82	ABC	83	ABD	84	AC	85	ABD	86	BCD
87	ABCD	88	AC	89	ABD	90	ABC	91	CD

92	BC	93	ABCD	94	BD	95	BD	96	AC

97	ABD

一、单项选择题

23 斯尔解析▶ **B** 本题考查初步业务活动的内容和目的。选项B中，总体审计策略的制定应当包括考虑影响审计业务的重要因素，以确定项目组工作方向，包括确定适当的重要性水平，初步识别可能存在较高的重大错报风险的领域，初步识别重要的组成部分和账户余额，评价是否需要针对内部控制的有效性获取审计证据，识别被审计单位、所处行业、财务报告要求及其他相关方面最近发生的重大变化等，故当选。

应试攻略

　　针对选项B，需注意辨析，在初步业务活动阶段，注册会计师可以了解到有关管理层诚信情况的信息（构成被审计单位内部环境的要素），为风险评估积累素材，但初步业务活动的目的是解决"签约"的问题，而不是初步识别可能存在较高的重大错报风险的领域。

24 斯尔解析▶ **B** 本题考查审计业务约定书的内容。审计业务约定书应当包括以下主要内容：（1）财务报表审计的目标与范围，选项A不当选；（2）注册会计师的责任；（3）管理层的责任，选项C不当选；（4）适用的财务报告编制基础；（5）审计报告的预期形式和内容，以及对在特定情况下出具的审计报告可能不同于预期形式和内容的说明，选项D不当选。

25 斯尔解析▶ **B** 本题考查变更审计业务条款的合理理由。通常包括：（1）环境变化对审计服务的需求产生影响；（2）对原来要求的审计业务的性质存在误解，选项B当选。本题相对"小众"，不妨借此机会查漏补缺。即使在临场应试时，遇到个别复习死角的题目，也不必受其干扰，影响心态。

26 斯尔解析▶ **D** 本题考查具体审计计划的内容。具体审计计划应当包括注册会计师计划实施的进一步审计程序的具体性质、时间安排和范围，其中，注册会计师计划的进一步审计程序可以分为进一步审计程序的总体方案和拟实施的具体审计程序两个层次，而进一步审计程序的总体方案主要是指注册会计师针对各类交易、账户余额和披露决定采用的总体方案，包括实质性方案和综合性方案，选项D当选。选项ABC属于总体审计策略的相关内容，故不当选。

27 斯尔解析▶ **D** 本题考查制定财务报表整体重要性时基准和百分比的选择。如果被审计单位的经营规模较上年度没有重大变化，则通常使用替代性基准确定的重要性不宜超过上年度的重要性，而非不应使用替代性基准，选项D当选。

28 斯尔解析▶ **A** 本题考查实际执行重要性的概念和确定方法。注册会计师需要运用财务报表整体的重要性判断评估错报的性质是否严重，是否会影响财务报表使用者的经济决策，选项

A当选。审计准则规定，注册会计师无须通过将财务报表整体的重要性平均分配或按比例分配至各个报表项目的方法来确定实际执行的重要性，即并不强行规定这样做，也不禁止这样做，故选项B不当选。注册会计师可以运用职业判断，对不同的财务报表项目确定不同的实际执行的重要性，选项C不当选。在运用审计抽样实施细节测试时，注册会计师可以将可容忍错报的金额设定为等于或低于实际执行的重要性，选项D不当选。

应试攻略

借助本题拓展如下与重要性有关的解题要点：（1）有关"重要性的制定数量"，对于实际执行的重要性、特定类别的重要性和明显微小错报临界值，注册会计师均可以确定一个或多个金额；（2）有关"是否需要在所有审计业务中均确定"，对于财务报表整体的重要性、实际执行的重要性和明显微小错报临界值，答案是肯定的，而对于特定类别的重要性，则是在"适用时"才予以确定。

29 斯尔解析▶　D　本题考查确定明显微小临界值的考虑因素。选项D为注册会计师在确定财务报表整体重要性时（更具体来说是确定相关基准时）需要考虑的因素，故当选。

30 斯尔解析▶　D　本题考查确定特定类别重要性的考虑因素。选项D属于注册会计师确定实际执行的重要性时需要考虑的因素，故当选。

31 斯尔解析▶　A　本题考查了解被审计单位及其环境等方面的要求。选项BC属于了解被审计单位适用的财务报告编制基础、会计政策及变更会计政策的原因，故不当选；选项D属于了解被审计单位的业务模式，故不当选。

32 斯尔解析▶　B　本题考查控制对评估重大错报风险的影响。举例说明，假设被审计单位某项关键控制（例如，旨在减轻特别风险的控制）未得到执行，构成值得关注的内部控制重大缺陷，在进行风险评估时，注册会计师需要对其加以考虑，选项B当选。

应试攻略

本题颇具灵活性。解答此类题目时，可以运用审计基本原理，结合举例法，提高准确率。进一步剖析如下：（1）进行风险评估时，以前年度审计积累的经验能够"派上用场"，即为选项A所述；（2）经测试，某项或某几项内部控制运行无效，表明预防或发现并纠正重大错报的"防火墙"失效，评估的重大错报风险将会上升，即为选项C所述；（3）所审计期间内，内部控制发生实质性变化，例如执行人员由具备胜任能力的人员变更为缺乏知识、经验和技能的人员，可能导致评估的重大错报风险上升，即为选项D所述。

33 斯尔解析▶　C　本题考查了解被审计单位业务模式的做法。注册会计师并非需要了解被审计单位业务模式的所有方面，选项A不当选。了解被审计单位的业务模式包括：（1）经营活动；（2）投资活动；（3）筹资活动。故选项D不当选。了解被审计单位的活动特别是经营活动，有助于注册会计师了解影响财务报告的重要会计政策、交易或事项，选项B不当选。了解被审计单位的行业形势有助于识别与被审计单位所处行业相关的重大错报风险，选项C当选。

34 斯尔解析 ▶ C 本题考查注册会计师对内部控制的了解要求。选项C中，注册会计师应当评价被审计单位与财务报告相关的信息系统是否与业务流程相适应，而不能"本末倒置"，选项C当选。选项D为相对较陌生的表述，需关注，注册会计师通常只是针对每一年的变化修改记录流程的工作底稿，除非被审计单位的交易流程发生重大变化，这一做法体现了对以前年度审计中积累的经验的延续和运用，也符合成本效益原则和风险导向的理念，选项D不当选。

35 斯尔解析 ▶ B 本题考查针对财务报表层次重大错报风险的总体应对措施。注册会计师针对财务报表层次重大错报风险的总体应对措施包括：（1）向项目组强调保持职业怀疑的必要性；（2）指派更有经验或具有特殊技能的审计人员，或利用专家的工作，选项A不当选；（3）对指导和监督项目组成员并复核其工作的性质、时间安排和范围作出调整，例如，由审计项目组的高级别人员提供督导，但需注意的是，如果仅仅由项目组成员之间彼此复核，可能无法达到本项所要求的积极效果，甚至涉及经验较少的人员复核经验较多的人员的工作等不利于质量提升的做法，故选项B当选；（4）在选择拟实施的进一步审计程序时融入更多的不可预见的因素，选项C不当选；（5）对总体审计策略或对拟实施的审计程序作出调整，选项D不当选。

36 斯尔解析 ▶ D 本题考查为应对控制环境的缺陷的总体应对措施。注册会计师对控制环境的了解会影响其对财务报表层次重大错报风险的评估，从而影响所采取的总体应对措施，应考虑对拟实施审计程序的性质、时间安排或范围做出总体修改，可以采取的措施包括：（1）在期末而非期中实施更多的审计程序（选项A不当选）；（2）通过实施实质性程序获取更广泛的审计证据（选项BC不当选）；（3）增加拟纳入审计范围的经营地点的数量（选项D当选）。

37 斯尔解析 ▶ D 本题考查进一步审计程序范围的影响因素。选项D中，可容忍的差异额越大，实质性分析程序的进一步调查的范围越小，故当选。

🧭 应试攻略

　　审计考试中，常常涉及有关"重要性""重大错报风险水平""审计证据数量"和"审计程序范围"的关系辨析问题。重要性作为注册会计师的一项工具，通常被运用于评估重大错报风险。重要性水平越低，超过重要性水平的财务报表项目自然越多，以存在高估风险的财务报表项目为例，这会使得更多项目的高估风险被注册会计师所关注，进而导致评估的重大错报风险水平上升，根据审计风险模型，注册会计师可接受的检查风险水平会降低、进一步审计程序的范围将扩大。上述推理过程是审计中的"一般规律"，可运用于多种不同情形下的解题和判断，例如选项D，可容忍的差异额即为重要性的一种表现形式，因而在其越大时，进一步审计程序的范围可以适当缩小，可以较容易地判断出其表述不当。

38　斯尔解析▶　**C**　本题考查在期中测试内部控制运行的有效性。如果通过实施实质性程序未发现某项认定存在错报，这本身并不能说明与该认定有关的控制是有效运行的；但如果通过实施实质性程序发现某项认定存在错报，注册会计师应当在评价相关控制的运行有效性时予以考虑，选项A不当选。针对期中已获取审计证据的控制，如果这些控制在剩余期间发生了变化，注册会计师需要了解并测试控制的变化对期中审计证据的影响，选项B不当选。即使注册会计师已获取有关控制在期中运行有效性的审计证据，仍然需要考虑如何能够将控制在期中运行有效性的审计证据合理延伸至期末，针对期中至期末这段剩余期间获取充分、适当的审计证据，选项D不当选。

📣 **应试攻略**

　　此类题目难度并不高，但"恼人"的是密密麻麻的文字所带来的阅读压力。如遇文字密集型的考题，切记自我提醒，做到沉心静气、逐字读题，正确率将会显著上升。

39　斯尔解析▶　**B**　本题考查实质性程序的概念。在将期中实施的实质性程序得出的结论合理延伸至期末时，注册会计师有两种选择：其一是针对剩余期间实施进一步的实质性程序；其二是将实质性程序和控制测试结合使用，选项B当选。针对选项C，无论评估的重大错报风险结果如何，注册会计师都应当针对所有重大交易类别、账户余额和披露实施实质性程序。需注意此处，是"所有重大"，而非"所有"，选项C不当选。

40　斯尔解析▶　**A**　本题考查信息技术一般控制和信息处理控制的概念。信息技术一般控制包括程序开发、程序变更、程序和数据访问以及计算机运行，选项A当选。

41　斯尔解析▶　**A**　本题考查信息技术对审计的影响。被审计单位对信息技术的运用不改变注册会计师制定审计目标的原则性要求，例如总体审计目标和具体审计目标（可借助认定予以描述），选项A当选。

42　斯尔解析▶　**A**　本题考查样本代表性的概念和影响因素。样本代表性与样本规模无关，选项A当选。

📣 **应试攻略**

　　针对样本代表性，建议识记如下结论：（1）代表性，是指在既定的风险水平下，注册会计师根据样本得出的结论，与对整个总体实施与样本相同的审计程序得出的结论类似。（2）样本具有代表性并不意味着根据样本测试结果推断的错报一定与总体中的错报完全相同。（3）如果样本的选取是无偏向的，该样本通常就具有了代表性。（4）代表性与整个样本而非样本中的单个项目相关，与样本规模无关，而与如何选择样本相关。（5）代表性通常只与错报的发生率而非错报的特定性质相关，比如异常误差就不具有代表性。

43 斯尔解析▶　**C**　本题考查审计抽样的相关概念。抽样风险是由抽样引起的，对总体中所有的项目实施检查，则不存在抽样风险，审计风险完全由非抽样风险产生，选项C当选。信赖过度风险和误受风险影响审计效果，容易导致注册会计师发表不恰当的审计意见，因此注册会计师更应予以关注，选项A不当选。审计抽样不同于其他行业的抽样，注册会计师通常只需要评价该账户余额是否存在重大错报，而不需要确定其初始金额，这些初始金额在审计抽样开始之前已由被审计单位记录并汇总完毕，选项B不当选。整群选样通常不能在审计抽样中使用，因为大部分总体的结构都使连续的项目之间可能具有相同的特征，但与总体中其他项目的特征不同，选项D不当选。

44 斯尔解析▶　**B**　本题考查统计抽样和非统计抽样的概念辨析。在统计抽样中，可以运用概率论评价样本结果，包括计量抽样风险；而在非统计抽样中，注册会计师不运用概率论的方法，通常也无法计量抽样风险，选项B当选。注册会计师运用职业判断、考虑成本效益原则来决定使用统计抽样或非统计抽样，但这不意味着统计抽样在任何情况下均优于非统计抽样。在设计得当的情况下，非统计抽样也可以实现同样有效的结果，选项AD不当选。选项C，非抽样风险源于人为决策失误，无论是统计抽样还是非统计抽样，通常都难以量化，选项C不当选。

45 斯尔解析▶　**A**　本题考查审计抽样运用于控制测试时样本规模的影响因素。确定样本规模旨在解决"选多少"的问题，而确定选取样本的方法旨在解决"如何选"的问题，后者并非前者的影响因素，选项A当选。

📣 应试攻略

本题需要运用推理和分析。选取样本的方法通常包括系统选样、简单随机选样、随意选样等，这些方法的运用旨在解决如何将既定数量的样本抽选出来的问题，而无论具体运用哪一种方法，样本规模都已经在选样前予以确定，不受选样方法的影响。

46 斯尔解析▶　**D**　本题考查货币单元抽样的特点。货币单元抽样以属性抽样原理为基础，注册会计师可以很方便地计算样本规模和评价样本结果，因而通常比传统变量抽样更易于使用，选项A不当选。货币单元抽样中，项目被选取的概率与其货币金额大小成比例，因而无须通过分层减少变异性，而传统变量抽样通常需要对总体进行分层以减小样本规模，选项B不当选。货币单元抽样以货币单元作为抽样单元，此方法下的样本更容易设计，且可在能够获得完整的最终总体之前开始选取样本，选项C不当选。如果注册会计师预计不存在错报时，货币单元抽样的样本规模通常比传统变量抽样方法更小，选项D当选。

47 斯尔解析▶　**A**　本题考查审计沟通的形式。本题具有综合性，融合考核了"与治理层沟通"和"与前任注册会计师沟通"的知识点，具有新意。关于识别出的值得关注的内部控制缺陷，注册会计师应当以书面形式与治理层沟通，选项A当选。上市公司审计中，与治理层关于独立性的沟通，注册会计师应当采用书面形式，而关于保密性的沟通，则无这一要求，选项C不当选。无论是接受委托前，还是接受委托后，注册会计师均可以选择口头或书面形式沟通，选项BD不当选。

应试攻略

　　重点掌握应当采用书面形式与治理层沟通的事项，包括：（1）注册会计师的独立性；（2）值得关注的内部控制缺陷。对于审计中发现的重大问题（包括重大困难），注册会计师可以运用职业判断，选择口头或书面形式沟通。

48　斯尔解析▶　**D**　本题考查以书面形式与治理层沟通补充事项的要求。注册会计师可能关注到一些补充事项，虽然这些事项不一定与监督财务报告流程有关，但对治理层监督被审计单位的战略方向或与被审计单位受托责任相关的义务很可能是重要的，选项A不当选。同时，审计准则要求注册会计师应当以书面形式及时向治理层通报审计过程中识别出的值得关注的内部控制缺陷，选项B不当选。如果需要沟通补充事项，注册会计师提请治理层关注下列事项可能是适当的：（1）识别和沟通这类事项对审计目的（旨在对财务报表形成意见）而言，只是附带的；（2）除对财务报表形成审计意见所需实施的审计程序外，没有专门针对这些事项实施其他程序；（3）没有实施程序来确定是否还存在其他的同类事项，选项C不当选。注册会计师就补充事项与治理层沟通之前，可能会与管理层进行讨论，而非应当这样做，选项D当选。

49　斯尔解析▶　**D**　本题考查与治理层沟通形式的影响因素。选项D属于在确定与治理层沟通的时间时，注册会计师可能需要考虑的因素，故当选。例如，注册会计师识别出特定事项的时间，无论是早上、中午还是下午，昨天、今天还是明天，这不直接影响沟通的形式。如果管理层已经就某一事项与治理层进行了沟通，治理层已经建立了一定的了解，则注册会计师在沟通时可能会简化沟通方式（例如将烦琐、正式的书面陈述改为简单、快捷的电话会议等），选项A不当选。被审计单位的规模越大，可能内部流程、规范制度更加健全严格，反之，对于规模较小的被审计单位，凡事在处理起来，也往往更简单明了，显然，这种不同的规模和造成的工作环境会对注册会计师的沟通方式产生影响，选项B不当选。治理层提出的期望，势必影响注册会计师所选择的沟通方式，例如，由于工作需要，治理层期望获得正式的书面沟通文件，注册会计师可能决定满足这一需求，选项C不当选。

50　斯尔解析▶　**D**　本题考查评价内部审计工作时的考虑因素。选项ABC均属于在确定是否能够利用内部审计的工作以实现审计目的时，注册会计师应当评价的因素，故不当选。

51　斯尔解析▶　**C**　本题考查注册会计师利用内部审计人员提供的直接协助的记录要求。如果利用内部审计人员为审计提供直接协助，注册会计师应当在审计工作底稿中记录：（1）关于是否存在对内部审计人员客观性的不利影响及其严重程度的评价，以及关于提供直接协助的内部审计人员的胜任能力的评价，选项A不当选；（2）就内部审计人员执行工作的性质和范围作出决策的基础；（3）根据审计准则所执行工作的复核人员及复核的日期和范围，选项B不当选；（4）从拥有相关权限的被审计单位代表人员和内部审计人员处（而非治理层）获取的书面协议，选项C当选；（5）在审计业务中提供直接协助的内部审计人员编制的审计工作底稿，选项D不当选。

52 斯尔解析▶ B 本题考查质量管理政策和程序的约束人员范围。注册会计师利用的内部专家需要遵守会计师事务所的质量管理政策和程序，选项B当选。针对选项ACD，相关人员并非是会计师事务所的成员或审计项目组成员，故不当选。

✈ **应试攻略**

需要结合会计师事务所质量管理的相关内容，进一步掌握"审计项目组成员"的范围界定，即包括执行某项业务的所有合伙人和员工，以及为该项业务实施程序的所有其他人员，但不包括外部专家，也不包括为项目组提供直接协助的内部审计人员。

53 斯尔解析▶ B 本题考查编制审计工作底稿的目的。注册会计师编制审计工作底稿的目的包括：（1）提供证据，作为注册会计师得出实现总体目标结论的基础，而非必然出具无保留意见，选项B当选；（2）提供证据，证明注册会计师按照审计准则和相关法律法规的规定计划和执行了审计工作，即满足可辩护性要求，选项C不当选。除此之外，还有助于：（1）项目组计划和执行审计工作；（2）负责督导的项目组成员履行指导、监督与复核审计工作的责任；（3）项目组说明其执行审计工作的情况；（4）保留对未来审计工作持续产生重大影响的事项的记录；（5）会计师事务所实施项目质量复核、其他类型的项目复核以及质量管理体系中的监控活动，选项A不当选；（6）监管机构和注册会计师协会根据相关法律法规或其他相关要求，对会计师事务所实施执业质量检查，选项D不当选。

54 斯尔解析▶ D 本题考查对审计工作底稿的控制要求。审计工作底稿归档后，注册会计师不应在规定的保存期限届满前删除或废弃任何性质的审计工作底稿。这一要求为审计准则的强制性规范，不由会计师事务所作出控制和安排，选项D当选。

55 斯尔解析▶ B 本题考查审计工作底稿要素和范围的影响因素。审计工作底稿应当自审计报告日起至少保存10年，这一要求是审计准则的硬性规范。审计工作底稿的要素和范围并不因审计工作底稿的保存期限而改变，选项B当选。

✈ **应试攻略**

审计收费的水平、归档期限的要求和注册会计师所使用的语言文字等，均不属于确定审计工作底稿格式、要素和范围的主要考虑因素。

56 斯尔解析▶ C 本题考查审计工作底稿的保存期限，难度较高。根据审计准则，会计师事务所应当自审计报告日起，对审计工作底稿至少保存10年。这一要求是底线，即最低要求。显然，选项A和选项D均满足该要求。选项B，通常审计工作底稿归档日最晚为审计报告日后60天，如果将审计工作底稿自归档日起保存10年，那么实质上自报告日起已经保存了超过10年的更久的时间，故符合准则要求。选项C，如果将审计工作底稿自所审计财务报表的财务报表日起保存12年，则可能无法满足准则所述的保存期限要求，例如，ABC会计师事务所对甲公司"三年一期"（涉及2021年、2022年、2023年以及2024年第一季度）的财务报表发表审计意见，并于2024年5月1日出具审计报告，相关审计工作底稿应保存至2034年4月30日，如果就其中2021年的财务报表而言，仅从2021年12月31日（即财务报表日）起将相关工作底稿保存12年至2033年12月30日，显然并未满足准则要求，选项C当选。

57　斯尔解析▶　D　本题考查审计工作底稿的归档要求。审计工作底稿归档期限为审计报告日后60天内，或审计业务中止后的60天内，故选项AB不当选，选项D当选。如果针对客户的同一财务信息执行不同的委托业务，出具两个或多个不同的报告，应当将其分别归整为最终审计档案，选项C不当选。

58　斯尔解析▶　D　本题考查项目组内部复核的考虑因素。项目质量复核是独立于项目组内部复核而进行的质量管理举措，彼此并无包含和交叉的关系，故是否有必要实施项目质量复核，并非是项目组内部复核时复核人员需要考虑的事项，故选项D当选。

📮 应试攻略

　　关注与项目组内部复核有关的核心要点：（1）复核时，应由经验较为丰富的项目组成员对经验较为缺乏的项目组成员的工作进行指导、监督和复核；（2）审计项目组内部复核贯穿审计全过程；（3）对较为复杂、审计风险较高的领域，必要时可以由项目合伙人执行复核（但项目合伙人无须复核所有的审计工作底稿）。

59　斯尔解析▶　B　本题考查期后事项的审计责任。通常情况下，针对期后事项的专门审计程序，其实施时间越接近审计报告日越好。越接近审计报告日，也就意味着距离财务报表日越远，被审计单位这段时间内累积的对财务报表日已经存在的情况提供的进一步证据也就越多；越接近审计报告日，注册会计师遗漏期后事项的可能性也就越小，选项B当选。注册会计师应当设计和实施审计程序，获取充分、适当的审计证据，以确定所有在财务报表日至审计报告日之间发生的、需要在财务报表中调整或披露的事项均已得到识别，选项A不当选。在财务报表报出后，如果被审计单位管理层修改了财务报表，且注册会计师提供了新的审计报告或修改了原审计报告，注册会计师应当在新的或经修改的审计报告中增加强调事项段或其他事项段，选项C不当选。如果集团项目组或组成部分注册会计师对组成部分财务信息实施审计，集团项目组或组成部分注册会计师应当实施审计程序，以识别组成部分自组成部分财务报表日至对集团财务报表出具审计报告日之间发生的，可能需要在集团财务报表中调整或披露的事项，选项D不当选。

60　斯尔解析▶　C　本题考查书面声明的概念和作用。尽管书面声明提供必要的审计证据，但其本身并不为所涉及的任何事项提供充分、适当的审计证据，选项C当选。初看选项D，容易陷入错误思路，即书面声明本身并不为所涉及的任何事项提供充分、适当的审计证据，故不会影响注册会计师需要获取的审计证据的性质和范围。造成这种错误思路的原因在于对知识点剖析不透以及对题目审题不清。根据教材观点，管理层已提供可靠书面声明的事实，并不影响注册会计师就管理层责任履行情况或具体认定获取的其他审计证据的性质和范围。显然，这一表述的前提是"管理层已提供",即"他给是他给,我该怎么做还得怎么做",反观选项D,并无上述前提。不妨设想,如果管理层迟迟不提供注册会计师所要求的书面声明,势必导致注册会计师对管理层的诚信情况产生顾虑,甚至是需要对其进行重新评价,进而会对需要获取的审计证据的性质和范围产生影响,选项D不当选。

61 〔斯尔解析〕▶ **C** 本题考查书面声明的日期、涵盖期间和评价要求。书面声明的日期应当尽量接近对财务报表出具审计报告的日期,但不得在审计报告日后,也不一定为同一日,选项A不当选。注册会计师可以考虑在审计过程中获取有关财务报表特定认定的书面声明,但并非应当获取,选项B不当选。即使在审计报告中提及的相关期间尚未就任,现任管理层也可以根据实际情况更新以前期间所作的书面声明,选项C当选。如现任管理层以在审计报告中提及的相关期间尚未就任为由,拒绝提供针对管理层责任的书面声明,注册会计师应当发表无法表示意见,选项D不当选。

二、多项选择题

62 〔斯尔解析〕▶ **AB** 本题考查审计的前提条件。审计的前提条件是指被审计单位管理层在编制财务报表时采用可接受的财务报告编制基础,以及管理层对注册会计师执行审计工作的前提的认可,选项AB当选。

63 〔斯尔解析〕▶ **CD** 本题考查审计业务约定书的签订和致送要求。对于连续审计,注册会计师可以决定不在每期都致送新的审计业务约定书,选项C当选。对于集团财务报表审计,注册会计师需要运用职业判断,决定是否向组成部分单独致送审计业务约定书,选项D当选。

64 〔斯尔解析〕▶ **ABCD** 本题考查总体审计策略和具体审计计划的概念。制定总体审计策略的过程通常在具体审计计划之前,但是两项计划具有内在紧密联系,对其中一项的决定可能会影响甚至改变对另外一项的决定,选项AC当选。总体审计策略用以确定审计范围、时间安排和方向,并指导具体审计计划的制定,无论是总体审计策略还是具体审计计划,注册会计师均应当合理运用职业判断,选项BD当选。

65 〔斯尔解析〕▶ **AD** 本题考查注册会计师确定重要性的要求。注册会计师在所有审计业务中均需要确定财务报表整体重要性、实际执行重要性和明显微小错报临界值,选项AD当选。在集团审计中,如果组成部分注册会计师对组成部分财务信息实施审计或审阅,集团项目组应当基于集团审计目的,为这些组成部分确定组成部分重要性,而并非所有审计中均需要确定,选项B不当选。根据被审计单位的特定情况,注册会计师可能需要确定特定交易类别、账户余额或披露的重要性水平,也并非所有审计业务均需要确定,选项C不当选。

📣 应试攻略

进一步总结,注册会计师在所有审计业务中均需要实施的有:(1)了解被审计单位及其环境,包括了解被审计单位的内部控制;(2)对所有重大的账户余额、交易或披露实施实质性程序;(3)将分析程序运用于风险评估和总体复核;(4)将财务报表与会计记录进行核对;(5)针对管理层凌驾于控制之上的风险设计和实施审计程序等。

66　斯尔解析▶　**AB**　本题考查基准的常见示例。适当的基准取决于被审计单位的具体情况，包括各类收益（如税前利润、营业收入、毛利和费用总额、捐赠收入或捐赠支出），以及所有者权益或净资产，选项AB当选。对于成长期企业，非经常性收益（例如偶然的政府补助带来的营业外收入）通常不属于财务报表使用者特别关注的项目，不宜作为基准，故选项C不当选。对于新兴行业企业，适宜选择营业收入作为基准，而非税前利润，故选项D不当选。

67　斯尔解析▶　**ABD**　本题考查确定财务报表整体重要性的考虑因素。注册会计师在确定重要性水平时，不需考虑与具体项目计量相关的固有不确定性，例如，财务报表含有高度不确定性的大额估计，注册会计师并不会因此而确定一个比不含有该估计的财务报表更高或更低的财务报表整体重要性，选项A当选。由于不同财务报表使用者对财务信息的需求可能差异很大，因此不考虑个别财务报表使用者的期望，选项B当选。在确定明显微小错报的临界值时（即对错报的过滤程度），注册会计师可能考虑被审计单位管理层和治理层对沟通错报的预期，选项D当选。财务报表整体重要性通常由适当的基准再乘以某一百分比确定，被审计单位是否为上市公司或公众利益实体会影响注册会计师对百分比的选择，选项C不当选。

68　斯尔解析▶　**ABC**　本题考查实际执行的重要性的百分比适用情形。如果存在下列情况，注册会计师可能考虑选择较低的百分比来确定实际执行的重要性：（1）首次接受委托的审计项目；（2）连续审计项目，以前年度审计调整较多；（3）项目总体风险较高（选项AB当选）；（4）存在或预期存在值得关注的内部控制缺陷（选项C当选）。被审计单位本期的销售费用显著增长可能代表被审计单位本期转变了销售模式或增加了营销力度，并不能因此认为项目整体风险较高和考虑选择较低的百分比，故选项D不当选。

69　斯尔解析▶　**AB**　本题考查实际执行的重要性的实务运用。在分析程序运用于实质性程序时，注册会计师确定的已记录金额与预期值之间的可接受差异通常不超过实际执行的重要性，选项A当选。在运用审计抽样实施细节测试时，注册会计师可以将可容忍错报的金额设定为等于或低于实际执行的重要性，选项B当选。注册会计师通常选取金额超过实际执行的重要性的财务报表项目实施进一步审计程序，但是，例如存在低估或舞弊风险的财务报表项目，不能仅仅因为其金额低于实际执行的重要性而不实施进一步审计程序，选项C不当选。对于连续审计业务，以前年度审计调整较多时，注册会计师可能考虑选择较低的百分比来确定实际执行的重要性，选项D不当选。

70　斯尔解析▶　**ABCD**　本题考查重要性概念的运用。在计划和执行审计工作，评价识别出的错报对审计的影响，以及未更正错报对财务报表和审计意见的影响时，注册会计师需要运用重要性概念，选项ABCD当选。

71　斯尔解析▶　**ABC**　本题考查项目组内部讨论的目的。项目组进行内部讨论主要是为了在风险评估阶段识别出可能存在的重大错报风险，与遵守职业道德守则的要求无关，选项D不当选；项目组通过内部讨论可以达到的目的包括：（1）使经验丰富的项目组成员分享见解（选项A当选）；（2）使项目组成员讨论被审计单位面临的经营风险（选项B当选）；（3）帮助项目组成员了解各自实施的审计程序如何影响审计的其他方面（选项C当选）；（4）为项目组成员分享在审计过程中获取的信息。

72 斯尔解析▶ **CD** 本题考查项目组内部讨论的时间、人员和内容。项目组内部的讨论在所有的业务阶段都非常必要，是一项动态进行、实时开展的工作，选项A不当选。项目合伙人应当亲自确定向未参与讨论的项目组成员通报哪些事项，而非必然亲自完成通报，选项B不当选。本题的选项D具有一定的迷惑性，需注意，除应当参与项目组内部讨论的人员外（例如项目合伙人），其他人员是否有必要参与讨论，应由注册会计师运用职业判断决定。例如，某一次的项目组内部讨论会议旨在讨论商誉减值的事项，而商誉减值的评估需要估值专家的深度参与，则注册会计师可能决定邀请专家出席讨论会。

73 斯尔解析▶ **BD** 本题考查特别风险的识别、评估和应对。对于旨在减轻特别风险的内部控制，注册会计师应当在本期审计中测试其运行有效性，选项B当选。注册会计师应当将识别出的、超出被审计单位正常经营过程的重大关联方交易导致的风险确定为特别风险，选项D当选。在判断哪些风险是特别风险时，注册会计师不应考虑识别出的控制对相关风险的抵销效果，选项A不当选。如果认为评估的认定层次重大错报风险是特别风险，注册会计师应当专门针对该风险实施实质性程序。如果针对特别风险实施的程序仅为实质性程序，这些程序应当包括细节测试，或将细节测试和实质性分析程序结合使用，以获取充分、适当的审计证据，选项C不当选。

> ## 📣 应试攻略
>
> 　　需要掌握与"特别风险"有关的一系列知识点，包括：（1）特别风险的定义和来源；（2）特别风险的识别和评估（包括了解与之相关的控制）；（3）针对特别风险，如何实施控制测试；（4）针对特别风险，如何实施实质性程序等；（5）集团财务报表审计中，对特别风险的考虑等。

74 斯尔解析▶ **AD** 本题考查特别风险的识别和评估。舞弊风险（无论由何种原因引起）和管理层凌驾于控制之上的风险均属于特别风险，选项AD当选。超出被审计单位正常经营过程的重大关联方交易导致的风险属于特别风险，需注意该关联方交易需要是重大的，选项B不当选。在识别和评估重大错报风险时，注册会计师应当评价与会计估计相关的估计不确定性的程度，并运用职业判断确定识别出的具有高度估计不确定性的会计估计是否会导致特别风险，选项C不当选。

75 斯尔解析▶ **AD** 本题考查财务报表层次重大错报风险的情形。选项AD表明被审计单位的内部控制环境存在缺陷，其影响往往具备广泛性，不局限于财务报表的特定项目的某一认定，因而通常导致财务报表层次的重大错报风险，故当选。被审计单位某一批设备面临淘汰，可能涉及对相关固定资产计提减值准备，选项B不当选。被审计单位的某项联营投资涉及复杂的业绩对赌安排，可能导致对长期股权投资的会计处理不当。显然，上述两种情形将风险更加具体地指向财务报表某一项目的某一认定，即更可能导致认定层次的重大错报风险，选项C不当选。

76 斯尔解析▶ **ABC** 本题考查针对特别风险实施的进一步审计程序。如果针对特别风险仅实施实质性程序，注册会计师应当使用细节测试，或将细节测试和实质性分析程序结合使用，以获取充分、适当的审计证据。换言之，不能仅实施实质性分析程序，选项D不当选。

 **应试攻略**

　　针对特别风险，注册会计师应当专门针对该风险实施实质性程序，在可能实施的程序组合中，有两种情况是不可行的：一是只做控制测试而不做实质性程序；二是仅做实质性程序时不包括细节测试。

77　斯尔解析▶　**ABD**　本题考查识别和评估重大错报风险的步骤和要求。注册会计师在评估重大错报风险时，应当考虑实施风险评估程序收集的信息，同时还需要考虑初步业务活动中获取的信息，选项A当选；注册会计师应当分成两个层次识别重大错报风险，其中财务报表层次的重大错报风险是与财务报表整体存在广泛的联系，并可能影响多项认定，无法与某项认定相联系，选项B当选，选项C不当选；注册会计师在评估重大错报风险时，应当考虑相关控制对评估结果的影响（即控制风险），选项D当选。

78　斯尔解析▶　**ABC**　本题考查评估固有风险等级。注册会计师考虑错报发生的可能性和错报的重要程度以评估固有风险等级。在考虑前者时，注册会计师应当基于对固有风险因素的考虑，评估错报发生的概率（选项A当选）；在考虑错报的重要程度时，注册会计师应当考虑错报的定性和定量两个方面，即注册会计师可能根据错报的金额大小、性质或情况（选项BC当选），判断各类交易、账户余额和披露在认定层次的错报是重大的。错报是否被更正，取决于错报对于财务报表的影响以及与被审计单位管理层和治理层的沟通结果，与固有风险等级无关，选项D不当选。

79　斯尔解析▶　**ABD**　本题考查特别风险的概念。特别风险，是指注册会计师识别出的符合下列特征之一的重大错报风险：（1）根据固有风险因素对错报发生的可能性和错报的严重程度的影响，注册会计师将固有风险评估为达到或接近固有风险等级的最高级（选项BD当选）；（2）根据审计准则的规定，注册会计师应当将其作为特别风险（选项A当选）。在确定特别风险时不考虑相关控制对风险的抵销效果（选项C不当选）。

80　斯尔解析▶　**ABCD**　本题考查确定实施审计程序的时间时的考虑因素。上述四项均为注册会计师应予考虑的因素。具体而言：（1）控制环境。良好的控制环境可以抵销在期中实施进一步审计程序的局限性，使注册会计师在确定实施进一步审计程序的时间时有更大的灵活度，因而选项A当选。（2）何时能得到相关信息。例如，某些控制活动可能仅在期中（或期中以前）发生，而之后可能难以再被观察到。再如，某些电子化的交易和账户文档如未能及时取得，可能被覆盖。在这些情况下，注册会计师如果希望获取相关信息，则需要考虑能够获取相关信息的时间，选项B当选。（3）错报风险的性质。例如，被审计单位可能为了保证盈利目标的实现，而在会计期末以后伪造销售合同以虚增收入，此时注册会计师需要考虑在期末（即资产负债表日）这个特定时点获取被审计单位截至期末所能提供的所有销售合同及相关资料，以防范被审计单位作资产负债表日后伪造销售合同虚增收入的做法，选项C当选。（4）审计证据适用的期间或时点。注册会计师应当根据需要获取的特定审计证据确定何时实施进一步审计程序。例如，为了获取资产负债表日的存货余额证据，显然不宜在与资产负债表日间隔过长的期中时点或期末以后时点实施存货监盘等相关审计程序，选项D当选。

81 〔斯尔解析▶〕 **ABC** 本题考查如何考虑以前审计获取的有关控制运行有效性的审计证据。基本思路是考虑拟信赖的以前审计中测试的控制在本期是否发生变化，如果控制在本年发生重大变化，则不应利用以前年度获取的有关控制运行有效的审计证据，选项A当选；每三年至少对控制测试一次，选项B当选；对于旨在减轻特别风险的控制，如果注册会计师拟信赖减轻特别风险的控制，无论本期是否发生变化，都不应依赖以前审计获取的证据，应在本期测试这些控制的运行有效性，选项C当选。本题重在辨析"不得利用以前审计中所获取的证据"和"缩短距离上一次测试的间隔期"。针对前者，请结合上述解析予以掌握。针对后者，需关注，对于稳定性较差的人工控制，注册会计师可能决定缩短再次测试的时间间隔或直接决定在本期中测试其运行有效性，并不必然表明不得依赖以前审计所获取的控制运行有效性的审计证据。

82 〔斯尔解析▶〕 **ABC** 本题考查控制测试的范围的影响因素。选项ABC与控制测试的范围均呈同向变动，故当选。如拟获取有关审计证据的相关性和可靠性较高，测试该控制的范围可适当缩小，选项D不当选。

83 〔斯尔解析▶〕 **ABD** 本题考查数据分析的概念、作用和基本步骤。对审计而言，数据分析是注册会计师获取审计证据的一种手段，是指注册会计师在计划和执行审计工作时，通过对内部或外部数据进行分析、建模或可视化处理，以发现其中隐含的模式、偏差或不一致，从而揭示出对审计有用的信息的方法，选项A当选。校验数据的准确性和完整性是注册会计师进行实际数据分析工作的起点，而基本步骤的起点则是计划数据分析，选项B当选。为促进数据分析的实务运用，提高数据分析的效率和效果，中国注册会计师协会正在制定注册会计师审计数据标准，选项C不当选。数据分析可以运用于注册会计师了解和测试被审计单位内部控制的过程中，选项D当选。

84 〔斯尔解析▶〕 **AC** 本题考查审计抽样的特征。注册会计师挑选具备某一特征的项目进行测试，不属于运用审计抽样方法，选项B不当选。运用审计抽样并不要求注册会计师根据样本测试结果推断的错报与总体中的错报完全相同，选项D不当选。

🪁 **应试攻略**

除以上选项外，审计抽样的另一基本特征是所有抽样单元都有被选取的机会。需注意，此处为"均有机会"，而并不必然强调"均有相等的机会"。

85 〔斯尔解析▶〕 **ABD** 本题考查控制测试的总体所需具备的性质。选项C，属于运用审计抽样实施细节测试确定样本规模时需要考虑的因素，故不当选。

86 〔斯尔解析▶〕 **BCD** 本题考查在控制测试和细节测试中运用审计抽样的要求。分析偏差的性质和原因时，注册会计师需要考虑已识别的偏差对财务报表的直接影响，如果某项控制偏差更容易导致金额错报，则该项控制偏差就更加重要，选项B当选。可容忍错报可能等于或低于实际执行的重要性，选项C当选。在货币单元抽样中，注册会计师将总体错报的上限与可容忍错报进行比较。如果总体错报的上限小于可容忍错报，注册会计师可以初步得出结论，样本结果支持总体的账面金额，选项D当选。

87 斯尔解析▶　ABCD　本题考查在控制测试中运用审计抽样的总体结论。审计抽样运用于控制测试时，如使用统计抽样方法，应计算估计的总体偏差率上限，当总体偏差率上限高于或等于可容忍偏差率，则总体不能接受；当总体偏差率上限低于但接近可容忍偏差率，注册会计师应当结合其他审计程序的结果，考虑是否接受总体，并考虑是否需要扩大测试范围，以进一步证实计划评估的控制有效性和重大错报风险水平，选项AB当选。如使用非统计抽样方法，只有总体偏差率大大低于可容忍偏差率时，注册会计师才可以直接得出总体可以接受的结论，当总体偏差率虽然低于可容忍偏差率，但两者很接近时，注册会计师通常认为实际的总体偏差率高于可容忍偏差率的抽样风险很高，因而总体不可接受，选项CD当选。

88 斯尔解析▶　AC　本题考查在控制测试中使用审计抽样时，注册会计师的记录内容。包括：（1）对所测试的设定控制的描述；（2）与抽样相关的控制目标，包括相关认定；（3）对总体和抽样单元的定义，包括注册会计师如何考虑总体的完整性；（4）对偏差的构成条件的定义（选项A当选）；（5）可接受的信赖过度风险，可容忍偏差率，以及在抽样中使用的预计总体偏差率；（6）确定样本规模的方法；（7）选样方法；（8）选取的样本项目；（9）对如何实施抽样程序的描述（选项C当选）；（10）对样本的评价及总体结论摘要。整群选样通常不能在审计抽样中使用，故选项B不当选。在控制测试中使用统计抽样时，应将总体偏差率上限与可容忍偏差率对比，进而形成总体结论，故选项D不当选。

89 斯尔解析▶　ABD　本题考查注册会计师与治理层沟通的内容和要求。注册会计师不需要设计专门程序以支持其对与治理层之间的双向沟通的评价，这种评价可以建立在为其他目的而实施的审计程序所获取的见解的基础上，选项C不当选。

90 斯尔解析▶　ABC　本题考查注册会计师不得利用内部审计的工作的情形。如果存在下列情形之一，注册会计师不得利用内部审计的工作：（1）内部审计在被审计单位的地位以及相关政策和程序不足以支持内部审计人员的客观性（选项A当选）；（2）内部审计人员缺乏足够的胜任能力（选项B当选）；（3）内部审计没有采用系统、规范化的方法，包括质量控制（选项C当选）。针对选项D，当计划和实施的审计程序涉及较多判断时，注册会计师应较少地利用内部审计工作，而非无法利用，故选项D不当选。

91 斯尔解析▶　CD　本题考查利用专家工作的程序和要求。在评价外部专家的客观性时，注册会计师应当询问可能对外部专家客观性产生不利影响的利益和关系，选项A不当选。注册会计师应当了解专家选择的假设和方法，并根据专家工作的具体情况，评价专家工作涉及使用重要的假设和方法的相关性和合理性，选项B不当选。

92 斯尔解析▶　BC　本题考查评价专家的工作结果或结论的相关性和合理性时，注册会计师可能需要考虑的因素。包括：（1）专家提交其工作结果或结论的方式是否符合专家所在的职业或行业标准，而非注册会计师所在行业标准（选项A不当选）；（2）专家的工作结果或结论是否得到清楚的表述，包括提及与注册会计师达成一致的目标，执行工作的范围和运用的标准；（3）专家的工作结果或结论是否基于适当的期间，并考虑期后事项（选项B当选）；

（4）专家的工作结果或结论在使用方面是否有任何保留、限制或约束，如果有，是否对注册会计师的工作产生影响（选项C当选）；（5）专家的工作结果或结论是否适当考虑了专家遇到的错误或偏差情况。专家的工作结果或结论是否经质量复核取决于专家所在单位的质量管理政策，不属于注册会计师评价的考虑因素（选项D不当选）。

93　斯尔解析▶　**ABCD**　本题考查确定评价专家工作的相关审计程序的性质、时间安排和范围时，注册会计师应当考虑的事项。包括：（1）与专家工作相关的事项的性质；（2）与专家工作相关的事项中存在的重大错报风险（选项C当选）；（3）专家的工作在审计中的重要程度（选项D当选）；（4）注册会计师对专家以前所做工作的了解，以及与之接触的经验（选项A当选）；（5）专家是否需要遵守会计师事务所的质量管理体系（选项B当选）。

94　斯尔解析▶　**BD**　本题考查审计工作底稿的概念和范围。项目质量复核人员的工作底稿展示了在审计工作的完成阶段，实施项目质量复核的程序、过程和结论，应纳入审计工作底稿，选项B当选。项目合伙人属于项目组关键成员，其编制的审计工作底稿应予纳入档案，选项D当选。除非协议另作安排，外部专家的工作底稿属于外部专家，不是应当纳入审计工作底稿的内容，选项A不当选。在配合集团项目组时，如果法律法规未予禁止，组成部分注册会计师可以允许集团项目组接触相关审计工作底稿，但其审计工作底稿的所有权属于组成部分注册会计师所在会计师事务所，选项C不当选。

95　斯尔解析▶　**BD**　本题考查审计工作底稿中有关重大事项的记录。重大事项通常包括可能导致在审计报告中发表非无保留意见或者增加强调事项段的事项，选项A不当选。注册会计师可以通过编制重大事项概要，将"零散"的重大事项予以汇总和呈现，便于查阅、集中考虑和供复核人员复核，但这一做法并非是强制性要求，选项C不当选。

96　斯尔解析▶　**AC**　本题考查期后事项的审计要求。注册会计师应当设计和实施审计程序，获取充分、适当的审计证据，以确定所有在财务报表日至审计报告日之间发生的、需要在财务报表中调整或披露的事项均已得到识别，选项B不当选。在财务报表报出后，如果知悉了某事实，且若在审计报告日知悉可能导致修改审计报告，注册会计师应当与管理层和治理层讨论该事项，确定财务报表是否需要修改；如果需要修改，询问管理层将如何在财务报表中处理该事项，选项D不当选。

🚩 应试攻略

　　期后事项的考题往往晦涩且细碎，建议不要采用死记硬背的复习方法，最佳的巩固记忆的方式是加强练习、以题带点。

97　斯尔解析▶　**ABD**　本题考查书面声明的概念和内容。除了针对管理层提供的信息和交易的完整性的书面声明外，注册会计师可能认为有必要要求管理层提供书面声明，确认其已将注意到的所有内部控制缺陷向注册会计师通报，选项C不当选。

第三模块 审计程序的实务运用

一、单项选择题

| 98 | B | | 99 | B | | 100 | D | | 101 | D | | 102 | D |

| 103 | C |

二、多项选择题

| 104 | ABD | | 105 | ABD | | 106 | ABD | | 107 | ABCD | | 108 | BCD |

| 109 | AC | | 110 | BCD | | 111 | BCD |

一、单项选择题

98 〔斯尔解析▶〕 **B** 本题考查数据可靠性的影响因素。数据的可分解程度是评价预期值的准确程度的考虑因素，选项B当选。

 **应试攻略**

设计和实施实质性分析程序时，需要考虑对特定认定的适用性、数据的可靠性、预期值的准确程度和可接受的差异额等四项因素，需要准确地识记。

99 〔斯尔解析▶〕 **B** 本题考查分析程序的概念。所有审计业务中，注册会计师进行风险评估和总体复核都是必不可少的，而在该等环节中，分析程序属于应当实施的程序，故选项B当选。针对选项A，需关注基本概念，分析程序所使用的信息既包括财务数据，也包括非财务数据，故选项A不当选。针对选项CD，其本质均在强调"谁好用就用谁"的理念，故选项CD不当选。

100 〔斯尔解析▶〕 **D** 本题考查函证可靠性的影响因素。函证程序所针对的认定通常影响注册会计师是否实施函证的决策，即如果函证程序能够为某项认定提供充分、适当的审计证据，则倾向于运用函证程序，反之，则考虑运用其他审计程序；该项影响因素与函证是否可靠的关联度比较间接，故选项D当选。对询证函发出和收回的控制情况可能影响回函可靠性，例如，如果函证的发出和收回由被审计单位"代劳"，则回函将失去可靠性，选项A不当选。被询证者的胜任能力可能影响回函可靠性，例如，缺乏胜任能力的被询证者，即使做出了及时回复，但由于专业度和理解力不足，回函的可靠性将存疑，选项B不当选。回函中的限制性条款可能影响回函可靠性，例如，某些限制性条款指明回函内容不准确、不完整或不应被信赖，将导致回函失去证明力，选项C不当选。

101 斯尔解析 ▶ **D** 本题考查现金监盘程序。注册会计师针对被审计单位的现金盘点实施的现金监盘可能涉及：（1）检查现金以确认其是否存在，并检查现金盘点结果；（2）观察执行现金盘点的人员对盘点计划的遵循情况（选项A不当选），以及用于记录和控制现金盘点结果的程序的实施情况；（3）获取有关被审计单位现金盘点程序可靠性的审计证据。基于对风险评估结果、审计方案和实施的特定程序的判断，注册会计师可以将现金监盘同时用作控制测试和实质性程序（选项B不当选）。如被审计单位库存现金存放部门有两处或两处以上的，注册会计师可以考虑同时实施监盘（选项C不当选）。对库存现金的监盘最好实施突击性的检查，而与被审计单位协商监盘时间会损害审计程序的不可预见性，故选项D当选。

102 斯尔解析 ▶ **D** 本题考查注册会计师对银行存款余额调节表实施的审计程序。注册会计师对银行存款余额调节表实施审计程序时，对于"企收银未收"的大额款项，应当检查在资产负债表日后银行对账单上的相关记录，选项D当选。

> ### 📣 **应试攻略**
>
> 　　对于银行存款余额调节表所包含的四类未达账项，注册会计师确定其是否真实和准确的思路是在资产负债表日后选择恰当的文件记录进行检查。如果是期前银行方面没有处理，则恰当的文件记录可能是银行对账单；如果是期前企业方面没有处理，则恰当的文件记录可能是银行日记账及相关凭证。这一原则简述即为"谁没做查谁"。

103 斯尔解析 ▶ **C** 本题考查定期存款的审计程序。对于已质押的定期存款，仅检查定期存单复印件不足以为定期存款的存在认定提供可靠的审计证据，还应结合质押合同，核对存款人、金额、期限等相关信息，选项C当选。

二、多项选择题

104 斯尔解析 ▶ **ABD** 本题考查分析程序的概念和运用环节。分析程序还应包括注册会计师通过分析财务数据与非财务数据之间的内在关系对财务信息作出评价，选项A当选。分析程序可以用作风险评估程序帮助注册会计师发现财务报表中的异常变化；分析程序可以用于总体复核，其目的是确定财务报表整体是否与其对被审计单位的了解一致，选项D当选。当使用分析程序比细节测试能更有效地将认定层次的检查风险将至可接受的水平时，分析程序可以用作实质性程序，选项B当选。了解被审计单位及其环境包括了解被审计单位的内部控制，此时无须实施分析程序，选项C不当选。

105 斯尔解析 ▶ **ABD** 本题考查实施函证的决策的考虑因素。注册会计师应当确定是否有必要实施函证以获取认定层次的充分、适当的审计证据。在作出决策时，注册会计师应当考虑以下因素：（1）评估的认定层次重大错报风险水平越高，注册会计师对通过实质性程序获取的审计证据的相关性和可靠性的要求越高，选项A当选。（2）函证可以为某些认定提供审计证据，但是对不同的认定，函证的证明力是不同的，选项B当选。（3）如果针对同一项认定可以从不同来源获取审计证据或获取不同性质的审计证据，则可以适当减少函证的样本量或无需实施函证，选项D当选。选项C，即使管理层不具备协助注册会计师实施函证的能力或意愿，当注册会计师做出决策认为应予寄发函证时，也应这样做，以获取充分、适当的审计证据，而不受到管理层配合能力和意愿的影响。反而，如果管理层不配合注册会计师实施函证，注册会计师需要分析管理层是否有合理的理由，如果注册会计师认为理由不合理且管理层仍不配合，还应将其作为审计中遇到的重大困难，适时与治理层沟通，选项C不当选。

106 斯尔解析▶ **ABD**　本题考查函证的实务操作要点。回函中存在免责或其他限制条款是影响外部函证可靠性的因素之一，但这种限制不一定使回函失去可靠性，注册会计师能否依赖回函信息以及依赖的程度取决于免责或限制条款的性质和实质，选项C不当选。如果存在低估应收账款的风险，询证函中列明余额会对被询证者有利，被询证者可能并不会对所列信息提出异议，故无法应对该风险，选项A当选。有关"应付账款函证"，由于采购与付款循环中较为常见的重大错报风险是低估应付账款，因此，注册会计师在实施函证程序时可能需要从非财务部门（如采购部门）获取适当的供应商清单，如本期采购清单、所有现存供应商名录等，从中选取样本进行测试，选项B当选。注册会计师应当对函证的全过程保持控制，选项D当选。

107 斯尔解析▶ **ABCD**　本题考查对函证的全过程的控制。为使函证程序能有效地实施，在询证函发出前，注册会计师需要恰当地设计询证函，并对询证函上的各项资料进行充分核对（选项B当选），注意事项可能包括：（1）询证函中填列的需要被询证者确认的信息是否与被审计单位账簿中的有关记录保持一致，对于银行存款的函证，需要银行确认的信息是否与银行对账单等保持一致；（2）考虑选择的被询证者是否适当，包括被询证者对被函证信息是否知情、是否具有客观性、是否拥有回函的授权等；（3）是否已在询证函中正确填列被询证者直接向注册会计师回函的地址（选项D当选）；（4）是否已将部分或全部被询证者的名称、地址与被审计单位有关记录进行核对，以确保询证函中的名称、地址等内容的准确性。询证函经被审计单位盖章后，应当由注册会计师直接发出，选项A当选。如果注册会计师跟函时需有被审计单位员工陪伴，注册会计师需要在整个过程中保持对询证函的控制，同时，对被审计单位和被询证者之间串通舞弊的风险保持警觉，选项C当选。

108 斯尔解析▶ **BCD**　本题考查电子函证的实务操作。使用第三方电子询证函平台存在的可能导致回函不可靠的风险包括：（1）第三方电子询证函平台独立性风险；（2）第三方电子询证函平台安全性风险，选项A不当选。评估第三方电子询证函平台可靠性的工作通常在会计师事务所层面实施，而无须由单个审计项目组来实施，选项B当选。对于第三方电子询证函平台，注册会计师需要考虑实施的评估程序包括但不限于：评估第三方电子询证函平台聘请的信息安全认证机构或专业人员的胜任能力、专业素质和独立性，并记录相关评估过程、获取的证据和得出的结论，选项C遗漏对独立性的评估，故当选。注册会计师不得使用被审计单位自身设施实施函证程序，否则将导致函证不具有可靠性，选项D当选。

109 斯尔解析▶ **AC** 本题考查存货监盘的实务操作要点。注册会计师应当评价管理层用以记录和控制存货盘点结果的指令和程序，如果认为被审计单位的存货盘点程序存在缺陷，注册会计师应当提请被审计单位调整，选项A当选。注册会计师应当检查存货，如果认为被审计单位内部控制设计良好且有效实施，注册会计师可以缩小实施检查程序的范围，选项C当选。在获取完整的存货存放地点清单的基础上，注册会计师可以根据不同地点所存放存货的重要性以及对各个地点与存货相关的重大错报风险的评估结果，选择适当的地点进行监盘，并记录选择这些地点的原因，选项B不当选。如果由于不可预见的情况无法在存货盘点现场实施监盘，注册会计师应当另择日期实施监盘，并对间隔期内发生的交易实施审计程序，选项D不当选。

✈ **应试攻略**

需要辨析"不可行"和"不可预见情况"两种特殊情形。对于前者，如现场监盘存货不可行，应实施替代审计程序；对于后者，应当另择日期监盘并对间隔期内的交易实施审计程序。需注意题目中经常混淆这两组概念。

110 斯尔解析▶ **BCD** 本题考查存货监盘时应当实施的审计程序。包括：（1）评价管理层用以记录和控制存货盘点结果的指令和程序；（2）观察管理层制定的盘点程序的执行情况（选项B当选）；（3）检查存货（选项C当选）；（4）执行抽盘（选项D当选）。盘点存货是被审计单位的责任，而监盘存货是注册会计师的责任。如果注册会计师参与盘点，将损害其独立性，选项A不当选。

✈ **应试攻略**

注册会计师应当在存货监盘中实施的审计程序是高频考点，曾多次考查补写程序的简答题。学习时，可以取四项程序的首字作为"评观检执"这一口诀，以方便记忆。

111 斯尔解析▶ **BCD** 本题考查存货监盘的实务操作要点。注册会计师在监盘日获取盘点日前最后的出入库单据能够确定截止盘点日存货的存在情况，选项B当选。如果存货在盘点过程中未停止流动，注册会计师应要求被审计单位划分独立的过渡区域，并观察被审计单位有关存货移动的控制程序是否得到执行，选项C当选。注册会计师在监盘中获取过时、毁损或陈旧存货的情况能够为测试存货跌价准备提供证据，进一步对存货的状况获取适当的审计证据，选项D当选。对所有权不属于被审计单位的存货，注册会计师应当取得其规格、数量等有关资料，确定是否已单独存放、标明，且未被纳入盘点范围，选项A不当选。

第四模块　集团审计

一、单项选择题

112	B		113	A		114	C		115	A

二、多项选择题

116	BCD		117	AC		118	ACD		119	ACD		120	AB

121	ABC

一、单项选择题

112 **斯尔解析▶ B** 本题考查集团审计中组成部分重要性的制定。组成部分重要性应当低于集团财务报表整体的重要性，不超过存在小于或者等于的情况，选项A不当选。如果基于集团审计目的，由组成部分注册会计师对组成部分财务信息执行审计工作，集团项目组应当评价在组成部分层面确定的实际执行的重要性的适当性，选项C不当选。如果组成部分注册会计师对组成部分财务信息实施审计或审阅，集团项目组应当基于集团审计目的，为这些组成部分确定组成部分重要性。由此可知，对于具有"财务重大性"的重要组成部分，集团项目组或组成部分注册会计师应当对该组成部分财务信息实施审计，故集团项目组应当确定组成部分重要性；而对于具有"特别风险"的重要组成部分，集团项目组或组成部分注册会计师可以依据其性质或情况，选择针对特别风险实施特定的审计程序，此时，并非"应当"为该重要组成部分确定单独的重要性水平，选项D不当选。

✈ 应试攻略

　　集团项目组或组成部分注册会计师"均可"完成的工作包括：（1）确定组成部分实际执行的重要性；（2）测试集团层面控制运行的有效性。此外，需关注组成部分重要性的金额应设定为低于集团财务报表整体的重要性。这里是"低于"，而非"小于等于"或"不高于"。

113 （斯尔解析▶） **A** 本题考查对组成部分注册会计师的了解。如果组成部分注册会计师不符合与集团审计相关的独立性要求，集团项目组不能通过参与组成部分注册会计师的工作、实施追加的风险评估程序或对组成部分财务信息实施进一步审计程序，消除组成部分注册会计师不具有独立性的影响，选项A当选。但是，集团项目组可以通过参与组成部分注册会计师的工作、实施追加的风险评估程序或对组成部分财务信息实施进一步审计程序，消除对组成部分注册会计师专业胜任能力的并非重大的疑虑（如认为其缺乏行业专门知识），或消除组成部分注册会计师未处于积极有效的监管环境中的影响，选项BCD不当选。

应试攻略

无论是针对组成部分注册会计师的职业道德、专业胜任能力还是所处的监管环境，只要集团项目组对其的疑虑是"重大"的，那么就无法利用组成部分注册会计师工作。把握这一要点，有助于快速、精准地解题。

114 （斯尔解析▶） **C** 本题考查集团项目组参与重要组成部分审计工作的做法。如果在由组成部分注册会计师执行相关工作的组成部分内，识别出导致集团财务报表发生重大错报的特别风险，集团项目组应当评价针对识别出的特别风险拟实施的进一步审计程序的恰当性。根据对组成部分注册会计师的了解，集团项目组应当确定是否有必要参与进一步审计程序。综上，选项C当选。

应试攻略

需要注意，如果组成部分注册会计师对重要组成部分财务信息执行审计，集团项目组应当参与组成部分注册会计师实施的风险评估程序（具体程序的内容即为本题的选项ABD，建议予以记忆）。

115 （斯尔解析▶） **A** 本题考查组成部分注册会计师应当向集团项目组通报的内容。集团项目组应当要求组成部分注册会计师沟通与集团项目组得出集团审计结论相关的事项，沟通的内容应当包括组成部分财务信息中未更正错报的清单（清单不必包括低于集团项目组通报的临界值且明显微小的错报），选项A当选；选项B中，低于集团项目组通报的明显微小错报临界值的错报，组成部分注册会计师通常无须向集团项目组通报，故不当选；选项CD中，属于集团项目组向组成部分注册会计师通报的内容，故不当选。

二、多项选择题

116 （斯尔解析▶） **BCD** 本题考查重要组成部分的工作类型。对于重要组成部分，集团项目组或代表集团项目组的组成部分注册会计师应当执行下列一项或多项工作：（1）使用组成部分重要性对组成部分财务信息实施审计（选项B当选）；（2）针对与可能导致集团财务报表发生重大错报的特别风险相关的一个或多个账户余额、一类或多类交易或披露实施审计（选项

D当选）；（3）针对可能导致集团财务报表发生重大错报的特别风险实施特定的审计程序（选项C当选）；选项A，如果集团项目组认为对重要组成部分财务信息执行的工作还不能获取形成集团审计意见所需的充分、适当的审计证据时，集团项目组应当选择某些不重要的组成部分，亲自或要求组成部分注册会计师执行工作，此时，可以选择实施财务报表审阅，选项A不当选。

117 斯尔解析▶ **AC** 本题考查组成部分重要性的确定方法。在确定组成部分重要性时，无须采用将集团财务报表整体重要性按比例分配的方式，因此，对不同组成部分确定的重要性的汇总数，有可能高于集团财务报表整体重要性，选项A当选。如果组成部分注册会计师对组成部分财务信息实施审计或审阅，集团项目组应当基于集团审计目的，为这些组成部分确定组成部分重要性，而如果仅计划在集团层面对某组成部分实施分析程序，无须为该组成部分确定重要性，选项C当选；基于集团审计目的，组成部分重要性应由集团项目组确定，选项B不当选；集团财务报表整体的重要性应当高于组成部分重要性，而非"不低于"，选项D不当选。

> ✈ **应试攻略**
>
> 针对选项C作进一步思路拓展：对于不重要组成部分，注册会计师的"最低工作要求"是在集团层面实施分析程序。换言之，在某些情况下，对不重要组成部分执行审计或审阅程序也可能是适当的。此时，注册会计师也需要为该不重要组成部分确定重要性。

118 斯尔解析▶ **ACD** 本题考查影响集团项目组参与组成部分注册会计师工作的因素。集团项目组对组成部分重要程度的判断、对已识别错报的判断以及对组成部分注册会计师的了解均可能会影响集团项目组决定是否参与组成部分注册会计师工作，选项ACD当选。针对选项B，如果组成部分信息受限，注册会计师需要关注这种受限来自何种类型的组成部分以及影响程度如何，进而判断对审计工作结论的影响，而非由于信息受限，调整对组成部分注册会计师工作的参与程度，否则有"削足适履"之嫌，选项B不当选。

> ✈ **应试攻略**
>
> 在集团审计中，审计范围受到限制时，务必辨析该限制来自重要组成部分还是非重要组成部分，进而作出判断。如果集团管理层限制集团项目组或组成部分注册会计师接触重要组成部分的信息，则集团项目组将无法获取充分、适当的审计证据。如果这类限制与不重要的组成部分有关，集团项目组仍有可能获取充分、适当的审计证据。

119 斯尔解析▶ **ACD** 本题考查集团项目组和组成部分注册会计师的工作职责。在集团审计中，集团项目组应当在业务接受或保持阶段获取信息的基础上，进一步了解集团及其环境、集团组成部分及其环境，以及了解合并过程，选项A当选。对于不重要的组成部分，集团项目组应当在集团层面实施分析程序，选项C当选。应当由集团项目组确定选择多少组成部分、选择哪些组成部分以及对所选择的每个组成部分财务信息执行工作的类型，选项D当选。集团项目组并非需要对所有重要组成部分实施风险评估程序，如果组成部分注册会计师对重要组成部分财务信息执行审计，则集团项目组应当参与组成部分注册会计师实施的风险评估程序，以识别可能导致集团财务报表发生重大错报的特别风险，选项B不当选。

120 斯尔解析▶ **AB** 本题考查对重要组成部分执行的工作类型。对由于其特定性质或情况，可能存在导致集团财务报表发生重大错报的特别风险的重要组成部分，集团项目组或代表集团项目组的组成部分注册会计师应当执行下列一项或多项工作：（1）使用组成部分重要性对组成部分财务信息实施审计（选项A当选）；（2）针对与可能导致集团财务报表发生重大错报的特别风险相关的一个或多个账户余额、一类或多类交易或披露实施审计（选项B当选）；（3）针对可能导致集团财务报表发生重大错报的特别风险实施特定的审计程序。财务报表审阅、在集团层面实施分析程序是针对不重要的组成部分而执行的工作，选项CD不当选。

121 斯尔解析▶ **ABC** 本题考查集团项目组对组成部分财务信息执行工作的考虑因素。如果集团层面控制运行有效，注册会计师将据此确定对实质性程序的影响（例如，对不同的组成部分执行何种类型、何种程度的工作），选项A当选；对于发生重大变化的组成部分，可能导致影响集团财务报表的特别风险（例如，某一单个组成部分的经营模式、业务流程、计算机信息技术系统、内部控制及关键管理人员发生重大变化），进而影响对其执行工作的类型，选项B当选；如果法律法规要求对某组成部分执行审计，注册会计师需要考虑这一要求，选项C当选；集团审计的业务工作底稿归档期限由审计准则明确规定，对注册会计师拟执行的工作类型没有必然影响，选项D不当选。

第五模块　对特殊事项的考虑

一、单项选择题

122	A	123	A	124	B	125	B	126	A
127	D	128	D	129	C	130	C	131	D

二、多项选择题

132	ACD	133	ABCD	134	ABD	135	ABCD	136	AC
137	ABC	138	ACD	139	ABC	140	ABC	141	BCD
142	ACD	143	ABCD	144	ABC	145	ACD	146	ACD

一、单项选择题

122 (斯尔解析▶) **A**　本题考查舞弊三角模型。管理层"过于关注"保持或提高被审计单位的股票价格，体现出管理层的态度，并且这一事项与"编制虚假报告"相关，选项A当选。选项B与编制虚假财务报告的动机或压力相关，故不当选。选项C与编制虚假财务报告的机会相关，故不当选。选项D与侵占资产的态度或借口相关，故不当选。

✈ 应试攻略

选项AD，主语是人，描述的是人的性格观念、行事风格、价值取向，通常属于"态度或借口"的范畴；选项B，描述的是人在特定情形下"想要"或"不得不"从事某种行为，通常属于"动机或压力"；选项C，描述的是环境、土壤、外因，通常属于"机会"的范畴。此外，需关注细节，即题目所问针对的是"编制虚假报告"还是"侵占资产"，切勿张冠李戴。

123 (斯尔解析▶) **A**　本题考查注册会计师可能遇到的对其继续执行审计业务的能力产生怀疑的异常情形。包括：（1）被审计单位没有针对舞弊采取适当的、注册会计师根据具体情况认为必要的措施，即使该舞弊对财务报表并不重大，选项D不当选；（2）注册会计师对舞弊导致的重大错报风险的考虑以及实施审计测试的结果，表明存在重大且广泛的舞弊风险，选项A当选；（3）注册会计师对管理层或治理层的胜任能力或诚信产生重大疑虑，选项BC不当选。

124 〔斯尔解析▶ **B** 本题考查应对舞弊导致的认定层次重大错报风险。注册会计师应当通过改变实质性程序的性质、时间安排和范围应对舞弊导致的认定层次的重大错报风险，而非改变控制测试的时间，因为在舞弊的情况下，被审计单位的内部控制很可能是无效的，选项B当选。针对舞弊导致的认定层次重大错报风险实施的审计程序包括：（1）改变拟实施审计程序的性质，以获取更为可靠、相关的审计证据，或获取其他佐证性信息（选项A不当选）；（2）调整实质性程序的时间安排，包括在期末或接近期末实施实质性程序，或针对本期较早时间发生的交易事项或整个报告期内的交易事项实施实质性程序（选项C不当选）；（3）调整审计程序的范围，包括扩大样本规模、在更详细的层次上实施分析程序等（选项D不当选）。

125 〔斯尔解析▶ **B** 本题考查对法律法规的考虑。对于可能对财务报表产生重大影响的违反法律法规行为，既可能是"第一类"法律法规，也可能是"第二类"法律法规，注册会计师针对两类不同的法律法规，应当承担不同的责任。具体来说，针对前者，注册会计师需要就被审计单位遵守这些法律法规的规定获取充分、适当的审计证据；针对后者，注册会计师的责任仅限于实施特定的审计程序。故选项B当选。如果被审计单位存在对财务报表有重大影响的违反法律法规行为，且未能在财务报表中得到充分反映，表明被审计单位财务报表存在重大错报，如果该错报影响不广泛，则发表保留意见；如果该错报影响广泛，则发表否定意见，选项D不当选。

📣 **应试攻略**

　　注意区分两类法律法规：（1）"第一类"法律法规，指对决定财务报表中的重大金额和披露有直接影响的法律法规，例如税法、企业年金相关法律法规等；（2）"第二类"法律法规，指对决定财务报表中的金额和披露没有直接影响的其他法律法规，但违反这些法律法规，也可能对财务报表产生重大影响，例如环境保护法、经营许可法规和知识产权法等。

126 〔斯尔解析▶ **A** 本题考查会计估计相关的风险评估程序和相关活动。注册会计师应当复核上期财务报表中会计估计的结果，或者复核管理层在本期财务报表中对上期会计估计作出的后续重新估计（如适用），但是，注册会计师复核的目的不是质疑上期依据当时可获得的信息而作出的判断，选项A当选。选项BCD均属于应对评估的重大错报风险的审计程序，故不当选。

127 〔斯尔解析▶ **D** 本题考查关联方的风险评估程序。如果识别出被审计单位超出正常经营过程的重大交易，注册会计师应当向管理层询问这些交易的性质以及是否涉及关联方，选项A不当选。关联方参与超出正常经营过程的重大交易，可以通过成为交易的一方直接影响该交易，或是通过中间机构间接影响该交易，这些影响可能表明存在舞弊风险因素（选项C不当选）。超出正常经营过程的交易的例子可能包括：（1）复杂的股权交易，如公司重组或收购；（2）与处于司法制不健全的国家或地区的境外实体之间的交易；（3）对外提供厂房租赁或管理服务，而没有收取对价；（4）具有异常大额折扣或退货的销售业务（选项B不当选）；（5）循环交易，如售后回购交易；（6）在合同期限届满之前变更条款的交易。注册会计师应当将关联方参与超出正常经营过程的重大交易的情况评估为存在特别风险，选项D当选。

128 （斯尔解析▶）　D　本题考查关联方的审计程序。选项D属于在确定是否存在管理层以前未识别或未向注册会计师披露的关联方关系或交易时可以检查的文件和记录，故选项D当选。选项ABC均属于在确定是否存在管理层以前未识别或未向注册会计师披露的关联方关系或交易时，注册会计师应当检查的文件和记录，故不当选。

129 （斯尔解析▶）　C　本题考查对持续经营假设产生重大疑虑的情形。选项C强调该新产品的开发是必要的，但由于缺乏资金，会影响其正常的经营活动，使得注册会计师最有可能对其持续经营能力产生重大疑虑，故当选。被审计单位的定期借款即将在一年内到期，但并不意味着预期不能展期或偿还，选项A不当选。通常关键管理人员负责管理企业的日常经营活动，在被审计单位中起着重要作用，如果关键管理人员离职且无人替代，则会对被审计单位的经营活动产生重大不利影响，选项B不当选。对发生的灾害（强调已经导致实害性后果）未购买保险或保额不足，企业可能因此无法开展正常的经营活动，从而导致无法持续经营，选项D不当选。

📣 应试攻略

　　需要熟悉导致重大疑虑的各类情形，并关注其中的细节。例如：（1）被审计单位拖欠或停止发放股利，可能暗示其存在财务困境，但如果被审计单位仅仅是改变了股利发放的形式（例如从现金股利改为股票股利），则不能仅据此断定存在持续经营的重大疑虑。（2）被审计单位经营活动的现金流量净额为负数，可能暗示其日常经营"入不敷出"，但投资活动的现金流量净额为负数，则是一种比较常见的情形，这是由于投资活动可能涉及较长的回报期，在投资项目的早期往往会"负流入"，也不能仅据此断定存在持续经营的重大疑虑。

130 （斯尔解析▶）　C　本题考查对期初余额的审计责任。如果期初余额存在对本期财务报表产生重大影响的错报，注册会计师应当就该错报与适当层级的管理层和治理层沟通，选项C当选。在接受委托后，注册会计师与前任注册会计师的沟通并非是应当执行的程序，选项A不当选。对非流动资产和非流动负债，注册会计师"可以"通过检查形成期初余额的会计记录获取审计证据，选项B不当选。如果会计政策的变更未能得到恰当的会计处理或适当的列报与披露，注册会计师应当对财务报表发表保留意见或否定意见，选项D不当选。

131 （斯尔解析▶）　D　本题考查对期初余额的审计程序。对非流动资产和非流动负债，注册会计师可以通过检查形成期初余额的会计记录和其他信息获取审计证据，而非"应当"，选项D当选。如果发现会计政策发生变更，应确定其变更理由是否充分，是否按规定予以变更，并关注被审计单位是否对会计政策变更作出适当的会计处理和充分披露，选项A不当选。如果认为前任注册会计师不具有应有的专业胜任能力，则无法通过查阅其审计工作底稿获取有关期初余额的充分、适当的审计证据，选项B不当选。对流动资产和流动负债，注册会计师通常可以通过本期实施的审计程序获取部分审计证据，选项C不当选。

二、多项选择题

132 斯尔解析▶ **ACD** 本题考查针对管理层凌驾于控制之上的风险的审计程序。选项A属于注册会计师测试日常会计核算过程中作出的会计分录以及编制财务报表过程中作出的其他调整是否适当时，应当实施的程序之一，故当选。选项C属于注册会计师复核会计估计是否存在偏向时，应当实施的程序之一，故当选。选项D属于注册会计师应对管理层凌驾于控制之上的风险时，应当设计和实施审计程序之一，故当选。注册会计师应当选择在报告期末作出的会计分录和其他调整，考虑是否有必要测试整个会计期间的会计分录和其他调整，选项B不当选。

133 斯尔解析▶ **ABCD** 本题考查识别、选择和测试会计分录和其他调整时的考虑因素。注册会计师针对被审计单位的会计分录和其他调整进行识别、选择和测试时，可能考虑的因素有：（1）对舞弊导致的重大错报风险的评估（选项A当选）；（2）对会计分录和其他调整已实施的控制（选项B当选）；（3）被审计单位的财务报告过程以及所能获取的证据的性质（选项C当选）；（4）虚假会计分录或其他调整的特征；（5）账户的性质和复杂程度（选项D当选）；（6）在常规业务流程之外处理的会计分录或其他调整。

134 斯尔解析▶ **ABD** 本题考查识别违反法律法规行为的审计程序。包括：（1）阅读会议纪要（选项A当选）；（2）向被审计单位管理层、内部或外部法律顾问询问诉讼、索赔及评估情况（选项B当选）；（3）对某类交易、账户余额和披露实施细节测试（选项D当选）。尽管书面声明提供了必要的审计证据，但其本身并不为所涉及的任何事项提供充分、适当的审计证据，选项C不当选。

135 斯尔解析▶ **ABCD** 本题考查应对会计估计相关的重大错报风险的审计程序。选项ABCD均为正确选项，故均当选。

136 斯尔解析▶ **AC** 本题考查关于管理层点估计是否存在错报的判断依据。审计证据支持的点估计可能不同于管理层的点估计，在这种情况下，注册会计师的点估计与管理层的点估计之间的差异构成错报，选项A当选、选项B不当选；审计证据支持的区间估计可能不包括管理层的点估计，在这种情况下，错报为管理层的点估计与注册会计师的区间估计之间的最小差异，选项C当选、选项D不当选。

137 斯尔解析▶ **ABC** 本题考查书面声明。注册会计师应当要求管理层就以下事项提供书面声明：根据适用的财务报告编制基础有关确认、计量或披露的规定，管理层作出会计估计和相关披露时使用的方法、重大假设和数据是适当的，选项ABC均当选。

138 斯尔解析▶ **ACD** 本题考查关联方施加的支配性影响的情形。关联方关注重大会计估计的作出，很可能是由于其正常的业务或信息获取的需要，不足以认定其对被审计单位施加了支配性影响。如果有证据显示，关联方过度干涉或关注被审计单位会计政策的选择或重大会计估计的作出，则可能存在关联方施加的支配性影响，以及可能表明存在虚假财务报告的舞弊风险，选项B不当选。

139 斯尔解析▶ **ABC** 本题考查关联方审计的若干重要观点。实务中，许多关联方交易是在正常经营过程中发生的，与类似的非关联方交易相比，这些关联方交易可能并不具有更高的财务报表重大错报风险，选项A当选。如果识别出管理层未向注册会计师披露的重大关联方交易，注册会计师应当首先分析其未披露的原因，考虑未披露可能带来的影响，而不应"跨越层级"直接出具非无保留意见的审计报告，选项B当选。无论适用的财务报告编制基础是否对关联方作出规定，注册会计师都应充分了解关联方关系及其交易，选项C当选。如果被审计单位与其他方存在担保和被担保关系，即使其他方不在管理层提供的关联方清单上，但由于两者存在明显的利益共同体关系，注册会计师也应对其保持警觉，关注其他方是否是被审计单位未披露的关联方，选项D不当选。

140 斯尔解析▶ **ABC** 本题考查对于识别出的超出正常经营过程的重大关联方交易，注册会计师应当检查的文件。包括：（1）检查相关合同或协议（选项A当选），并评价交易的商业理由（选项B当选）；交易条款是否与管理层的解释一致；关联方交易是否已按照适用的财务报告编制基础得到恰当会计处理和披露。（2）获取交易已经恰当授权和批准的审计证据（选项C当选）。获取治理层批准该项交易的书面声明，能够为该项交易已经被恰当授权和批准提供补充审计证据，但这一做法并非是必然性要求，选项D不当选。

🚀 **应试攻略**

建议识记本题所述的三项审计程序。此外，需关注为了确定被审计单位从事交易的目的是否是对财务信息作出虚假报告或隐瞒侵占资产的行为（即，是否存在舞弊），最具针对性的程序是评价相关交易的商业理由。

141 斯尔解析▶ **BCD** 本题考查持续经营假设的若干重要观点。由于选项B所述事项或情况发生的时点距离作出评估的时点越远，与事项或情况的结果相关的不确定性的程度也相应增加，因此在考虑更远期间发生的事项或情况时，注册会计师仅询问管理层即可，只有持续经营事项的迹象达到重大时，才需要考虑采取进一步措施，选项B当选。如果管理层运用持续经营假设不适当，则编制财务报表的底层逻辑就是错误的，此时无论财务报表是否作出披露，注册会计师均应当发表否定意见，除非管理层采用可接受的编制基础编制财务报表，选项D当选。选项C属于相关知识点的经典表述，故当选。注册会计师应当考虑管理层作出的评估是否已考虑所有相关信息，其中包括注册会计师实施审计程序获取的信息，选项A不当选。例如，在评价被审计单位管理层对持续经营能力作出的评估所依据的假设时，注册会计师注意到未来运输成本上涨的相关因素未反映在管理层编制的预测中。与管理层讨论后，考虑到由于该因素是注册会计师通过实施审计程序从甲公司外部获取的信息，同意管理层不再对相关预测所依据的假设进行补充和修正。上述做法不妥，注册会计师应当考虑管理层作出的评估是否已考虑所有相关信息，包括实施审计程序获取的信息，并要求管理层对相关预测所依据的假设作出修正。

142 斯尔解析▶ ACD 本题考查针对持续经营假设的审计程序。除选项ACD外，注册会计师在题设情况下还应实施的程序包括评价被审计单位的现金流量预测及其数据的可靠性和假设的充分性、考虑自管理层作出评估后是否存在其他可获得的事实或信息、要求管理层和治理层（如适用）提供有关未来应对计划及其可行性的书面声明等，故选项ACD当选。评价与管理层评估持续经营能力相关的内部控制是否运行有效，并非是应当实施的程序，选项B不当选。此外，针对选项A作进一步思路拓展，举例如下：被审计单位管理层在编制未来现金流量预测时，将能够自关联方处获取资金支持作为保证持续经营能力的重大假设。注册会计师查看了管理层与关联方就支出计划展开讨论的往来邮件，认可了管理层的假设和预测。这一做法欠妥，注册会计师需要考虑自该关联方处获得书面确认和有能力提供资金支持的证据。

143 斯尔解析▶ ABCD 本题考查查阅前任注册会计师的工作底稿的内容。选项ABCD均属于注册会计师执行期初余额审计时，查阅前任工作底稿时通常需要查阅的内容，故均当选。

144 斯尔解析▶ ABC 本题考查前后任注册会计师的沟通。如果发现前任注册会计师已审计财务报表可能存在重大错报，后任注册会计师应当提请被审计单位告知前任注册会计师，选项A当选。如果发现前任注册会计师已审计财务报表可能存在重大错报，且前任注册会计师拒绝参加三方会谈，后任注册会计师可以考虑向法律顾问咨询，而非应当执行该程序，选项B当选。前任注册会计师仅对中标的会计师事务所的询问进行答复，选项C当选。接受委托后，如果需要查阅前任注册会计师的工作底稿，后任注册会计师应当征得被审计单位同意，并与前任注册会计师进行沟通，前任注册会计师可自主决定是否允许后任注册会计师摘录部分审计工作底稿（因为所有权归前任注册会计师），选项D不当选。

145 斯尔解析▶ ACD 本题考查前后任注册会计师的沟通。接受委托前的沟通是必要的，接受委托后的沟通不是必要程序，选项A当选。与前任注册会计师的沟通形式既可以是书面形式，也可以是口头形式，选项C当选。接受委托前一般不涉及查阅前任注册会计师的工作底稿，接受委托后可以考虑查阅前任注册会计师的工作底稿，选项D当选。

146 斯尔解析▶ ACD 本题考查期初余额审计的若干重要观点。注册会计师在首次执行期初余额审计时，是对被审计单位所审计期间财务报表发表审计意见，所以，当前任注册会计师对上期财务报表发表了非无保留意见时，应当考虑其对本期财务报表的影响；如果上期财务报表未经审计，也无须专门对期初余额发表审计意见，选项AD当选。后任注册会计师通过查阅前任注册会计师的工作底稿，可能会获取充分适当的审计证据，因此会影响其实施审计程序的范围，选项C当选。注册会计师针对期初余额的审计目标是确定期初余额是否含有对本期财务报表产生重大影响的错报，以及所反映的恰当的会计政策是否在本期财务报表中得到一贯运用（或恰当变更并处理），一般无须专门对期初余额发表审计意见，因此通常无须确定适用于期初余额的重要性水平，选项B不当选。

第六模块 审计报告

一、单项选择题

147	B		148	D

二、多项选择题

149	BCD		150	BCD		151	AD		152	ABC		153	BCD

154	BC		155	BD		156	ABCD

一、单项选择题

147 (斯尔解析▶) **B** 本题考查审计报告日的概念。注册会计师签署审计报告的日期可能与管理层签署已审计财务报表的日期为同一天，也可能晚于管理层签署已审计财务报表的日期，选项B当选；选项A和选项D阐述了审计报告日期的确定原则，均为正确表述，故不当选。在特殊情况下，注册会计师可以出具双重日期的审计报告，如在第二时段期后事项里，如果管理层对财务报表的修改仅限于反映导致修改的期后事项的影响，被审计单位的董事会、管理层或类似机构也仅对有关修改进行批准，注册会计师可以仅针对有关修改将用以识别期后事项的上述审计程序延伸至新的审计报告，在这种情况下，注册会计师可以针对财务报表修改部分增加补充报告日期，选项C不当选。

148 (斯尔解析▶) **D** 本题考查注册会计师对其他信息的责任。注册会计师应当阅读和考虑其他信息，但无须对其他信息发表审计意见，选项D当选；选项A中，在被审计单位年度报告中，除包含财务报表和审计报告外，还通常包括实体的发展，未来前景、风险和不确定事项，治理层声明，以及包含治理事项的报告等信息，这些财务信息和非财务信息称为其他信息，故不当选。选项B中，其他信息中，有部分与财务报表或注册会计师在审计中了解到的情况不相关，注册会计师应当对与财务报表或注册会计师在审计中了解到的情况不相关的其他信息中似乎存在重大错报的迹象保持警觉，故不当选。选项C中，如果注册会计师识别出似乎存在重大不一致，或者知悉其他信息似乎存在重大错报，注册会计师应当与管理层讨论该事项，必要时，实施其他程序以确定其他信息是否存在重大错报，故不当选。

二、多项选择题

149 斯尔解析▶ **BCD** 本题考查审计报告的作用。注册会计师签发的审计报告，主要具有鉴证、保护和证明三方面的作用，选项BCD当选。注册会计师并不具备由法律法规规定的公证处的公证职能，签发的审计报告也通常不具有公证作用，选项A不当选。

150 斯尔解析▶ **BCD** 本题考查关键审计事项的沟通。选项B中，导致非无保留意见的事项、可能导致对被审计单位持续经营能力产生重大疑虑的事项或情况存在重大不确定性等，虽然符合关键审计事项的定义，但这些事项在审计报告中专门的部分披露，不在关键审计事项部分披露，故当选。选项C中，注册会计师应当在审计报告中逐项描述每一关键审计事项，在描述时，注册会计师还应当分别索引至财务报表的相关披露，故当选。选项D中，注册会计师确定关键审计事项是为了本期财务报表审计，并不要求注册会计师更新上期审计报告中的关键审计事项，但注册会计师考虑上期财务报表审计的关键审计事项对本期财务报表审计而言是否仍为关键审计事项可能是有用的，故当选。

151 斯尔解析▶ **AD** 本题考查在审计报告中沟通关键审计事项。在描述关键审计事项时，注册会计师需要避免不恰当地提供与被审计单位相关的原始信息，选项A当选。在极少数的情况下，如果合理预期在审计报告中沟通某事项造成的负面后果超过产生的公众利益方面的益处，注册会计师确定不应在审计报告中沟通该事项，选项D当选。如同时满足关键审计事项和强调事项段的定义时，注册会计师应当将该事项在关键审计事项部分进行描述，选项C不当选。当被审计单位持续经营能力产生重大疑虑的事项或情况不存在重大不确定性时（注意细节表述为"不存在"），注册会计师可能根据该事项对审计项目的重要程度、审计过程中所付出的努力等各项因素，决定将其作为关键审计事项予以描述，选项B不当选。

152 斯尔解析▶ **ABC** 本题考查强调事项段的适用情形。强调事项段提及已在财务报表中恰当列报或披露的事项，且根据注册会计师的职业判断，所提及事项对财务报表使用者理解财务报表至关重要，选项ABC均属于注册会计师可能认为需要增加强调事项段的情形，故当选。此外，存在已经或持续对被审计单位财务状况产生重大影响的特大灾难也属于增加强调事项段的常见情形，选项D属于注册会计师可能认为需要增加其他事项段的情形，故不当选。

153 斯尔解析▶ **BCD** 本题考查在审计报告中提及相关人员的要求。注册会计师对其发表的审计意见承担独立责任，除非法律法规另有规定，注册会计师不应在无保留意见的审计报告中提及专家以及服务机构注册会计师的工作，选项BC当选。集团审计中，集团项目合伙人对集团财务报表发表审计意见并出具审计报告，除非法律法规另有规定，注册会计师对集团财务报表出具的审计报告不应提及组成部分注册会计师，选项D当选；如果上期财务报表已由前任注册会计师审计，注册会计师在审计报告中可以提及前任注册会计师对对应数据出具的审计报告，选项A不当选。

应试攻略

注册会计师对其发表的审计意见独立承担责任，体现在：

（1）如果法律法规要求在审计报告中提及专家或服务机构注册会计师的工作，这种提及并不减轻注册会计师对审计意见承担的责任。

（2）如果法律法规要求在审计报告中提及组成部分注册会计师，审计报告应当指明，这种提及并不减轻集团项目合伙人及其所在的会计师事务所对集团审计意见承担的责任。

（3）尽管内部审计工作的某些部分或利用内部审计人员提供直接协助，可能对注册会计师的工作有所帮助，但注册会计师对发表的审计意见独立承担责任，这种责任并不因利用内部审计工作或利用内部审计人员对该项审计业务提供直接协助而减轻。

154　斯尔解析▶　BC　本题考查上期财务报表已由前任注册会计师审计时的审计报告的撰写要求。如果上期财务报表已由前任注册会计师审计，注册会计师在审计报告中可以提及前任注册会计师对对应数据出具的审计报告。当注册会计师决定提及时，应当在审计报告的其他事项段中说明：（1）上期财务报表已由前任注册会计师审计；（2）前任注册会计师发表的意见的类型（如果是非无保留意见，还应当说明发表非无保留意见的理由）；（3）前任注册会计师出具的审计报告的日期，选项BC当选。

155　斯尔解析▶　BD　本题考查持续经营对审计报告的影响。如果运用持续经营假设是不适当的，而管理层采用在具体情况下可接受的其他编制基础编制财务报表并对此作出充分披露，注册会计师可以发表无保留意见并增加强调事项段，选项A不当选。如果运用持续经营假设是适当的，且已识别的可能导致对被审计单位的持续经营能力产生重大疑虑的事项或情况不存在重大不确定性，注册会计师可以发表无保留意见，选项B当选。如果运用持续经营假设是适当的，但存在多项对财务报表整体具有重要影响的重大不确定性，即使财务报表已对此作出充分披露，注册会计师也可能发表无法表示意见，选项C不当选。如果运用持续经营假设是适当的，但存在重大不确定性且财务报表未对此作出充分披露，注册会计师可能发表保留意见或否定意见，但不增加"与持续经营相关的重大不确定性"部分，选项D当选。

156　斯尔解析▶　ABCD　本题考查在审计报告中提及专家的要求。注册会计师对审计报告和发表的审计意见承担独立责任，注册会计师不应在无保留意见的审计报告中提及专家的工作，除非法律法规另有规定，选项A当选。如果法律法规要求提及专家的工作，注册会计师应当在审计报告中指明，这种提及并不减轻注册会计师对审计意见承担的责任，选项B当选。注册会计师与专家就各自角色和责任达成的一致意见时，包括：在必要时，同意注册会计师将专家的工作结果或结论的细节作为注册会计师在审计报告中发表非无保留意见的基础，选项CD当选。

第七模块　企业内部控制审计

一、单项选择题

157	B		158	B		159	D		160	D

二、多项选择题

161	BD		162	ACD		163	ACD		164	BCD		165	AC

一、单项选择题

157 斯尔解析▶ **B** 本题考查内部控制审计和财务报表审计的辨析。选项B，在财务报表审计中，注册会计师并非一定需要测试与审计相关的内部控制，故当选；选项A，由于内部控制审计的目标是合理保证财务报告及其相关信息的可靠性，因此，对于同一财务报表，在内部控制审计和财务报表审计中运用的重要性水平应当相同，故不当选；选项C，在整合审计中，控制测试所涵盖的期间应当尽量与财务报表审计中拟信赖内部控制的期间保持一致，出于成本效益的考虑，控制测试的时间安排尽量同时满足内部控制审计和财务报表审计的要求，故不当选；选项D，注册会计师在财务报表审计中发现的错报通常表明与错报相关的内部控制存在偏差，注册会计师需要重点考虑这些错报对评价内控有效性的影响，故不当选。

158 斯尔解析▶ **B** 本题考查企业层面控制的概念和对其他控制的影响。某些企业层面控制本身能精确到足以及时防止或发现一个或多个相关认定中存在的重大错报，如果一项企业层面控制足以应对已评估的重大错报风险，注册会计师可能可以不必测试与该风险相关的其他控制即可获取充分、适当的审计证据，选项B当选；选项A，某些企业层面控制本身能精确到足以及时防止或发现一个或多个相关认定中存在的重大错报。如果一项企业层面控制足以应对已评估的重大错报风险，注册会计师可能可以不必测试与该风险相关的其他控制，故不当选。选项C，某些企业层面控制，例如某些与控制环境相关的控制，对重大错报是否能够被及时防止或发现的可能性有重要影响，虽然这种影响是间接的，但这些控制可能影响注册会计师拟测试的其他控制及其对其他控制所执行程序的性质、时间安排和范围，故不当选。选项D，注册会计师对企业层面控制的评价，可能增加或减少本应对其他控制所进行的测试，故不当选。

159　**斯尔解析▶** D　本题考查识别重要账户、列报及其相关认定的相关要求。识别时，注册会计师还应当确定重大错报的可能来源，注册会计师可以通过考虑在特定的重要账户或列报中错报可能发生的领域和原因，确定重大错报的可能来源，选项D当选；一个账户或列报的金额超过财务报表整体重要性，不必然表明其属于重要账户或列报，选项A不当选；在识别重要账户、列报及其相关认定时，注册会计师不应考虑控制的影响，因为内部控制审计的目标本身就是评价控制的有效性，选项B不当选；在内部控制审计中，注册会计师在识别重要账户、列报及其相关认定时应当评价的风险因素，与财务报表审计中考虑的因素相同，因此，在这两种审计中识别的重要账户、列报及其相关认定应当相同，选项C不当选。

160　**斯尔解析▶** D　本题考查内部控制审计的若干概念。在内部控制审计和财务报表审计中，注册会计师在识别重要账户、列报及其相关认定时应当评价的风险因素相同，识别的重要账户、列报及其相关认定相同，故在整合审计中，出于成本效益的考虑，二者对其实施控制测试所涵盖的期间应尽量保持一致，选项D当选。选项A中，内部控制审计，是指会计师事务所接受委托，对特定基准日内部控制设计与运行的有效性进行审计，故不当选。选项B中，注册会计师对特定基准日内部控制的有效性发表意见，并不意味着注册会计师只测试基准日这一天的内部控制，而是需要考察足够长一段时间内部控制设计和运行的情况，故不当选。选项C中，审计意见覆盖的范围是：针对财务报告内部控制，注册会计师对其有效性发表审计意见；针对非财务报告内部控制，注册会计师针对内部控制审计过程中注意到的非财务报告内部控制的重大缺陷，在内部控制审计报告中增加"非财务报告内部控制重大缺陷描述段"予以披露，故不当选。

二、多项选择题

161　**斯尔解析▶** BD　本题考查内部控制缺陷评价的要求。评价控制缺陷是否可能导致错报时，注册会计师无须将错报发生的概率量化为某特定的百分比或区间，选项B当选；在确定一项控制缺陷或多项控制缺陷的组合是否构成重大缺陷时，注册会计师应当评价补偿性控制的影响，选项D当选。

162　**斯尔解析▶** ACD　本题考查对控制偏差的处理。如果发现的控制偏差是系统性偏差，注册会计师应当考虑舞弊的可能迹象以及对审计方案的影响。在这样的情况下，扩大样本规模往往是无效的，故选项B不当选。

🚀 应试攻略

　　需掌握如下核心观点：当测试发现一项控制偏差，且该偏差不是系统性偏差时，注册会计师可以扩大样本规模进行测试。如果测试后再次发现偏差，则注册会计师可以得出该控制无效的结论；如果扩大样本规模没有再次发现偏差，则注册会计师可以得出控制有效的结论。

163 (斯尔解析▶) **ACD** 本题考查财务报告内部控制的概念和审计责任。财务报告内部控制，是指公司的董事会、监事会、管理层及全体员工实施的旨在合理保证财务报告及相关信息真实、完整而设计和运行的内部控制，以及用于保护资产安全的内部控制中与财务报告可靠性目标相关的控制，选项A当选。从注册会计师的专业胜任能力、审计成本效益的约束，以及投资者对财务信息质量的需求看，财务报告内部控制审计是内部控制审计服务的核心要求，注册会计师应当对其有效性发表审计意见，选项C当选。在内部控制审计中，注册会计师对于基准日的内部控制运行有效性发表意见，则仅需要对内部控制在基准日前足够长的时间内的运行有效性获取审计证据，选项D当选。选项B，保护资产安全的内部控制中与财务报告可靠性目标相关的控制也属于财务报告内部控制，如出纳每日盘点库存现金，旨在确保账实相符，避免资产流失，与货币资金的存在、完整性等认定相关，属于财务报告内部控制，故不当选。

164 (斯尔解析▶) **BCD** 本题考查在内部控制审计报告中增加强调事项段的情形。如果认为内部控制虽然不存在重大缺陷，但仍有一项或多项重大事项需要提请内部控制审计报告使用者注意，注册会计师应当在内部控制审计报告中增加强调事项段予以说明，选项BCD当选；对于非财务报告内部控制重大缺陷，应在内部控制审计报告中增加非财务报告内部控制重大缺陷描述段进行披露，而非增加强调事项段，选项A不当选。此外，需要关注细节问题，选项B中，如果法律法规的相关豁免规定允许被审计单位不将某些实体纳入内部控制的评价范围，注册会计师可以不将这些实体纳入内部控制审计的范围，这种情况不构成审计范围受到限制，但应当在内部控制审计报告中增加强调事项段，或者在注册会计师的责任段中作出恰当陈述。

165 (斯尔解析▶) **AC** 本题考查内部控制审计范围受限时的相关处理。在执行内部控制审计时，如果审计范围受到限制，注册会计师应当解除业务约定或出具无法表示意见的内部控制审计报告，选项A当选；如果在已执行的有限程序中发现内部控制存在重大缺陷，注册会计师应当在内部控制审计报告中对重大缺陷做出详细说明，选项C当选。

第八模块　质量管理

一、多项选择题

| 166 | ACD | 167 | ABD | 168 | ACD | 169 | AC | 170 | ABC |

一、多项选择题

166 （斯尔解析▶）　**ACD**　本题考查会计师事务所质量管理体系的要素。包括：（1）会计师事务所的风险评估程序；（2）治理和领导层（选项A当选）；（3）相关职业道德要求；（4）客户关系和具体业务的接受与保持；（5）业务执行；（6）资源（选项C当选）；（7）信息与沟通；（8）监控和整改程序（选项D当选）。会计师事务所的风险评估程序构成会计师事务所质量管理体系的组成要素，而非被审计单位的风险评估过程，选项B不当选。

167 （斯尔解析▶）　**ABD**　本题考查会计师事务所的资源。具体而言，既包括货币资金、办公设备等各种财务资源，也包括人力资源、知识资源和技术资源。选项A属于人力资源，选项B属于技术资源，选项D属于知识资源，均属于会计师事务所的资源，均当选；客户资源体现的是会计师事务所开拓业务、承接业务的能力，而不是质量管理体系所定义的会计师事务所拥有或控制的各类资源，选项C不当选。

168 （斯尔解析▶）　**ACD**　本题考查会计师事务所质量管理领导层。会计师事务所主要负责人（如首席合伙人、主任会计师或者同等职位的人员）应当对质量管理体系承担最终责任，选项B不当选。

169 （斯尔解析▶）　**AC**　本题考查合伙人晋升制度。会计师事务应当针对合伙人的晋升建立和实施质量"一票否决"制度，选项A当选。会计师事务所应当建立以质量为导向的晋升机制，不得以承接和执行业务的收入或利润作为晋升合伙人的首要指标；如果将收入或利润指标作为晋升的重要评价因素之一，则不违反质量管理的要求，选项C当选。如果会计师事务所根据不同团队的利润指标达成情况分配合伙人晋升名额，会导致会计师事务所和成员重商业利益而轻业务质量，不符合质量管理的要求，选项D不当选；会计师事务所可以制定政策和程序，要求在一定期间内执业有重大质量问题的人员，不得被提名晋升为合伙人；当该等人员存在的问题消除后，会计师事务所可以继续允许其参与晋升，选项B表述过于绝对，故不当选。

170 （斯尔解析▶）　**ABC**　本题考查项目质量复核人员的客观性。项目质量复核人员由项目合伙人推荐而非会计师事务所独立委派，或以不同方式参与审计项目组的工作或决策，将影响客观性，选项ABC当选；在会计师事务所担任高级领导职务的人员担任项目质量复核人员，不必然对客观性造成影响，在实务中，由于此类人员往往具备较高的权威性、经验和专业胜任能力，反而会在某种程度上促进项目质量复核工作的开展，选项D不当选。

应试攻略

　　需要关注，通常情况下，会计师事务所应当尽量避免在同一年度内交叉实施项目质量复核，否则将损害项目质量复核人员的客观性。

专题一　函证和监盘

171　斯尔解析 ▶

（1）不恰当（0.5分）。应当考虑是否存在舞弊风险，需要采取应对措施（0.5分）。

（2）不恰当（0.5分）。应 / 未对函证的全过程保持控制（0.5分）。

（3）不恰当（0.5分）。应考虑管理层要求不实施函证的理由是否合理（0.5分）。

（4）不恰当（0.5分）。还应测试财务系统运行的有效性 / 还应测试财务系统中信息的准确性和完整性（0.5分）。

（5）不恰当（0.5分）。该条款属于影响回函可靠性的限制性条款 / 应考虑该条款对回函可靠性的影响（0.5分）。

应试攻略

针对第（1）项，注册会计师在收到不符的函证回函时，需要谨慎对待并进行详细的调查。甲公司管理层的解释，即被询证者财务系统数据未更新，不足以作为充分、适当的审计证据。同时，在被审计单位与被询证者单方面沟通后，注册会计师随即重新取得了相符的回函，应充分考虑其中的舞弊风险并采取进一步的应对措施，例如与被询证者取得联系、验证管理层的解释是否属实等。

针对第（2）项，注册会计师在实施函证时必须全过程保持控制。由乙公司采购经理取回函证的方式损害了函证过程的独立性，注册会计师应直接从被询证者处亲自接收回函。

针对第（3）项，面对管理层拒绝将特定供应商纳入函证的要求，注册会计师应该深入分析背后的原因，并评估其对审计工作的影响。如果管理层提出的理由无法令人信服，或者与所描述的债务纠纷的性质不相符，注册会计师应坚持实施函证，若有必要，调整审计计划和考虑对审计意见的影响。

针对第（4）项，在确定应收账款未收款余额时，注册会计师计划利用客户的财务系统数据为抽样总体。然而，基于该数据进行函证之前，必须通过测试来验证财务系统的有效性，以确认作为抽样总体的数据是否具有准确性和完整性。如果不能保证这些关键前提，从财务系统中选取函证样本将无法提供可靠的审计证据。

针对第（5）项，银行回函包含的限制性条款表明函证可能不涵盖所有必要的信息，这影响了回函的可靠性。

172 斯尔解析▶

（1）不恰当（0.5分）。应检查清单/总体的完整性（0.5分）。

（2）不恰当（0.5分）。应核实被询证者的适当性/授权安排（0.5分）。

（3）不恰当（0.5分）。还应检查该笔付款是否已在期后银行对账单上得以反映（0.5分）。

（4）不恰当（0.5分）。在判断特别风险时，不应考虑识别出的控制对相关风险的抵销效果（0.5分）。

（5）恰当（1分）。

应试攻略

针对第（1）项，本题的关键在于该清单由被审计单位的出纳人员编制并提供，在从中选取样本并测试前，应当检查该清单的完整性。否则，如果被审计单位有意隐瞒了部分银行账户开立、变更和注销记录，注册会计师的测试过程和结论将失去意义。

针对第（2）项，本题具有较强的迷惑性，注册会计师向代为办理乙分行业务的丙分行发送函证并取得相符的回函，且发函地址也来自银行官方渠道，看似合理，但"乙分行因故无法办理而由丙分行代办"这一信息来自被审计单位的告知，注册会计师并未对此进行验证就更换了被询证者，因而存在不妥。因此，对于被审计单位及其管理层、员工所提供的信息，注册会计师不应直接采信，需保持职业怀疑和加以验证。

针对第（3）项，对于银行存款余额调节表的未达账项，注册会计师对其实施检查的思路是"谁没做查谁"，即对于"企收/付银未收/付"的项目，应重点检查期后银行对账单的相关记录；对于"银收/付企未收/付"的项目，应重点检查期后银行日记账的相关记录。同时，还需要对这些未达账项是否构成错报加以分析判断。

173 斯尔解析▶

（1）不恰当（0.5分）。从私人电子邮箱发送的回函，存在舞弊风险迹象，注册会计师需要实施进一步审计程序确定是否存在舞弊（0.5分）。

（2）不恰当（0.5分）。注册会计师应实施进一步审计程序调查回函差异原因并确定是否存在错报（0.5分）。

（3）恰当（1分）。

（4）不恰当（0.5分）。还应称量袋装存货的重量（0.5分）。

（5）不恰当（0.5分）。应提请被审计单位对该存货暂估入账并纳入盘点范围（0.5分）。

（6）不恰当（0.5分）。应当另择日期实施监盘，并对间隔期内存货的变动实施审计程序（0.5分）。

 **应试攻略**

　　针对第（2）项，回函中存在差异，注册会计师应深入调查该差异，并且不能轻易相信口头解释。

　　针对第（4）项，实务中，对于袋装存货，注册会计师需要在保证磅秤精准的情况下，考虑对其重新称量；对于箱装存货，注册会计师应考虑开箱检查。

　　针对第（5）项，虽然甲公司未收到发票，但已经拥有该原材料的所有权，故应将该存货暂估入账纳入盘点范围。

　　针对第（6）项，注意辨析"不可行"和"不可预见情况"两种特殊情形下的存货监盘程序。

174 〔斯尔解析▶〕

（1）不恰当（0.5分）。应对全部产品的可变现净值进行测试（0.5分）。

（2）不恰当（0.5分）。还应／未检查磅秤是否精确（0.5分）。

（3）不恰当（0.5分）。注册会计师应尽可能避免让被审计单位事先了解拟抽盘的存货项目／将拟抽盘项目告知被审计单位，破坏了审计程序的不可预见性（0.5分）。

（4）不恰当（0.5分）。还应／未验证丁公司提供的地址和联系方式的真实性（0.5分）。

（5）不恰当（0.5分）。还应对期末存货实施计价测试（0.5分）。

应试攻略

　　针对第（1）项，注册会计师在计算存货跌价准备时，应当进行全面测试，包括所有存货的可变现净值测试，而不应仅基于外包装上的有效期信息。这种方法可能忽视了其他因素，如市场需求的减少或存货可能已经发生质量变化。

　　针对第（2）项，尽管注册会计师通过称重验证了存货重量，并与账面记录相一致，但在此过程中未检查称重工具的准确性。因此，注册会计师应该首先验证磅秤的校准情况，确保其提供可靠的称重结果。

　　针对第（3）项，注册会计师应处于独立和客观的立场，尽可能减少或避免让被审计单位了解具体的抽盘项目，以确保审计程序的有效性。这有利于防止被审计单位对抽盘样本的操纵或预先准备。

　　针对第（4）项，尽管注册会计师通过函证确认了存货的情况，并获得了相符的结果，但在发出函证前未验证地址和联系方式的真实性。

　　针对第（5）项，注册会计师评价了戊公司的存货盘点计划，观察了盘点过程，并实施了双向抽盘等程序，但除了审计存货的数量之外，还应对存货实施计价测试，确认存货的计价是准确和恰当的，进而才能得出认可存货期末余额的结论。

专题二　集团审计和整合审计

175 斯尔解析▶

（1）不恰当（0.5分）。A注册会计师在选取关键控制进行测试前，应当评价相关控制设计的有效性，确定相关控制是否得到执行／执行穿行测试（0.5分）。

（2）不恰当（0.5分）。应当扩大样本规模进行测试（0.5分）。

（3）恰当（1分）。

（4）不恰当（0.5分）。应检查证明控制得到执行的证据／执行人审核时留下的记号或标记／针对偏差报告的书面说明等（0.5分）。

（5）不恰当（0.5分）。管理层在对内部控制进行评价时，不能利用注册会计师在内部控制审计中执行的工作／可能涉及承担管理层职责，因此不应提供（0.5分）。

🚩 应试攻略

针对第（1）项，无论是财务报表审计还是企业内部控制审计，注册会计师测试相关内部控制运行有效性之前，均应对相关内部控制加以了解，即通过执行穿行测试等程序评价内部控制设计的有效性和是否得到执行。如果相关内部控制设计合理且得到执行（即预期运行有效），则注册会计师进一步测试其运行的有效性。

针对第（2）项，对于每日发生多次的内部控制，注册会计师选取25个样本实施测试的做法是妥当的，但对于发现偏差后的处理不妥。当偏差不属于舞弊或系统性偏差时，注册会计师可以通过扩大样本规模来进一步测试，而本题中仅测试额外的1个样本是不充分的。

针对第（3）项，本题需要仔细审题，注册会计师并非"未实施任何前推程序"，而是综合考虑实际情况后，运用职业判断决定"未实施除询问之外的其他前推程序"，因此不存在不妥之处。

针对第（4）项，执行检查程序对相关内部控制进行测试时，需关注是否将每一个关键的控制节点均检查到位，而不能仅仅检查其中的某一环节或流于形式地检查签字后即认为内部控制运行有效。

176 斯尔解析▶

（1）不恰当（0.5分）。还应对合并财务报表实施实质性程序（0.5分）。

（2）不恰当（0.5分）。应就该舞弊行为与集团治理层沟通（0.5分）。

（3）不恰当（0.5分）。该组成部分具有财务重大性，属于重要组成部分，应当实施财务信息审计（0.5分）。

（4）不恰当（0.5分）。应当对不重要组成部分实施集团层面分析程序（0.5分）。

（5）恰当（1分）。

应试攻略

针对第（1）项，虽然注册会计师对集团合并过程中抵销调整的内部控制进行了了解和评价，并认为运行有效，但是这并不能取代对合并财务报表实施实质性审计程序的必要性。例如，检查合并财务报表中所反映的各类交易和余额是准确无误的。

针对第（2）项，针对发现的舞弊行为，除了与组成部分治理层和集团管理层通报了情况，注册会计师还应立即与集团治理层沟通，这是由于舞弊行为可能会对集团的财务报表产生重大甚至广泛的影响，而不应仅仅根据该人员的改正行为决定是否通报。

针对第（3）项，虽然该组成部分不是集团的主要利润来源，但它在集团的对外投资中占比超过30%，表明对集团的财务状况有显著影响，具备财务重大性。注册会计师仅对该组成部分实施集团层面的分析程序是不足的。

针对第（4）项，针对不重要组成部分，在集团层面实施分析程序是注册会计师应当完成的工作。

针对第（5）项，集团财务主管负责独立复核各个子公司的编制情况，确保了控制的同质性，注册会计师将集团范围内所有的银行存款余额调节表作为总体是恰当的。

专题三 对特殊事项的考虑

177 斯尔解析▶

（1）不恰当（0.5分）。在注册会计师区间估计之内的管理层点估计不构成错报。/ 在评价错报时，仅应考虑管理层点估计在注册会计师区间估计之外而产生错报的影响（0.5分）。

（2）不恰当（0.5分）。应当以书面形式与治理层沟通（0.5分）。

（3）恰当（1分）。

（4）恰当（1分）。

（5）不恰当（0.5分）。还应测试假设的合理性及原始数据的准确性和完整性（0.5分）。

⚡ 应试攻略

针对第（1）项，本题中的前一项差异不构成错报，后一项差异构成错报。在评价错报时，仅应考虑管理层点估计在注册会计师区间估计之外而产生错报（即后者）的影响，而不能将不构成错报的金额（即前者）与之相互抵消。

针对第（3）项，该事项构成资产负债表日后调整事项，故年终奖金的计提应当根据实际发放额来调整，这样确保了年终奖金准确地反映在职工薪酬之中。需要注意辨析的是，本题不应错误地基于"会计估计与实际结果的差异不一定构成错报"的结论而认为注册会计师的做法有误，这是因为该结论通常指的是如果以往在作出会计估计时，已考虑了当时所有必要、合理的信息，则注册会计师不应根据最新的情况和信息调整该结果，否则有"后见之明"之嫌，这与本题资产负债表日后调整事项的背景存在本质性不同。

针对第（4）项，注册会计师已执行了相应的程序来测试管理层所用数据的合理性，并且独立计算的结果与管理层相符，故做法恰当。

针对第（5）项，除了重新计算之外，注册会计师还应测试假设和原始数据，例如，验证假设的来源、评估假设的合理性、测试数据的准确性和完整性，以及考虑历史数据和行业趋势等。

178 斯尔解析▶

（1）不恰当（0.5分）。复核会计估计的目的不是质疑上期依据当时可获得的信息而作出的判断 / 会计估计与实际结果存在差异，并不必然表明上期财务报表存在错报（0.5分）。

（2）不恰当（0.5分）。还应当实施控制测试 / 内部控制运行有效才可以减少细节测试的样本量（0.5分）。

（3）不恰当（0.5分）。管理层的专家不具备客观性 / 还应复核管理层的专家的工作恰当性（0.5分）。

（4）不恰当（0.5分）。还应当考虑是否已就区间估计范围内的金额的合理性获取充分、适当的审计证据（0.5分）。

（5）不恰当（0.5分）。还应复核管理层使用的重要的原始数据（0.5分）。

应试攻略

针对第（1）项，注意区分会计估计变更和会计差错，一个重要的依据是在作出会计估计的时点，是否已恰当考虑了该时点的所有必要的信息，如是，后续估计的结果发生改变并不意味着存在错报（例如，本题中后续的事态发展源于"在预测时点无法预期的竞争对手冲击"）；如否，则可能构成会计差错。

针对第（2）项，注意"了解内部控制"和"测试内部控制"的区别。

针对第（4）项，本题中注册会计师的区间估计幅度（500万元）已超过财务报表整体的重要性（400万元），加之可用于作出估计的数据有限，注册会计师此时需要考虑是否已就区间估计范围内的金额的合理性获取充分、适当的审计证据，而不应直接据此认可管理层的点估计。

针对第（5）项，本题的背景是相对陌生的实务情景，并涉及预测数据、折现率和流动性折扣等大量晦涩概念，灵活性较高，理解难度较大。但需要注意，无论此类题目的背景如何设定，注册会计师的工作思路并无本质差异，即不能仅依赖询问程序的结果、不能仅依赖被审计单位内部证据、不能"拿来主义"并仅依赖被审计单位管理层所述所供进行计算分析等。反观本题，内部专家使用重新搭建的估值模型进行了重新计算，但其计算的基础是"管理层使用的数据"，如果不对这些数据加以验证，很可能"将错就错"，无法实现审计的测试目的。

179 斯尔解析▶

（1）不恰当（0.5分）。还应询问关联方的特征和关联方关系的性质（0.5分）。

（2）不恰当（0.5分）。还应获取交易已经恰当授权和批准的审计证据（0.5分）。

（3）不恰当（0.5分）。还应比较该借款的其他条款和条件是否公平合理（0.5分）。

（4）恰当（1分）。

（5）不恰当（0.5分）。还应就是否存在关联方关系实施进一步的审计程序/所实施程序无法证实是否存在关联方关系（0.5分）。

应试攻略

针对第（1）项，主要考核基础知识点的识记和还原，即"名称、特征、关系、交易"缺一不可。

针对第（3）项，除了关注关联方交易的价格是否按照类似公平交易的价格执行，还需要重点关注信用条款、对产品的质量要求等其他条款和条件是否公平合理。例如，被审计单位对行业内的客户所给出的账期通常不超过6个月，但对其关联方给出的账期长达数年，即使该交易的价格是按照市场价格执行，但由于信用条款已显著不公允，不考虑其他情况的条件下，仍需要合理认为其可能存在由于非公平交易导致的重大错报风险。

针对第（5）项，本题代表了近些年审计考试的一类典型问题，即以复杂的实务情景为载体，考查审计程序是否能够达成既定的测试目标。这类题目没有固定的"招数"，所涉及的程序也往往千变万化，以本题为例，涉及"查阅经销合同""函证相关金额""检查出库物流单据和签收记录"等各类程序。应对此类题目，反而要强调"无招胜有招"，不妨静心阅读，利用基本逻辑进行推理分析，很显然，上述程序无论多么周密，都无法证实是否存在关联方关系，还需要实施进一步的审计程序才能消除顾虑，例如背景调查、工商信息查询、多方访谈等。

180 斯尔解析 ▶

（1）<u>不恰当</u>（0.5分）。售价高于公允市价的部分不应确认处置利得。/ 还应评价售价高于公允市价的部分是否构成关联方之间的权益性交易（0.5分）。

（2）<u>不恰当</u>（0.5分）。还应检查股东会和治理层会议的纪要（0.5分）。

（3）<u>不恰当</u>（0.5分）。应当在附注中披露该关联方交易（0.5分）。

（4）<u>不恰当</u>（0.5分）。还应考虑是否存在通过关联方之间的安排隐瞒费用的舞弊风险（0.5分）。

（5）<u>不恰当</u>（0.5分）。还应评价母公司是否具有资金支持的能力（0.5分）。

（6）<u>恰当</u>（1分）。

✈ 应试攻略

针对第（1）项，如果关联交易是基于交易双方的特殊身份才得以发生，且使得交易一方明显的、单方面的从中获益，则应当按照"实质重于形式"原则，将该交易认定为权益性交易或含有权益性交易的成分。在权益性交易中，形成的利得应计入所有者权益。

针对第（3）项，需要避免"重金额而轻披露"的错误观点，事实上，无论是金额有误，还是披露不当，都可能构成重大错报。

针对第（4）项，本题的实务性极强，属于拔高类题目。这类题型往往很难事先预测，而是需要在解题时冷静地推理和分析。以本题为例，合同的签订双方为合营企业与第三方，款项由合营企业支付，发票由合营企业取得，但实际的劳务接受方却为甲公司，运用常识也不难发现，这一情景中存在通过关联方之间的安排隐瞒甲公司相关费用的风险，而仅仅检查合同副本，并不能消除这种疑虑。

针对第（6）项，针对"超期事项"（即超出管理层对持续经营能力的评估期间的事项或情况），除询问管理层外，注册会计师没有责任实施其他任何审计程序。只有持续经营事项的迹象达到重大时，注册会计师才需要考虑采取进一步措施。

181 斯尔解析▶

（1）恰当（1分）。

（2）不恰当（0.5分）。还应复核前任注册会计师的审计工作底稿。/还应针对非流动资产期初余额实施专门的审计程序（0.5分）。

（3）不恰当（0.5分）。还应获取有关期初存货数量的审计证据。/还应将期末监盘的存货数量调节至期初数量（0.5分）。

（4）不恰当（0.5分）。该事项属于资产负债表日后非调整事项（0.5分）。

（5）不恰当（0.5分）。应当实施函证程序。/还应检查银行回单等单据（0.5分）。

（6）恰当（1分）。

应试攻略

针对第（1）项，在接受委托前，注册会计师与前任注册会计师沟通的形式既可以是书面形式，也可以是口头形式（本题采用微信视频并无不妥）；沟通的前提是征得被审计单位的同意；沟通的目的是确定是否存在影响其接受委托的事项。

针对第（3）项，期初存货余额=期初存货数量×期初存货单价（不考虑存货跌价准备时），因此，除计价测试外，注册会计师还应获取有关期初存货数量的充分、适当的审计证据。

针对第（4）项，该事项源自资产负债表日后客户的经营范围调整，属于资产负债表日后新发生的非调整事项，注册会计师应要求管理层对该事项作出披露。

针对第（6）项，如果认为存在影响上期比较财务报表的重大错报，而前任注册会计师以前出具了无保留意见的审计报告，前任注册会计师可能无法或不愿对上期财务报表重新出具审计报告。注册会计师可以在审计报告中增加其他事项段，指出前任注册会计师对更正前的上期财务报表出具了报告。

专题四　审计报告

182 斯尔解析▶

（1）恰当（1分）。

（2）恰当（1分）。

（3）不恰当（0.5分）。财务报表存在重大且广泛的错报 / 应发表否定意见（0.5分）。

（4）不恰当（0.5分）。关键审计事项不能包含对财务报表单一要素单独发表的意见（0.5分）。

（5）不恰当（0.5分）。强调事项段应提及已在财务报表中披露的事项 / 不符合强调事项段的定义（0.5分）。

 **应试攻略**

本题的部分项目有如下易错陷阱：

针对第（1）项，本题颗粒度很细。当其他信息存在重大错报，且与被审计单位管理层和治理层沟通后仍未更正时，注册会计师可以采取多种举措，包括出具修改后的或新的审计报告（指明其他信息的重大错报）、提醒审计报告使用者关注该情况、与监管机构沟通等。本题中，注册会计师采取的做法是在股东大会上通报该事项，即履行了提示审计报告使用者的责任义务，因此做法妥当。对此做法，可能会有这样的顾虑——股东大会仅仅有股东出席，而被审计单位还有其他方面的利益相关方和预期使用者，是否上述做法无法关照到位？事实上，审计准则并未要求注册会计师识别所有的预期使用者（也的确无法在现实中实现），同时也明确注册会计师对其他信息并不发布审计意见或任何形式的鉴证结论。基于这一情况，题目所述的做法具备理论和实务合理性。

针对第（2）项，审计准则并未禁止在无法表示意见的审计报告中增加与持续经营相关的重大不确定性部分，因为这样的做法有助于报表使用者关注这一情况。但需要注意的是，在无法表示意见的审计报告中，不应增加关键审计事项和其他信息部分。

针对第（3）项，注意区分"重大错报"和"重大的审计范围受限"的不同情形。

针对第（5）项，对于复杂的审计报告相关实务案例，解题时，应注意回归本源，即相关事项所涉及的基本概念。以本题为例，题目中涉及"退市""风险提示"等一系列陌生概念，但针对这些事项，注册会计师是否可以增加强调事项段，其判断标准仍然是这些事项是否符合强调事项段的定义，即相关事项是否已在财务报表中恰当列报或披露。很显然，上述事项并非已在财务报表中披露的事项，不符合强调事项段的定义。

183

（1）恰当（1分）。

（2）不恰当（0.5分）。联营企业财务报表未经董事会批准不影响集团审计的意见类型。/ 注册会计师已对该组成部分获取与集团审计有关的充分、适当的审计证据（0.5分）。

（3）不恰当（0.5分）。该影响具有广泛性。/ 应发表无法表示意见（0.5分）。

（4）不恰当（0.5分）。强调事项段不能代替非无保留意见。/ 构成重大且广泛的错报，应发表否定意见（0.5分）。

（5）不恰当（0.5分）。已在关键审计事项部分沟通的事项不应在强调事项段中说明（0.5分）。

应试攻略

针对第（1）项，甲公司的某重要子公司将于2024年清算，意味着持续经营假设已不适用，因此其2023年度财务报表以"非持续经营"为基础编制是恰当的。如果管理层在合并财务报表附注中披露了该情况，A注册会计师可以增加强调事项段以提醒财务报表使用者关注该事项，故本题的做法恰当。

针对第（3）项，该客户的公章、财务专用章和法定代表人名单由总经理一人保管，存在管理层凌驾于控制之上的风险，属于内部控制的重大缺陷。这些印章的不当使用可能会涉及销售、采购、财务、资金等各类事项，导致广泛的影响。如果注册会计师无法就财务报表是否存在由于舞弊导致的重大错报获取充分、适当的审计证据，则应发表无法表示意见。

针对第（4）项，丁公司取得戊公司60%的股权并对其实施控制（构成重大事项），即使尚未完成股权变更登记，也应将戊公司纳入合并范围，否则构成重大且广泛的错报。

专题五 审计工作底稿和质量管理

184 斯尔解析▶

（1）不恰当（0.5分）。应当在审计工作底稿中记录对审计计划作出的重大修改及其理由（0.5分）。

（2）不恰当（0.5分）。对订单而言，供应商名称不具有唯一性，不适合作为识别特征（0.5分）。

（3）恰当（1分）。

（4）不恰当（0.5分）。替代程序是审计报告日前应完成的必要审计程序，相关审计工作底稿不能删除（0.5分）。

（5）不恰当（0.5分）。还应当记录复核的时间和人员（0.5分）。

应试攻略

针对第（1）项，需要关注针对审计计划的修改、重要性水平的修改等，修改前后的记录均应纳入审计工作底稿，而不应将修改前的记录予以删除或在电子版本的审计工作底稿中予以覆盖。

针对第（2）项，题目中涉及"识别特征"这一关键词时，需要重点关注其是否具备唯一性，以本题为例，供应商名称、订单编制日期、编制人员等均不满足识别特征的要求，而应考虑将订单的唯一编号作为记录的关键。

针对第（4）项，询证函回函是审计报告日之后获取的，不应替换原替代测试的审计工作底稿。本例中，原替代测试的工作底稿属于注册会计师恰当取证、结果满意的审计证据，不属于应被取代的或被废弃的审计工作底稿，不可以在归档期间内删除。如果注册会计师将其删除，并将报告日后取得的回函纳入工作底稿，由于回函的邮戳或签收日期等信息很可能显示该证据的形成或取得日期晚于报告日，将直接导致这样一种误解，即注册会计师没有取得满意的审计证据前，就出具了审计报告。很显然，这将是一种重大失职。

针对第（5）项，点睛之笔在于注册会计师完成题目所述的相关记录后即"归还"了审计档案，这意味着除了题目所述的记录外，注册会计师并未记录复核的时间和人员。

185 斯尔解析▶

（1）违反（0.5分）。应向所有需要按照相关职业道德要求保持独立性的人员获取书面声明（0.5分）。

（2）违反（0.5分）。项目质量复核人员的胜任能力应当至少与项目合伙人相当（0.5分）。

（3）违反（0.5分）。事务所应建立以质量为导向的晋升机制（0.5分）。

（4）不违反（1分）。

（5）违反（0.5分）。应当由会计师事务所的主要负责人或类似职位人员代表会计师事务所对质量管理体系进行评价（0.5分）。

✈ 应试攻略

针对第（1）项，ABC会计师事务所应向所有按照相关职业道德要求保持独立性的人员获取书面声明，而不仅是合伙人级别的人员。这是为了确保事务所内所有参与审计和须保持独立性的人员都遵循了独立性的相关规定。

针对第（2）项，质量管理准则要求项目质量复核人员至少应具备与项目合伙人相当的胜任能力，高级经理可能无法满足这一要求。

针对第（3）项，晋升机制应当基于质量导向原则，而不仅仅以业绩为导向选取候选人，即使选取后对其进行了质量检查。这种做法无疑忽略了那些虽然业绩并未跻身前10%但具有坚持以质量为导向的候选人。

186　斯尔解析▶

（1）违反（0.5分）。项目质量复核不能减轻项目合伙人的责任。/ 项目合伙人对业务的总体质量负责（0.5分）。

（2）不违反（1分）。

（3）违反（0.5分）。内部专家也应遵守会计师事务所的质量管理政策和程序（0.5分）。

（4）违反（0.5分）。检查周期最长不得超过三年（0.5分）。

（5）不违反（1分）。

（6）违反（0.5分）。会计师事务所应确保对质量管理体系特定方面的运行承担责任的人员，能够直接与对质量管理体系承担最终责任的人员 / 主要负责人 / 首席合伙人沟通（0.5分）。

✈ 应试攻略

针对第（1）项，需注意辨析项目合伙人和项目质量复核人的责任范围，项目合伙人对审计项目的总体质量负责，项目质量复核人员对项目质量复核的实施承担总体责任。其他关于"责任转嫁"的常见命题角度包括：注册会计师对发表的审计意见独立承担责任，这种责任不因利用专家、内部审计人员、组成部分注册会计师的工作等而减轻。

针对第（3）项，关注题干措辞"内部专家"，即提示其受雇于会计师事务所，应当遵守会计师事务所的质量管理政策和程序，注意与"被审计单位的专家""外部专家"等概念的辨析。

针对第（4）项，该规定下存在"每五年"才进行一次业务质量检查的可能性，而根据质量管理体系的要求，检查周期最长不得超过"三年"，故为不妥。

专题六　独立性

187　斯尔解析 ▶

事项序号	是否违反（违反/不违反）	理由
（1）	违反（0.5分）	乙公司是甲公司的关联实体，项目合伙人A的女儿在乙公司中拥有重大间接经济利益（0.25分），因自身利益对独立性产生严重不利影响（0.25分）
（2）	违反（0.5分）	乙公司不属于银行或类似金融机构，项目组成员B的母亲从乙公司取得贷款（0.25分），因自身利益对独立性产生严重不利影响（0.25分）
（3）	不违反（0.5分）	C不再担任关键审计合伙人后，甲公司发布已审计财务报表，其涵盖期间不少于12个月（0.25分），并且C不是该财务报表的审计项目组成员，不会对独立性产生不利影响（0.25分）
（4）	不违反（0.5分）	丙公司成为公众利益实体后，D注册会计师可以再提供2年的服务，继续担任丙公司2023年度财务报表审计合伙人不会对独立性产生不利影响（0.5分）
（5）	不违反（0.5分）	在公开审理或仲裁期间，E可以为审计客户提供有关法庭裁决事项的咨询服务（0.5分）
（6）	违反（0.5分）	不应接受审计客户的礼品/接受审计客户礼品，因自身利益和密切关系对独立性产生严重不利影响（0.5分）

🚀 **应试攻略**

　　针对第（1）项，常见的直接经济利益包括证券或其他参与权，诸如包括股票、债券、认沽权、认购权、期权、权证和卖空权等，而间接经济利益通常指通过集合投资工具、信托、实体或合伙组织或第三方而实质拥有的经济利益，但没有能力控制这些投资工具，或影响其投资决策。

　　针对第（2）项，需关注相关企业所处行业和主营业务，判断其是否属于银行等类似金融机构，从事贷款业务是否具备合规性和合理性。

针对第（3）项，此类题目中，不违反独立性的情形可以通俗地总结为一句话，即"卸任后发出一份与你无关的年报"：

① "卸任后"：该合伙人不再任职。

② "发出年报"：该公众利益实体发布的已审计财务报表（涵盖期间不少于12个月，考试中通常体现为"年报"）。

③ "与你无关"：该合伙人未参与该财务报表的审计。

针对第（6）项，无论题目如何表述、如何渲染接受礼品的"情有可原"，考试时，都应注意注册会计师不应接受审计客户的礼品（无论该礼品的价值是否重大）。

188 斯尔解析 ▶

事项序号	是否违反（违反/不违反）	理由
(1)	违反（0.5分）	处于同一分部其他合伙人的主要近亲属，应当在有权处置时立即处置全部甲公司股票（0.25分），否则将因自身利益对独立性产生不利影响（0.25分）
(2)	违反（0.5分）	ABC会计师事务所鼓励员工推广丙公司的服务，属于禁止的商业关系（0.25分），将因自身利益或过度推介对独立性产生不利影响（0.25分）
(3)	不违反（0.5分）	A注册会计师担任关键审计合伙人累计未超过五年，尚未进入冷却期（0.5分）
(4)	违反（0.5分）	审计项目团队成员的主要近亲属在甲公司审计业务期间担任丁公司财务总监（0.25分），将因自身利益、密切关系对独立性产生严重不利影响（0.25分）
(5)	违反（0.5分）	XYZ公司为审计客户关联实体提供的信息技术系统服务对财务报表影响重大（0.25分），将因自我评价对独立性产生不利影响（0.25分）
(6)	不违反（0.5分）	B注册会计师不是甲公司审计项目团队成员，也未与A注册会计师处于同一分部，其母亲与己公司董事的妻子共同开办P公司不属于禁止的商业关系（0.5分）

应试攻略

针对第（3）项，A注册会计师曾担任甲公司2019年度至2022年度项目质量复核合伙人，任职期为4年。本年担任项目合伙人为其担任关键审计合伙人的第5年任期。A注册会计师相继担任多项职务，但仍未超过5年的任职期限制，故不违反相关要求。

针对第（6）项，B注册会计师的母亲和己公司（被审计单位的关联实体）董事长的妻子共同开办企业，但B注册会计师不是甲公司审计项目团队成员，也未与A注册会计师处于同一分部，不属于禁止的商业关系。此类题目中，务必重点关注相关主体和人员的身份关系、股权关系和参与审计项目的实际情况。

专题七 综合题

（1）

事项序号	是否可能表明存在重大错报风险（是／否）	理由	财务报表项目名称及认定
（1）	是（0.5分）	甲公司向客户提供的两年期延保，构成单项履约义务，应按照单独售价分摊交易价格，在履约时确认收入，而不应确认预计负债（0.25分）。存在高估收入、高估销售费用、高估预计负债和低估合同负债的重大错报风险（0.25分）	营业收入（发生） 合同负债（完整性） 预计负债（存在） 销售费用（发生） （指明任一项均可得0.25分，全部指明可得1分）
（2）	是（0.5分）	客户每季度末支付各期款项，如果客户终止合同，甲公司无须退回已收取的款项，不满足收入在一段时间内确认的条件，应在设备控制权转移时确认收入（0.25分）。存在高估收入、低估合同负债的重大错报风险（0.25分）	营业收入（发生） 合同负债（完整性） （指明任一项均可得0.25分，全部指明可得0.5分）
（3）	是（0.5分）	2023年净利润增长20%以上高级管理人员才可以行权，而资料二显示2023年的净利润刚好达到目标，故管理层可能存在舞弊的动机或压力（0.25分），进而高估利润，导致财务报表层次的重大错报风险（0.25分）	—
（4）	是（0.5分）	该项政府补助与日常经营活动密切相关，总额法下，应将专项补助计入递延收益，按照资产的使用寿命摊销计入其他收益（0.25分）。存在高估营业外收入、低估其他收益的重大错报风险（0.25分）	营业外收入（分类） 其他收益（分类） （指明任一项均可得0.25分，全部指明可得0.5分）
（5）	是（0.5分）	转让其他权益工具投资时，出售款项与账面价值之间的差额应计入留存收益（0.25分）。存在高估投资收益的重大错报风险（0.25分）	投资收益（发生） （0.25分）

应试攻略

针对本题的"风险评估"（即资料一）的部分进行思路点拨：

项目	分析结论	相关事项
营业收入——M型设备	根据题目所述，被审计单位在不提高售价的情况下，赠送额外的延保服务，并获得25%的销量增长，可以合理推测是上述激励动作实现了促销效果。财务数据显示，M型设备的营业收入增幅约25%，具备合理性。但另一方面，根据延保服务的性质（本质是"服务类"质保）和单独售价，可以合理预计该服务构成一项单项履约义务，原则上应分摊交易价格，在履约时确认收入，而不应确认销售费用和预计负债（因其并非是"保证类"质保），故存在高估收入、高估销售费用、高估预计负债和低估合同负债的重大错报风险。相关认定清晰明了，不再赘述	第（1）项
营业收入——N型设备	根据题目所述，该定制设备具有"不可替代用途"，但被审计单位并不具备在整个合同期间的"合格收款权"（即在客户终止合同时，无法确保获得对已发生成本和合理利润的补偿款），故不满足在一段时间内确认收入的情形。财务数据显示，被审计单位将50%的合同价款3 000万元计入本期收入（因该合同期自2023年7月起持续一年），显然存在高估收入、低估合同负债的重大错报风险。 需要注意的是，在描述相关认定时，营业收入的发生认定、合同负债的完整性认定为最佳答案，其中，如表述为营业收入的准确性认定、截止认定，均存在不妥，这是由于该事项将本应在设备交付时点才确认的收入，错误地按照一段时间内分摊确认，而该设备尚未实际交付，交易尚未实际完成，从实质上，并非是在计算收入金额时出现参数错误，也并非是在临近报告期末而发生的跨期错误	第（2）项
管理费用——期权激励计划	结合净利润的达标情况以及管理层的激励机制，管理费用的金额虽具备合理性，但在该机制下，管理层可能存在舞弊的动机或压力，进而高估利润，导致财务报表层次的重大错报风险。本题误导性较强，如果仅仅关注该事项对财务报表项目的影响，而忽视了对财务报表整体的影响，则很可能"答偏"	第（3）项

续表

项目	分析结论	相关事项
销售费用——延保计划	参照上述有关延保计划的分析，很显然，被审计单位存在误将"服务类"质保按照"保证类"质保进行会计处理的重大错报风险	第（1）项
投资收益——乙公司	根据题目所述，该部分股权投资的取得成本为800万元，所出售部分对应的成本为400万元，售价为550万元（即公允价值），形成150万元利得，数据无显著谬误。但需关注，对于其他权益工具投资，转让利得应计入留存收益，而非当期损益	第（5）项
营业外收入——政府补助	总额法下，与资产相关的政府补助将随着资产的折旧和摊销进度确认为当期损益。根据题目所述，相关被补助设备使用年限为5年，粗略计算的年均政府补助摊销金额约240万元，在2023年应确认50%即120万元的部分（因该补助于2023年7月取得），数据具备合理性，无显著计算差错。但另一方面，不应忽视该补助与日常经营活动（研发活动）密切相关，相关损益应计入其他收益，而非营业外收入，故存在分类错报的风险	第（4）项
净利润	财务数据显示，2023年的净利润刚好达到目标。需要进一步关注，题目给出净利润等指标时，还可能旨在考查临近盈亏临界点时，注册会计师对重要性的制定、对错报的评价等问题	第（3）项
其他权益工具投资——乙公司	甲公司按照公允价值550万元将部分投资转让，可知剩余部分的公允价值也应为550万元，财务数据显示，期末其他权益工具投资确已调整至公允价值，故无显著异常	第（5）项
预计负债——延保计划	参照上述有关延保计划的分析	第（1）项

（2）

事项序号	是否恰当（是/否）	理由
（1）	是（1分）	——
（2）	否（0.5分）	注册会计师应当实施审计程序，评价专家工作涉及的重要原始数据的相关性、完整性和准确性（0.5分）

续表

事项序号	是否恰当（是/否）	理由
（3）	是（1分）	—
（4）	是（1分）	—

> ✈️ **应试攻略**

针对第（1）项，适用时，专家应参与项目组讨论，即专家并非是必然需要参与项目组讨论的人员。本题中，由于项目合伙人与内部专家日常沟通充分，故未专门列席项目组讨论，由项目合伙人向其通报讨论事项，无不妥之处。

针对第（2）项，对于重要的原始数据，注册会计师可以与专家就"谁负责测试"达成一致意见。双方可以采用分工测试的办法。本题中，注册会计师的做法错在了"仅"负责测试内部来源的数据，忽略了对专家工作的评价。

（3）

事项序号	是否恰当（是/否）	理由
（1）	否（0.5分）	应确认为2023年度费用，建议管理层做出调整（0.5分）
（2）	否（0.5分）	该项控制未能得到一贯执行（0.5分）
（3）	是（1分）	—
（4）	否（0.5分）	还应记录销售费用发票的编号和真伪查验的结果（0.5分）

> ✈️ **应试攻略**

针对第（4）项，注册会计师所实施的程序旨在验证销售费用真实发生，重要的依据之一是销售费用发票的真伪查验结果。相应地，注册会计师也应在审计工作底稿中对真伪查验的程序结果进行准确、完整地记录，作为支持所得出结论的依据。

（4）

事项序号	是否恰当（是/否）	理由
（1）	否（0.5分）	该事项涉及管理层的舞弊，应当尽早与治理层沟通（0.5分）
（2）	否（0.5分）	该错报影响关键比率，构成重大错报（0.5分）
（3）	否（0.5分）	该事项属于非调整事项，应当在财务报表中披露（0.5分）
（4）	否（0.5分）	应当将沟通纪要副本连同被审计单位的沟通纪要一起致送治理层，提示两者的差别（0.5分）

![应试攻略]

针对第（2）项，增值税留抵税额应在财务报表中列示为资产项目，本题中，被审计单位预计该留抵税额将在未来两年内抵扣完毕，表明该资产中存在非流动性的部分，而应交税费的重大借方余额是流动性项目，如未进行恰当地重分类列示，将导致流动性指标出现异常，影响被审计单位的关键财务比率。

针对第（3）项，股权转让协议于次年年初批准，属于资产负债表日后新发生的事项，即非调整事项。在资产负债表日，该股权未满足列示为持有待售资产的条件。

190 斯尔解析 ▶

（1）

事项序号	是否恰当（是/否）	理由
（1）	是（1分）	—
（2）	否（0.5分）	丙公司是具有财务重大性的重要组成部分，应当对丙公司的财务信息实施审计（0.5分）
（3）	否（0.5分）	零售收入占集团营业收入的三分之一/金额重大，对这40家子公司仅在集团层面实施分析程序不足够（0.5分）
（4）	否（0.5分）	组成部分重要性应当由集团项目组确定（0.5分）
（5）	否（0.5分）	戊公司的业务涉及外汇掉期交易，属于可能存在导致集团财务报表发生重大错报的特别风险的重要组成部分，应当实施审计/审计程序（0.5分）

![应试攻略]

针对第（1）项，从资料二的财务数据来看，乙公司的各项指标均未达到对集团具有"财务重大性"，因此作为集团的组成部分，可能属于具有"特别风险"的重要组成部分或不重要组成部分。无论是哪一种，注册会计师拟仅针对乙公司的研发支出实施审计程序均满足集团审计的要求。

针对第（2）项，丙公司同时具备"财务重大性"和"特别风险"，此时，应按照更严格的标准执行审计程序，即应使用丙公司的重要性对其实施审计，而非仅针对特定项目执行审计程序。

针对第（3）项，单独来看，任何一家子公司均不具有"财务重大性"，但汇总来看，40家子公司的零售收入占集团营业收入的三分之一，金额重大，仅在集团层面实施分析程序不足够，应选择某些子公司执行进一步的工作，例如审计或审阅。

（2）

事项序号	是否恰当（是/否）	理由
（1）	否（0.5分）	会计分录测试的总体应该包括在报告期末作出的其他调整（0.5分）
（2）	是（1分）	—
（3）	否（0.5分）	穿行测试不能为控制运行的有效性提供充分证据/穿行测试用于了解内部控制，还应当实施控制测试（指明任一项可得0.5分）
（4）	否（0.5分）	注册会计师应当考虑存货存放地点清单的完整性（0.5分）

（3）

事项序号	是否恰当（是/否）	理由
（1）	否（0.5分）	外部专家应当遵守职业道德要求中的保密条款（0.5分）
（2）	否（0.5分）	如果识别出可能导致对持续经营能力产生重大疑虑的事项，注册会计师应当通过实施追加的审计程序，获取充分、适当的审计证据，以确定是否存在重大不确定性/未对管理层的评估实施进一步审计程序/书面声明本身并不为所涉及的任何事项提供充分、适当的审计证据（指明任一项可得0.5分）
（3）	是（1分）	—

应试攻略

针对第（2）项，化妆品行业将于2025年执行更严格的化学成分限量标准，这一事项属于超出管理层对持续经营能力评估期间的事项，通常情况下，注册会计师只需实施询问程序，除非相关迹象达到重大。本题中，该事项可能导致甲集团公司的主要产品被全面淘汰，显然潜在影响已十分重大，注册会计师仅获取管理层的书面声明是不足够的，还应实施追加的审计程序。

针对第（3）项，在沟通识别出的值得关注的内部控制缺陷时，对于上市实体，治理层可能需要在批准财务报表前收到注册会计师的书面沟通文件。对于其他实体，注册会计师可能会在较晚的日期致送书面文件，但书面沟通文件受到及时完成最终审计档案归档要求的约束。

（4）

事项序号	是否恰当（是/否）	理由及改进建议
（1）	否（0.5分）	理由：该错报为系统性错报/可能发生于其他组成部分（0.25分）。 改进建议：集团项目组应当关注并汇总其他组成部分的这类错报，汇总考虑该类错报对集团财务报告的影响（0.25分）
（2）	否（0.5分）	理由：该错报涉及较高层级的管理层舞弊（0.25分）。 改进建议： 注册会计师应当采取下列措施： （1）重新评估舞弊导致的重大错报风险； （2）考虑重新评估的结果对审计程序的性质、时间安排和范围的影响； （3）重新考虑此前获取的审计证据的可靠性（0.25分）
（3）	否（0.5分）	理由：没有推断总体错报（0.25分）。 改进建议：注册会计师应当使用在抽样中发现的样本错报去推断总体的错报金额/应针对推断的总体错报金额评价其是否重大（0.25分）
（4）	是（1分）	—

📣 应试攻略

　　针对第（1）至（3）项，共性规律是注册会计师均需要考虑已发现错报是否存在潜在的、广泛的影响，例如，错报是否来自信息系统的缺陷；错报是否源于集团中的某一组成部分，而其他组成部分也可能同样存在；错报是否由于高级管理人员的舞弊行为；错报是否是在审计抽样中被发现等。

　　针对第（4）项，对于分类错报，注册会计师需要定性分析，包括该错报是否对财务业绩、资产流动性（如流动比率、营运资本）等指标产生影响。如果定性分析后认为影响不重大，即使该错报金额超过财务报表整体重要性，注册会计师也可以同意管理层不予调整。